KB175015

茶谷 李樹鳳 敎授 八旬 紀念

구주 해안도서와 동아시아

동아시아고대학회 편

景仁文化社

목 차

1부

2부

3부

1부

큐슈(九州)의 역사문화와 동아시아
─중세기까지의 역사문화를 중심으로─

윤 광 봉*

1. 들어가는 말

큐슈는 예부터 중국과 한반도 등 해외와의 교류창구로서 역할을 갖는 중요한 지역이다.

큐슈는 일본 열도의 서남단에 위치하고, 남쪽으로는 이른바 류큐코(流球弧)에 이어져 있다. 서북쪽으로는 쓰시마(對馬)를 거쳐 한반도를 바라보고, 동남쪽으로는 동지나해를 거쳐 중국대륙을 바라보고 있다. 또한 큐슈는 홋카이도(北海島), 시코크(四國)와 함께 분명한 구분을 이룬다. 현재 구주본토는 후쿠오카(福岡), 사가(佐賀), 나가사키(長崎), 쿠마모토(熊本), 오이타(大分), 미야자키(宮崎), 카고시마(鹿兒島)의 칠현으로 나눠져 있다. 律令시대(671~850)의 호칭으로 말하면, 五畿七島중 서해도에 있고, 치쿠젠(筑前), 치쿠고(筑後), 부젠(豊前), 분고(豊後), 히젠(肥前), 히고(肥後), 휴우가(日向), 오오스미(大隅), 사쓰마(薩摩)의

九國과 이키(壹岐), 쓰시마對馬의 두 섬으로 나눠져 있다. 큐슈(九州)라는 말도 결국 이 九國에서 비롯됨을 알 수 있다.

예부터 구주인은 쉽게 달궈지고 쉽게 식는다는 말이 있다. 그만큼 큐슈 사람들은 순간적이고 정열적인 기질이 있다는 것이다. 이는 언뜻 우리 한국인의 기질을 말하는 것 같아 묘한 뉴앙스를 느끼게 한다. 따라서 이들에겐 열기를 돋우는 이벤트나 축제 같은 행사는 빠트릴 수 없는 메뉴가 되었다. 근대화 이전 외래문화를 받아들이는 일본의 창구는 한국과 직결되는 대마도를 비롯해 후쿠오카, 중세기 서양문화를 받아들였던 나가사키가 대표적인 항구였다. 이들은 곧 큐슈권에 속하는 지역으로 정치, 경제, 종교, 문화의 발상지라 할 수 있다.

『고사기』나 『일본서기』에 나오는 한국과 관련된 일본건국신화도 다카치호(高天穗)에서 시작되며, 아리타야끼라는 일본의 도자기의 상징인 아리타(有田), 조선통신사의 관문인 대마도와 후쿠오카(福岡), 백제마을로 이름있는 난고손(南鄕村), 그리고 지금까지 대표적인 神道思想의 상징인 하치만(八幡)신앙의 발상지인 우사(宇佐), 그리고 <군치 마쓰리>로 이름난 나가사키(長綺)는 한국, 중국과 뿌리 깊은 지역이다. 그런데 이러한 문화들은 또한 우리 한반도와 직결된 것이 많아 큐슈는 이른바 도래인문화의 발상지라 할 수 있다.[1]

본고는 이러한 측면을 고려하여 주어진 과제인 큐슈의 역사문화와 동

---

1) 이러한 사실들은 그동안 고구된 일본의 여러 글에서 확인할 수 있다. 그 중에 몇 책을 소개하면 다음과 같다. 본고도 이들 책을 많이 참고했다. 川添昭二 외, 『큐슈의 풍토와 역사』, 山川출판사, 1977. 杉谷昭 외, 『佐賀縣의 역사』, 山川출판사, 1972. 賀川光夫 편, 『宇佐』, 吉川弘文館, 1978. 中村永孝, 『日鮮關係史의 연구』(상), 吉川弘文館, 1970. 田中健夫, 『대외관계와 문화교류』, 思文閣출판, 1982. 梅原治夫, 『國東半島의 역사와 문화』, 佐伯인쇄주식회사, 1975. 森猛, 九州 『西瀨戶中世史論考』, 海鳥社, 2004. 福岡유네스코협회 편, 『외래문화와 구주』, 平凡社, 1973. 權仁燮, 『조선과 일본의 관계사』, 明石書店, 2000.

아시아라는 큰 제목을 중세기까지의 문화로 축소하여, 위에 거론된 몇
지역을 중심으로 큐슈와 동아시아와의 관계를 살피고자 한다. 이를 위해
먼저 큐슈의 지정학적 위치를 살펴보고 정치, 경제, 종교, 문화적 측면에
서 큐슈의 각 지역 중 대표적인 역사문화를 중심으로 서술하고자 한다.

2. 큐슈의 지정학적 위치

큐슈는 기원전 4세기 도작문화가 일본에 들어오기 시작할 때부터 이
웃나라와의 교류가 시작된다. 또한 하카다(博多) 灣口 시가시마(志賀
島)에서 발견된 <漢委奴國王>金印은 1세기 광무제로부터 왜왕에게
주어진 것으로 대외교류가 보다 일찍 진행되었음을 말해주고 있다.

큐슈는 예부터 지정학상 일본문화 발전에 특이한 지위를 점하고 있다.
특히 키타큐슈(北九州)는 한반도와의 관계를 갖는 독자적인 문화권이라
할 수 있는데, 한반도와 남해의 영향을 받은 큐슈의 원시문화가 야요이
시대까지는 중앙권력이 나타나기 전에 전개되었다는 사실이다. 이것은
뒤의 큐슈문화 넓게는 일본문화의 발전을 살필 때 주의해야 할 사항이라
할 수 있다. 중앙권력의 출현은 어떻게 해서든 문화의 획일화를 가져오
지만, 중앙권력 미완성의 단계에서는 지역의 문화가 다양하게 그 자체의
독자성을 갖고 있어 이것만으로도 활력이 넘치게 마련이다. 특히 한반도
와 남해의 영향이라고 하는 이른바 국제색을 띄었으니 이것이 그 뒤 문
화 발전의 기반이 되었음은 말할 필요가 없다. 이러한 상황은 결국 야마
도정권의 탄생과 그 뒤 해외진출에 의해 크게 달라졌다.

나라(奈良)時期, 일본의 외래문화 수용은 나라(奈良)의 출선기관인
다자이후(大宰府)를 통하는 것이 기본이었다. 당시 외항은 하카다(博
多)였는데, 그 뒤 쇄국정책에 의해 잠시 하카다 동쪽인 세토나이 바다로

배가 들어오는 것을 금지시켰다. 이러한 상황은 개국정권이라 불리는 타이라이노기요모리(平淸盛) 정권 때 가서야 금지가 해제되었다. 한편 발해와의 교섭을 통해 대륙문화의 유입에 힘썼는데, 당시 일본과 발해의 교류는 일본과 당나라의 교류의 보완적인 성격을 갖는 것이었다. 이와 같이 구주는 하카다를 핵으로 하는 대륙과의 교류로 당시 대륙문화 수용이 이뤄진 것이다.[2]

그런데 구주는 야마도정권 지배하에 속해 있지 않은 지역으로서 야마다 조정으로서도 그 중요성을 인식한 것 같다. 그래서 국방, 외교, 무역상의 중요성과 그 통치를 위해 역대 중앙집권정부는 각종의 통치기관을 설치했다. 그 형태와 기구는 각 시대 정권에 의해 다르지만 그 설치 장소는 어느 것도 치쿠젠고쿠다자이후(筑前國大宰府)였다. 이는 교토를 제압하는 자가 일본 전국을 제압한다고 생각한다면 다자이후를 장악하는 자가 큐슈를 지배하는 것과 같은 맥락이다. 따라서 당시 다자이후는 방어도시임과 더불어 정치, 문화, 외교 무역의 성격을 겸비하는 국제도시로서 성장했다. 다자이후 외항으로서 하카다항은 그 중심으로 여기엔 내외사절을 위한 접대소인 영빈관을 설치했는데 그것이 바로 코우로간(鴻臚館)이다. 코우로간은 외국사신, 귀화자를 접대했던 곳으로, 견당사 입당승려의 숙사로도 사용되었다. 당시 하카다항(博多港)은 당나라와 송나라를 비롯해 외국상선이 끊이지 않았는데, 대륙의 진기한 문물과 훌륭한 문화를 끊임없이 전수했다. 다자이후가 거둬들인 租, 庸, 調는 일단 다자이후 창고에 모았다가 배로 세토나이를 통해 중앙에 운반했다.

그러나 큐슈는 당시 중앙정부가 있는 나라(奈良)와 교토(京都)의 중간지점에 지나지 않았다. 15세기초엔 하카다를 거점으로 하는 무역상인이 출현했다. 조선에서 대마, 하카다를 거쳐 세토나이 바다로 통하는 무

---

2) 川添昭二 외, 『큐슈의 풍토와 역사』, 앞의 책, 22~23쪽.

역 루트와 유구, 조선의 무역 루트가 하카다에서 교차하여 하카다는 외래문화섭취의 창구로서 각광을 받은 것이다. 특히 무역에 의해 하카다는 부호로 부각되었다. 그래서 이곳은 항시 막부, 큐슈탄다이(九州探題), 오오우치(大內)氏 등의 권력자와 뗄레야 뗄 수 없는 관계를 유지했다.[3] 중세기에 하카다는 바쿠후(幕府), 호소카와(細川)氏와 결합해 사카이(堺, 大內)에 대항하여 이겼다. 그래서 오오우치씨 멸망이후 하카다는 크리스찬 다이묘(大名) 오오토모(大友)氏에 의해 지배되었다. 그리하여 새로운 서구문화 수용의 새로운 창구로 등장하게 되었다.

특히 南蠻문화에 이어서 네덜란드 문화는 일본근대문화형성의 토양으로서 큰 의의를 갖는다. 크리스토교의 전래에 의해 일본이 처음으로 세계사 무대에 등장하게 된 것이다. 이때까지 불교, 유교 등을 문화의 외적인 배양기로서 생각했던 일본은 처음으로 전인류적인 의식, 철학적 과학적 세계를 접촉하게 된 것이다. 이것은 직접 서민층에게 전달되어 의식의 전환을 이루는 계기가 되었다. 그리스도교의 발자취는 남으로는 다네가시마(種子島)에서 큐슈 일원, 그리고 中國, 畿內, 關東, 東北을 거쳐 홋카이도(北海島)까지 이르렀는데, 특히 큐슈를 중심으로 급속히 확산되었다. 큐슈 중에서도 오이타현(大分縣), 나가사키현(長崎縣), 쿠마모토현(熊本縣) 등은 이에 대한 많은 유적 유물을 남기고 있다.

한편 나가사키는 외래문화섭취의 또 다른 창구로서 일본역사상 드문 지위를 차지하게 되었다. 막부로서도 에도에 가까워서 좋기 때문에 지리적 관계에서 나가사키를 선정, 나가사키 또한 받아들인 당시 외래문화를 중앙에 직송했던 것이다.

또한 큐슈는 해외 침략기지로서의 역할을 했다. 663년 일본은 백제구원을 명목으로 사이코크(西國)의 쿠니노미야쓰코군(國造軍)을 중심으

---

3) 앞의 책, 91~93쪽.

로 한반도에 출병했으나, 금강하구의 이른바 하쿠스키노에(白村江,錦江)에서 나당연합군에 의해 패배했다. 따라서 역습을 두려워한 일본은 다자이후를 비롯해 스이죠(水城) 등 각종의 방위 시설을 만들었다. 자업자득이라 할 수 있는 신라내습의 위기감이 일본의 신들에게 異賊降伏의 속성을 부가하여 신국사상을 조장하였다.[4] 또한 고려, 조선시대에 우리를 괴롭혔던 왜구들도 그 근거지가 큐슈 특히 쓰시마와 키타큐슈였으며, 이로 인해 당시 조선은 대마도 정벌을 하는 계기가 되었다. 그런가하면 뒤에 토요토미히데요시(豊臣秀吉)가 조선 출병의 전초기지로서 사용했던 조선침략기지인 나고야(名護屋)도 바로 큐슈였던 것이었다. 당시 이로 인한 도시 피해가 컸는데, 이를 계기로 토요토미히데요시는 전란으로 황폐해진 하카다를 다시 정비하여 나중에 오히려 큰 은혜자로 불리게 되었다. 에도 270년은 쇄국시대라고 할 수 있다. 물론 이 사이 큐슈의 시마쓰(島津)氏에 의한 류우큐(流球) 정벌과 그 뒤 가혹한 지배 그리고 사쓰마번(薩摩蕃)에 의한 류우큐 식민지화를 중앙권력과 관계없이 자행했는데 이러한 일들은 모두 큐슈와 관계되는 역사적인 사실이다. 다음은 이에 대한 구체적인 사실을 보기로 한다.

3. 하치만신(八幡神)과 신라

고대 한일관계에 있어 무엇보다도 중요한 역사적인 사건은 백제에 의한 불교 전수이다. 이러한 불교는 지방호족을 중심으로 수용이 되었는데, 각 지역에 그 흔적이 남아 있다. 8세기 말까지 건립된 큐슈의 고대사원 흔적은 여러 곳에 남아있다.

---

4) 앞의 책, 29~32쪽. 이와 관련된 건물에 후쿠오카 시내에 呂崎宮이 있다.

국가 간의 외교, 무역, 문화교류가 제대로 성립하기 위해서는 사람과 물류의 교류가 중요하다. 그런데 여기에는 정치, 전란, 교류의 체재, 그리고 두 나라 사이의 내부 사정에 따라 얼마든지 달라질 수 있다. 즉 분업과 교환, 무역, 신지식과 신기술의 도입은 정치적인 여러 요인에 따라 개방되기도 하고, 폐쇄되기도 한다.

신지식과 신기술의 필요성에 의한 국가 간 교류는 좋은 예라 할 수 있다. 불교의 전래도 그 중의 하나이다. 이는 단순히 스님이 건너가 불교를 전수하는 것이 아니라, 이국의 문화와 기술을 가진 사람들이 국경을 넘어 그 나라에 들어간다는 사실이다. 이것이 불교 전래의 길이라는 것 외 본래의 의미이다. 불교를 심기 위해 불, 법, 승 외 건축가, 화가, 음악가, 도예가, 의상 등 각종 기술자들이 집단적으로 이동하게 되는 것이다. 이것은 곧 기술자 집단, 예술가 집단, 경전 번역자집단의 이동을 동반하는 것이다. 그래서 타무라엔죠(田村圓澄)는 불교의 전래를 종합문화의 전래라 했다.[5] 백제 멸망 후 한반도로부터 난을 피해서 북부 큐슈에 온 사람이 이 지역의 고대사원의 조영에 기술적으로 관여하게 되었다는 것이다. 그런데 큐슈에서 한국과 관련된 역사문화를 얘기할 때 빠트릴 수 없는 곳이 오이타(大分)현에 속하는 우사(宇佐)이다.

西谷正에 의하면,[6] 현재 우사하치만궁에 소장되어 있는 조선종도 그 예중의 하나이다. 이 조선종에는 天福4년이라 연호를 사용하고 있는데 이는 서기로 904년이다. 신라는 백제를 멸한 후에도 외교사절을 일본에 보냈고, 그 사이 민간레벨의 교류도 활발했다. 이곳에서는 일찍이 삼한시대부터 있었던 小銅鐸이 발견되었고, 조선식 무덤인 橫穴式으로 되어있는 당시 우사를 지배했던 호족인 카쓰바라(葛原)와 아카즈카(赤塚) 고분이 있다. 그런가하면, 나라시대에 창건된 法鏡寺(7세기말)와 虛空

---

5) 田村圓澄, 『불교전래와 고대일본』, 講談社, 1996, 20~27쪽.
6) 賀川光夫 편, 『宇佐』, 77~79쪽.

藏寺가 있는데, 이는 초기의 불교사원은 기내를 제외하고는 하나의 郡
에 사원을 하나밖에 지을 수 없었는데 우사는 2개를 지었다는 것이다.
또한 이곳 외에도 사원 흔적이 많은 곳이기도 하다.[7] 특히 이 두 절은
한국의 절을 쏙 닮은 나라의 호우류지(法隆寺)와 같은 가람배치를 하고
있어 흥미를 끄는 곳이다. 이 두 절의 지붕기와도 백제 신라식의 기와가
쓰였다는 것이다.

　우사는 현재 마쓰리가 거행될 때 빠질 수 없는 하치만 신과 관련되는
하치만신사(八幡神社) 본사가 있다. 이곳은 일찍이 우리 신라인들이 대
거 이동하여 집촌을 이뤄 살던 곳이다. 『일본서기』에 의하면, 685년 전
후로부터 신라인의 도래기사가 많이 보이는데, 당시 渡來人의 대표적인
성씨의 하나인 하다(秦)씨가 중심이 되어 이들은 고국으로부터 가져온
문화를 그대로 지니고 살았다. 中野幡能의 「하치만신앙사연구」에 의하
면, 하치만신 출현의 전승을 귀화인인 辛島씨, 土着의 宇佐氏, 大和
로부터 파견되었다고 보는 大神氏 등에서 유래되었다고 한다. 그러나
이중에서 가장 유력하게 보는 것은 귀화인인 辛島씨의 설이다. 주지하
다시피 辛島는 카라시마로써 카라(辛)는 당시 辛國 즉 한국을 의미한
다. 그런데 이것을 더욱 확실하게 해주는 것이 薦社(中津市大貞)에 있
는 三角池에 하늘로부터 내려왔다는 八幡神의 설화이다. 이것은 도래
인인 사치옹(佐知翁)이 신사의 추천을 발원하는 신화로서 지금까지 전
승되고 있다. 그런데 이 사치씨는 당시 中津市 郊外에서 세력을 누렸
던 귀화인이다. 즉 그는 古代朝鮮으로부터 토목공사 기술을 가지고 온
일족으로서 위의 카라시마씨는 바로 이 사치씨의 현신인 것이다. 이로
보아 이곳 사람들은 하치만신의 발생이 역시 한국신과 우사(宇佐)氏의
조상신과의 습합으로 보는 것이다.[8]

---

7) 앞의 책, 82~83쪽.
8) 梅原治夫, 『國東半島의 역사와 문화』, 14~20쪽.

　일본은 주지하다시피 가히 신의 나라이다. 팔백만신이 모여 있는 곳이 바로 일본이라는 나라이다. 그래서 10월이 되면 신들의 회의가 시마네에서 열리기 때문에 각 지역에는 신들이 지역을 비우게 된다. 그래서 10월은 신이 없는 달(神無月)이라고 한다. 바로 그 많은 신들 가운데 가장 우뚝 서있는 것이 하치만 신인 것이다.

　중세에는 하치만궁(八幡宮)으로서 가마쿠라(鎌倉)의 쓰르오카하치만(鶴岡八幡), 교토(京都)의 이와시미즈하치만(石淸水八幡), 그리고 구주에는 우사하치만(宇佐八幡)이 있다. 이와시미즈하치만궁은 헤이안(平安)시대가 되면, 국가종묘의 신, 일본을 만든 조선신으로서, 이세(伊勢)의 天照大神과 자리를 나란히 해 천황가를 비롯, 귀족들의 뜨거운 존경을 받게 되는데, 정작 본가인 우사하치만은 수도를 멀리 한 서해의 후미진 곳인 우사의 지방신에 불과하게 된 것이다. 하치만신은 일본서기와 고사기에도 나오지 않는 신이다. 그런데 이 하치만신이 應神天皇으로 명치유신 이후 조작이 되어 식민지 시대에 일본인들에게 가르친 것이다. 그러면 이 팔번신이 언제부터 중앙의 귀족들에게 숭앙을 받게 된 것일까. 이에 대해 타무라 엔죠는 불교와의 연계설을 주장한다. 그것은 8세기 초 구주 남부에서 일어났던 하야토(準人)의 반란과 관계가 된다. 이들의 반란을 제압하기 위해 중앙에서 군대가 파견되고 이로 인해 많은 살상이 생겼다. 그것은 우사에서도 마찬가지였다. 바로 이러한 불행한 일이 있은 뒤 바로 우사하치만은 탁선을 내리고 이때 우사하치만을 위해 불교의 경전이 읽혀졌다. 말하자면 신 앞에서 불경을 외운 것이다. 이것이 일본에 있어 神佛習合의 시작인 것이다. 이 신불습합은 주지하다시피 이미 신라 때 시작된 것으로 그 영향관계를 감지할 수 있다. 어쨌든 그래서 그들은 우사 하치만을 위해 절을 지었다. 이것이 계기가 되어 740년 聖武天皇에 의해 추앙을 받게 되고, 나중에는 天神과 祇神을 거느리고 불교를 옹호하는 신으로까지 승격하게 되었다.9)

그런데 『宇佐託宣集』에 의하면, 우사하치만의 출현은 바로 한국과 직결된다. 그것은 大神批義라고 하는 인물과 관계가 있는데, 이 사람은 우사하치만의 출현을 이끈 공로자였다. 우사 小倉山 기슭에 머리가 여덟 달린 가지옹(鍛冶翁)이 있었다. 이 기괴한 모습을 본 사람은 열이면 다섯 사람은 죽었다. 오오미(大神批義)가 소창산 기슭을 가니 황금빛의 매(金鷹)가 있었다. 오오미는 이것을 신의 조화라고 생각했다. 그래서 그 신을 보기 위해 단식을 시작했다. 3년이 지났다. 그런데 그때 3세의 어린 동자가 대나무 잎 위에 나타나서 탁선을 했다. 그 탁선은 辛國의 성에 여덟 개의 기(幡)를 내리고 자신은 일본의 신이 되었다. 바로 이 3세의 어린애가 바로 우사하치만인 것이다. 카라쿠니(辛國)는 바로 韓國人들이 모여 사는 마을로 우사하치만은 한국인이 섬겼던 한국의 신이었던 것이다. 그리고 오오미씨는 신조씨와 마찬가지로 한반도로부터 온 도래인이었다.[10] 우사하치만의 특성은 무엇보다도 불교에 대한 친근성이다. 그리고 이 신은 한 곳에만 머물러 그 지역을 지키는 것이 아니라 여러 곳으로 이동해 숭앙을 받는다는 것이다.

이것은 결국 조선반도로부터 건너간 한국 사람이 신격화 된 하나의 역사문화라 할 수 있다. 사실 당시 큐슈의 신으로 추앙을 받았던 신은 宗像神과 綿津見神이다. 綿津見神은 하카다만 출입구에 있는 志賀島에 모셔져 있다. 또한 志賀海神社의 祭神으로 安曇씨가 있다. 종상씨와 안담씨는 해상호족으로서 큐슈와 한반도를 잇는데 절대적인 세력이다. 따라서 당시 야마도 조정과 한반도 여러 나라와의 관계에 있어 이들의 역할은 매우 주목의 대상이다.

---

9) 田村圓澄, 앞의 책, 174~177쪽.
10) 앞의 책, 190쪽.

4. 큐슈(쓰시마)와 왜구

주지하다시피, 일본의 고분시대부터 나라시대에 이르기까지 고구려 백
제 신라 그리고 통일신라의 많은 기술자가 일본에 도항하여 기술을 전수
했다. 그런데 바로 이러한 전수자들이 제일 먼저 밟게 되는 곳이 바로 이
큐슈이다. 『일본서기』에 의하면, 웅략천황 때 백제로부터 안공, 도공, 화
공 등의 기술자들이 귀화했고, 正倉院 문서(758년) 가운데 畵工司彩
로서 신라인 伏萬品, 飯麻呂의 이름이 보이며, 또한 백제의 귀화인으
로서 佛工 安勒鴨足의 이름이 보인다. 이러한 사람들은 모두 이곳을
거쳐 간 사람들이다.

그런데 지정학상 큐슈 본 지역 특히 지금의 후쿠오카를 밟기 위해 반
드시 거쳐야 할 곳이 쓰시마이다. 나가사키현에 속하는 쓰시마는 한국과
가장 가까운 거리에서 교류를 하는 지역이다. 쓰시마는 특히 지리적으로
우리와 가까워 일본과 교류에 있어 창구 역할을 했다.

조선 초기에 있어 쓰시마와 교류가 이뤄진 것은 태조 6년 즉 1397년
이지만 그 이전 공민왕 17년(1368) 宗慶茂의 통교가 보인다. 즉 「對馬
島萬戶崇宗慶, 遣使來朝, 賜宗慶一千石」의 기록이 그것이다. 이때
무엇 때문에 내조를 했는지 기록이 확실치 않지만 땅이 척박한 쓰시마로
서의 지리적 조건과 왜구에 관해 서로의 이해관계가 있기 때문이 아닌가
추측한다.[11]

조선 건국 이전, 고려와 일본의 관계는 고려조에 중앙정부사이의 정식
외교관계가 없어 무관심 그대로였다. 오히려 특정의 상인들은 일본 고려
사이를 사적으로 왕래하여 지식을 확보하는 정도였다. 특히 원나라 시절

---

11) 中村永孝, 『日鮮關係史의 연구』(상), 143~146쪽.

행해졌던 몽고의 내습은 당시까지 외국의 침략을 경험해보지 못했던 일본으로선 큰 충격이었으며, 이로 인해 당시 몽고와 한배를 탔던 고려인에 대한 공포심으로까지 번졌다. 이러한 결과, 큐슈는 해안을 따라 석축을 쌓고 무사를 배치하고 몽고의 재침에 대비해 석축을 쌓았는데 이러한 일들은 몽고가 멸망한 1368년부터 약 4년에 걸친 것이었다.[12]

이러한 대사건은 외국과의 교류를 중단시켰으며, 그 뒤 재개된 것은 1367년 고려사신이 왜구진압 요청 때문에 파견되어 그 사절이 고려에 파견된 이후였다. 그 뒤 양국관계는 왜구문제를 중심으로 전개되어 고려는 큐슈 즉 당시 사이코크(西國)의 有力者와의 사이에 많은 교류를 했다. 그것은 당시 막부가 전국을 통솔하지 못했기 때문에 사이코크유력자(九州 中國지방의 호족)가 실제로 효과가 있었기 때문이다. 큐슈단다이인 이마가와사다요(今川貞世)는 수차에 걸쳐 고려사신을 접대하고, 또한 수천인에 이르는 고려인 납치자를 본국으로 송환했는데, 그 대가로 대장경 등을 손에 넣게 되었다. 그런데 당시 이 대장경에 대한 욕구는 대단했던 듯 대장경을 구입하기 위해 사절(이들을 단순히 심부름꾼으로 표현)을 파견한 경우가 무로마치시대만 무료 60회에 달한다. 이 시기는 막부와 서일본제국이 각각 고려와 통교하는 이중외교였던 것이다. 그런데 당시 아시카가다카우지(足利尊氏)를 비롯한 여러 다이묘(大名)들이 조선과의 교류 목적은 한편으로는 불전, 불구의 청구에 있고, 한편으로는 무역에 있었다.[13] 당시 인쇄기술이 뛰어난 조선이어서 서적에 대한 욕구가 대단했는데, 이에 대한 욕구의 하나로 임진란을 틈타 많은 서적들과 함께 도공들을 강제로 데려왔던 것이다. 이외에도 이 시대는 조선 이외 중국으로부터 수입한 서적을 비롯해 명나라로부터 가져온 문적류를 간행하고, 또한 지방제관, 사원 등에서도 전적이 출판된 것이 적지 않았다. 따라서 결

---

12) 田中健夫, 『대외관계와 문화교류』, 336쪽.
13) 위의 책, 155~167쪽.

국 이러한 서적이 일본 전국으로 퍼지게 되었는데 五山版 또는 야마구
치의 서적 開版에 큰 영향을 끼쳤던 것이다. 또한 초기에 있어 아시카가
요시미츠(足利義滿) 등의 보호아래 畵家僧인 슈우분(周文) 등의 일파
가 조선초기의 발달된 문화조류를 습득했다. 그는 사신의 일행으로 조선
을 왕래하면서 조선문사와 접촉을 했다. 이 시대에 조선회화의 유품으로
산수화의 대가인 안견의 몽유도원도가 사쓰마에 전해져 있었다.

　어쨌든 倭寇라는 명칭은 중국과 조선에 의해 붙여진 것으로 오늘에
있어서는 13세기부터 16세기에 걸쳐 중국 및 조선의 해역에서 행동하는
일본인 해적집단을 총괄적으로 부르고 있다. 이들은 적으면 수척에서 많
으면 500척에 이르는 선단을 조직하여 장비와 계획을 제대로 갖춘 조직
적인 집단이었다.14) 왜구의 사례는 『고려사』 기록으로부터 확실해진다.

　2월에 왜가 고성, 죽림, 거제에 침입했다. 合浦의 千戶 崔禪, 都領
梁楯 등이 싸워서 격파하고, 300여급을 참살하였는데, 왜구가 침입한
것은 이때부터이다(고려사, 충정왕 2년 2월조). 또한 같은 해 4월조에 왜
선 100여 척이 순천부에 쳐들어와서 남원 구례, 영광, 장흥의 조선을 약
탈하였다. 이외에도 고성 강화도에까지 침입을 해 불을 사르고 약탈해가
는 만행을 저질렀다. 이러한 왜구의 습격은 조선시대에 들어와서도 계속
되었는데, 조선초기의 사례를 보면, 다음과 같다.

　1380년 8월에 왜선 500여 척이 鎭浦(전라도와 충청도의 경계가 있는
서해안)에 침입하여 전라, 충청, 경상도 연해 지역을 습격했는데, 많은
백성을 살상하여 시체가 산을 덮었으며, 포로(이 경우 포로는 노예로서
전매하였음)로 잡아갔는데, 그 수를 헤아릴 수 없으며, 곡물을 그 배에
옮겨갔다(태조실록, 신우6년 8월조). 그런가하면, 對馬, 壹岐, 松浦 등
삼도의 왜구가 조선의 우환이 된 것은 거의 50년이 된다(정조실록, 정조

---

14) 中村永孝, 앞의 책, 51쪽.

원년 5월조). 또한 대마 일기, 상송포 등지에는 인가는 드문드문하고, 경지는 척박하고 협소하여 농업에 적당하지 않으며, 항상 기근이 심하여 그 때문에 해적행위를 하며, 그 주민의 심성은 奸暴하다(세종실록, 세종 26년 4월조).

그런데 이들은 당시 조선만 아니라 명나라 연안까지 습격을 하고 있다. 왜구가 山東海 兵郡縣에 침입하여 남녀 백성을 잡아갔다(명태조실록, 홍무 2년 정월조). 왜구가 바다와 섬에서 출몰하여 蘇州, 崇明을 여러 번 침략하였는데, 주민을 살상하고, 재화를 빼앗아가 연안의 지역이 모두 이를 근심한다고 했다(홍무 2년 4월조).[15]

이러한 조선초기의 사료나 명대초기의 사료를 보면, 왜구의 구성원은 쓰시마(對馬), 이키(壹岐), 마쓰우라(松浦) 세 섬의 토호, 민중이며, 또한 세 섬의 입지조건이 척박하다는 것을 알 수 있다. 그래서 그들은 수십에서 200척 정도의 선단을 구성해 조선 중국 북부해안에서 사적인 무역을 했지만, 여의치 않으면 해적으로 변했던 것이다. 이로 볼 때 큐슈는 왜구의 본거지였음을 알 수 있다. 다음은 일본 도자기의 대명사인 아리따야키와 조선과의 관계이다.

5. 조선 도공과 큐슈

큐슈에서 도자기로 유명한 곳은 아리따(有田)를 비롯해 수없이 많다. 이러한 곳들은 다 우리 도공들과 관련된 슬픈 역사를 지니고 있다. 익히 알고 있는 심수관 이삼평을 비롯해 많은 도공들이 그들로서, 이들은 당시 강제로 끌려와 이곳에 조선도자기의 기술을 심어놓은 일본 도자기 발

---

15) 역사학연구회, 『한일관계사의 재조명』, 이론과 실천, 1992, 78~82쪽.

달의 공로자인 것이다. 그 중에서도 카라쓰(唐津)와 아리따는 구주도자
기를 대표하는 도자기의 명소이다. 카라쓰도자기의 따스하면서 야성적인
미와 아리따도자기의 호사스러우면서 어쩐지 차가운 감을 주는 단정한
미는 서로 대조를 이룬다. 카라쓰도자기는 가마쿠라시대 말기설, 무로마
치시대 중기설 그리고 모모야마(桃山)시대 말기설 등 여러설이 있다. 그
러나 역시 그 시작은 고려말기 고려도공의 기술에 의해서 이뤄졌다는 사
실이다.16)

　전국시대까지는 카라쓰 남쪽의 岸嶽에 가마를 설치해서 항아리, 주
발, 찻잔 등 생활도자기를 만들었는데 그 기술이 시원치 않아, 그 뒤 영
주인 하다(波多)氏의 명령으로 도공들이 흩어져 살게 되었다. 그러다 임
진왜란이 일어나자 흩어져 있던 도공과 寺澤氏가 조선출병을 틈타 조
선으로 건너가 한국의 도공들을 강제로 데리고 왔던 것이다. 이들은 끌
려와 여기저기 흩어져 엄격한 감시 하에서 지내게 되었는데 도망가려다
죽은 이가 많았다고 한다. 이러한 와중에서 끌려온 도공들은 山瀨(唐
津), 藤川內(伊萬里) 등에 가마를 설치했는데 그 방법 중의 하나인 登
窯는 계단식으로 꾸며 고온도로서 양질의 도자기를 만들 수 있었던 것
이다. 그야말로 조선의 새로운 기술로 일본도자기의 기초가 닦아진 것이
다. 이래서 일부에서는 임진왜란을 도자기 전쟁이라고도 부른다.

　특히 이 시대에 茶道가 발달해 찻잔에 대한 수요가 늘어 카라쓰도자
기는 더욱 유명해졌는데 당시 카라쓰식(唐津式) 가마가 급물살을 타고
번진 것이다. 카라쓰도자기의 부활을 전후해 武雄窯, 平戶窯, 上野窯,
高取窯, 薩摩窯는 대표적인 곳이었는데 이는 모두 끌려왔던 조선도자
기공에 의해 개발이 된 곳이었다. 현재 아리따도자기의 시조로 숭앙받는

---

16) 이에 대해선 川添昭二 외, 『큐슈의 풍토와 역사』, 241~258쪽 ; 杉谷昭 외,
　　『佐賀縣의 역사』, 97~98쪽 ; 『佐賀縣의 역사와 문화』, 33~34쪽 ; 日之出
　　인쇄주식회사, 1986를 참조.

이삼평은 佐賀藩主 鍋島直茂의 가신 多久安順이 조선으로부터 강
제로 데려온 인물이다. 그도 몇번 탈출을 시도했지만 실패를 하고 할 수
없이 머물다 체념을 하고 多久씨의 명에 의해 고려풍의 도기를 구웠는
데, 그 뒤 그는 有田川의 上流泉山에서 양질의 白磁鑛을 발견하게
되었다. 그리하여 일족 18인과 더불어 이곳으로 이주, 泉山에 가까운
白川谷의 天狗谷에 요를 만들어 도자기를 생산하기 시작했는데 이것
이 그 유명한 아리따야끼의 시발인 것이다. 그래서 이곳엔 그를 모신 신
사가 있고 그는 有田도자기의 시조가 된 것이다. 유색의 불투명한 도기
밖에 없던 당시 乳白色의 바탕에 아름다운 청빛 그림을 입힌 자기의 출
현은 구주 자기의 풍토를 완전히 바꿔놓았던 것이다. 그뒤 藩은 도요지
를 정리 13개소에 戶數가 150호, 록려 155로 제한했는데, 이때 아리따
(有田)와 이마리(伊萬里)에 107개소 800여 명의 도공이 있었다고 한다.
이 또한 전쟁이 낳은 불운한 역사문화의 한 단면이라 할 수 있다.

6. 큐슈와 중국

동아시아에 있어 국제인식에 대한 연구는 일본의 경우 부지기수로 눈
에 띄게 많다. 1945년 이전에 대외관계사분야에서 큰 업적을 남긴 秋山
謙藏도 그 중의 하나이다. 1935년에 출간된 『日支交涉史話』와 『동아
교섭사론』에서 「조선사절로 본 중세일본의 상업과 해적」, 「왜구와 지나
인의 중화사상」 그리고 「중화사상과 이적사상」, 「고대의 일본관」 등이
있다. 또한 「구주와 송원문화」에 애해 森克己의 업적이 보인다.[17] 여기

---

17) 이에 대해선 田中健夫, 『대외관계와 문화교류』 중에 「중세동아시아에 있어 국
    제인식의 형성」, 173~189쪽과 福岡유네스코협회 편, 『외래문화와 큐슈』가 도
    움이 됨.

에선 이를 중심으로 소개차원에서 서술하고자 한다.

　중세의 무가정권은 앞의 귀족정권의 대외무관심에 비해, 해외에 대한 유연한 자세를 갖고 교류에 힘을 썼는데, 그 중에서도 平氏政權은 日宋무역에 열심이었다.

　송나라는 건국하고부터 우선 한 것이 외국무역의 진흥이었다. 외국무역이 중요한 재원이기 때문이다. 정부의 지지를 받은 송나라 상인들은 동남아시아를 비롯해 일본과 고려에 來港을 했다. 이에 대한 기록은 11세기에 만들어진 일본 「新猿樂記」에 그 품목이 자세히 기록되어 있다. 당시 무역품목으로 沈香을 비롯한 향료와 赤木을 비롯한 약품 등이 그것인데 이는 후쿠오카 코우로간(鴻臚館)시장을 통해서 취급했다. 당시 정부는 宋상인이 입항하면 藏人 등을 交易唐物使로 다자이후에 내리게 해 唐物의 판매를 행했다. 하지만 우량품은 정부의 선매권으로 팔리고 상인들이 생각하는 무역은 아니었다.[18] 따라서 이에 반발하여 큐슈영주를 중심으로 밀무역을 하기 시작하여 莊園지대인 하카다가 번영을 이루게 되었다. 그러나 이들은 하카다 항구에서만 밀무역에 만족하지 않고 12세기후반기에는 직접 송으로 가려고 먼저 고려에 진출했는데, 이때 무역의 주체는 大宰府관리, 對馬島官, 薩摩國司, 博多상인이었다. 그 뒤 일이 더욱 진척되어 淸盛을 중심으로 발전했는데, 드디어 일본 무역선이 직접 송으로 가게 되었다.[19]

　사실 이러한 일들이 있기 전에 遣唐使가 가져온 盛唐文化는 견당사 폐지 후 점차 일본화되어 藤原文化의 꽃을 피우게 했다. 이러한 日本化는 미술, 공예의 부분까지 미쳐 중국의 기술을 능가해 당시 송나라 상인들을 놀라게 했다. 그래서 직물 등의 도안은 일본의 산천풍경과 인물을 일본 취향이 물씬 나는 일본풍의 그림으로 입혀졌다. 이를테면 일본

---

18) 福岡유네스코협회 편, 앞의 책 森克己, 「큐슈와 송원문화」, 21～26쪽.
19) 森克己, 위의 책, 27쪽.

부채도 그중의 하나인데, 당시 그 부채에는 금은박을 사용해 일본풍의
그림으로 입혀졌는데 이것이 해외에서도 절찬을 받아 당시 고려에서는
모조품이 나올 정도였다.[20]

그런데 바로 이러한 무역을 하기 위해 머물렀던 곳이 코우로간(鴻臚
館)이다. 건당사는 물론 유학승, 유학생 그리고 반대로 한국과 중국으로
부터 오는 사절 등이 순풍을 기다리며 머물렀던 곳이 이곳이다. 이곳에
대한 중요성은 당시 대재부관아에서 식량과 교통수단인 말이 부족하지
않도록 항시 주의했다는 것을 보면 알 수 있다. 지금은 흔적도 없이 사라
지고 말았지만 현재 남아있는 舞鶴城跡으로 만족할 수밖에 없다.

한편, 平安말기에 佛舍利에 대한 숭배열이 가속화되어 당시 송나라
를 방문했던 승려들이 많았었는데, 이는 불교를 옹호했던 阿育王이 조
성했다는 阿育王山에 참예하는 것이었다. 이러한 신앙은 일본에까지
들어와 平家時代로부터 시작해 鎌倉期 室町期까지 계속되었다. 이러
한 영향 아래 일송 간의 왕래가 빈번해지면서 송나라의 여러 工人들이
일본에 들어왔는데, 東大寺 再建(1190~98)에 힘을 쓰고, 大佛의 머
리를 주조했던 陳和卿은 하카다를 내왕했던 송나라의 鑄物師였다. 당
시 하카다에 내왕했던 송인 석공들에 의해서 주조된 것으로 사료되는
石造狛犬이 많다고 한다. 또한 명문인 宗像大宮司와 결혼한 王氏,
張氏라고 하는 송나라 大豪商이 큐슈에 살았다. 송나라 호상으로 유명
한 것은 1252년 이전에 하카다에 살았다고 하는 무역상인인 謝國明이
다. 이 사람은 현재 하카다에서 유명한 절로 이름 있는 承天寺를 건립
한 이다.[21] 이렇듯 큐슈는 한반도 뿐 아니라 중국과도 교류가 빈번했던
것이다.

---

20) 앞의 책, 23쪽.
21) 森克己, 앞의 책, 29쪽.

7. 나가사키와 일본화교

한편, 16세기 중엽에서 약 1세기의 서일본 각지에는 많은 중국배가 중국 대륙 보다는 동남아시아 각지에서 계속 도래했다. 이들은 大明船이라든가 당시의 南蠻의 黑船에 대해서 白船으로 불렸는데 이들 중에는 일본에 머무른 사람도 많고 각지에 이른바 唐人町를 형성했다. 그런데 이 唐人町(도진초)에는 난리 때 잡혀온 한국인들이 많았다. 그러한 의미에서 도진쵸는 중국인들만이 거주하는 곳이 아니다. 그런데 각종 외국인이 드나드는 豊後白杵와 나가사키 등의 기록에는 당시 조선인은 고려인으로서 당인과 구별되었다.

이른바 왜구가 중국 연해에서 활개를 치던 16세기 중반(1551～60) 당시 상황을 보면, 진짜 왜구는 열 명의 세 명 정도였으며, 나머지는 明人이었다고 한다.[22] 당시 일본의 왜구 사정을 살피기 위해 서일본을 중심으로 왜구대책을 살피려고 來日했던 鄭舜功은 귀국 후 地誌 『日本一覽』을 저술했는데, 이에 의하면 당시 일본에 거주했던 중국인은 紀伊 서쪽으로 넓게 퍼져 있었는데, 왜구에 의해 잡혀온 중국남녀 이삼백인이 가혹한 감시 아래서 농업과 목축에 종사하는 기록이 보이며, 그 외에도 많은 사람들이 여러 사정에 의해 머물러 있는 사람들이 많았다. 그중에는 일본인과 결혼한 중국인이 많았으며, 기술이 있는 사람은 그래도 나은 형편이었으며, 經學을 갖고 당시 세도가인 구주의 도진씨에게 발탁됐던 黃友賢은 永綠년간에 포로로 잡혀와 薩摩에 온 사람이다. 이로 볼 때 왜구의 목적은 물품약탈과 사무역만 한 것이 아니라 노동력 내지 상품으로서의 사람을 잡아온 것이었다. 이러한 사람들이 나중에 하나

---

22) 中村質, 「근세의 일본화교」, 앞의 책, 135쪽.

둘 모여 형성된 것이 바로 唐人町이라는 것이다. 그러나 이러한 사람들은 점차 뒤에 일본사회에 동화되어 기록으로부터 그 모습이 사라지기 시작했다. 한편 唐人町, 唐人小路의 분포는 구주 각지를 넘어 山口, 松山, 小田原, 川越까지 미쳤다. 바로 이러한 도진쵸와 관련된 지역은 큐슈 지역이 주를 이루고 있는데, 薩摩, 日向, 肥前馬島, 平戶, 五島, 種子島, 周防 등이 그것이다. 『櫻翁雜錄』에 의하면 당시 거주했던 중국인과 한국인의 이름이 많이 보인다.[23)]

鎖國前에도 唐船貿易이 점차 나가사키(長崎)에 집중함에 따라 사쓰마(薩摩)에 살던 사람들이 나가사키로 이주하는 사람이 많아졌다. 또한 막부가 唐船貿易을 나가사키에만 한정한 것이니 이는 일찍이 德川家康이 일시적이지만 1611년에 唐船의 나가사키 집중을 명한 적이 있기 때문이다.

1587년 토요토미히데요시가 큐슈를 평정한 것을 계기로 예수회의 知行權을 정지하고 다음해에 직할지로 했는데, 당시 정부는 남만인을 포함한 대외무역에 오히려 적극적이었다. 그래서 內外상인을 적극적으로 초치하고 동시에 해적행위를 금지시키고, 치안질서에 힘썼다. 이러한 덕분에 나가사키는 새로운 무역항으로 주목을 받게 되었다.[24)]

현재 일본에서 요코하마의 차이나타운과 더불어 중국인 거리가 유명한 곳이 바로 나가사키이다. 나가사키 하면 일본 그리스도교의 원점이 되는 여러 사적과 南京人의 興福寺, 璋州人의 福濟寺, 福州人의 崇福寺, 廣州人과 관계 깊은 聖福寺가 있는 곳이다. 이 중의 흥복사는 국보인 본당을 비롯해 山門, 馬祖堂, 鐘鼓樓가 중요한 문화재로 지정되어 있다. 나가사키인은 중국의 추석(오봉)을 친근감 있게 생각하고 있는데, 이 행사가 지금 숭복사에서만 행해지고 있다. 이는 매년 음력

---

23) 中村質, 앞의 책, 137~141쪽.
24) 中村質, 앞의 책, 153쪽.

7월 26일에서 3일간 지내는 행사인데, 불전에 장식을 하고 공물을 바치는 것이 모두 중국식이다. 그래서 이날은 전국으로부터 화교들이 와 참가한다. 차이나타운을 가게 되면 역시 활기 넘치는 중국풍의 여러 맛을 만끽할 수 있다. 나가사키 짬뽕은 전국적으로 유명하다.

이외에 나가사키에는 지금도 매년 음력 9월 7일부터 9일까지 '나가사키군치'라고 하는 마쓰리가 거행된다. 이는 도자기로 유명했던 唐津군치와 더불어 구주에서 이름난 마쓰리이다. 이 축제는 1625년 크리스찬 세력에 대항정책의 하나로서 건립된 스와(諏訪)신사의 가을 神事로서 출발했다. 군치(くんち)라는 명칭은 9월 9일 중양절을 축하하는 중국의 풍습으로, 이는 먼저 하카다 방면으로 전해졌다. 그 뒤 큐슈 각지에도 이 풍습이 전해져 이 날을 길일로 정하고 제례를 올린다. 군치라는 말은 9일과 관련된 축제의 의미이다. 초기의 나가사키의 군치는 1624년 諏訪社 창립으로부터 시작되었다. 그러나 처음엔 이 마쓰리에 참가하는 사람이 없었다. 이것을 보면 나가사키 奉行所는 당시 시민 사이에 아직 크리스도교의 영향이 있었던 것 같다. 1634년의 마쓰리부터 시민 참가를 지시, 9월 7일부터 9월 9일까지 거행하기 시작했다. 최초의 봉납 오도리(踊)는 17개 마을을 대표해서 두 사람의 太夫의 춤을 봉납했다고 한다. 각 시대의 나가사키 군치봉행은 나가사키군치에 원조를 해줬기 때문에 나가사키 군치는 시대와 더불어 더욱 호화롭게 변했다. 이 가운데 唐子踊 등 중국풍의 춤이 등장하여 중국과의 연계성을 감지할 수가 있다. 이 외에도 '鯨의 潮吹' '川船' 등이 있는데 이 또한 그 풍속이 중국의 색채가 짙은 것이다.[25]

이처럼 나가사키는 유럽풍의 문화와 더불어 동아시아 특히 중국과의 연계성이 짙은 역사문화를 지닌 곳이라 할 수 있다.

---

25) 長崎くんち, 長崎인칼라, 1992, 6쪽.

8. 나오며

지금까지 큐슈의 몇몇 지역을 중심으로 16세기까지의 역사문화를 살펴보았다.

고대의 일본은 한반도 및 중국 그리고 또한 남방의 여러 섬들과의 교류에 의해 이들 나라의 문화를 적극적으로 받아들여 고대국가의 발전의 기틀을 삼았다. 이러한 것이 집약된 체제가 이른바 율령제사회이다. 그런데 바로 이러한 사회를 형성하는데 중요한 역할을 한 지역이 바로 큐슈이다. 그러나 이렇듯 활발한 외래문화 수용의 창구였던 이곳도 9세기 말 이른바 견당사 폐지로 인해 대륙과의 공식적인 교통이 끊어지면서 시들기 시작했다. 그럼에도 오랜 동안 세월을 지내며 나름대로의 길을 터 문화 교류가 이어졌으니, 이는 보이지 않는 민간레벨의 교류가 활발했다는 의미이다.

이를테면, 동아시아 통상국의 형성과 함께 海商과 승려들도 그 중의 하나이다. 특히 14세기경은 선승이 일본, 중국, 조선 등 출신국 국적과 관계없이 국제인으로 다양하게 활동했는데, 그들은 佛典은 물론 經書, 詩文, 書畵에 이르기까지 폭넓은 교양을 지닌 당대의 文物전달자로서 또한 외교사절로서 활약을 했다. 일본에서는 宋學도 이들에 의해 전래되어 곧장 귀족들의 정치사상 형성에도 기여를 했다.[26]

어쨌든 큐슈에 있어 중요한 문화 루트는 가장 가까운 곳이 우리 한반도일 수밖에 없다. 중세 일본인의 고려 조선에 대한 인식은 무관심과 공포심으로 인한 무지와 독선적 이해였다. 그러나 이러한 상황은 중세기에 이르러 남해, 류우큐를 비롯한 여러 지역으로 확대되면서 달라지기 시작

---

26) 中村永孝, 앞의 책, 55~57쪽.

했다. 특히 16세기에 큐슈를 둘러싼 국제환경의 변화는 나가사키라고 하
는 새로운 창을 통해 큐슈를 또 한 번 새롭게 탈바꿈을 시켰다. 그것은
바로 네덜란드 및 중국과의 무역이 행해진 것인데, 이러한 것을 통해 새
로운 외래문화가 유입이 된 것이다.

이러한 새로운 문화의 유입과 함께, 동아시아에 있어 구주사회의 특이
한 존재로서 나가사키를 중심으로 한 화교사회가 형성되고 이들이 끼친
영향이 큐슈 여기저기에 그 흔적을 남기게 되었다. 되풀이하지만 중세
큐슈지방의 문화교류는 주로 물자교환의 형식으로 이뤄졌다. 당시 조선
측 입장에서는 왜구의 출몰로 피해가 심하긴 했지만 일본과의 관계도 필
요성을 느꼈던 것이다. 그래서 통신사, 회찰사 명목 등으로 일본을 방문
했다. 주지하다시피 그들은 대부분이 유능한 지식층으로서 대마를 통해
하카다로 상륙, 키타큐슈(北九州), 세토나이를 통해 에도까지 왕래하며
수준 높은 문화의 흔적을 남겼던 것이다.

또한 큐슈의 여러 다이묘(大名)들에 의해 수용된 그리스도교는 큐슈
인에게 또 다른 외래문화의 충격으로서 영향을 주었는데 이러한 상황을
두려워한 막부는 결국 탄압을 하기 시작, 1639년 행해진 포르트갈 선박
의 내항금지는 약 100년간의 활동을 금지시키는 결과가 되었으며 결국
그리스도교의 종말을 가져오게 했다. 그러나 이러한 일련의 사건들은 나
중에 일본의 근대화에 큰 기여를 했음은 물론이다.

명치이후 이른바 일본의 근대화는 식민지 문제와 불가분의 관계이다.
청일, 러일전쟁에 의해 얻어진 臺灣, 사할린, 요동반도 그리고 한국까지
합치면 본토의 8할 가까이 광대한 식민지를 갖고 그 뒤 남만주까지 점령
그야말로 대일본제국이 된다. 바로 이러한 나라가 되도록 전초기지 역할
을 한 곳이 바로 큐슈이며 큐슈사람들이다. 흑룡회 편의 『東亞先覺志
士記傳』 등을 보면, 志士 출신지로 큐슈가 제일 많다. 그 이유는 큐슈
특히 키타북큐슈가 대외교섭을 역사전개의 축으로 하는 풍토적 특성에

서 나왔다. 또한, 일본 식민지지배는 중일전쟁으로부터 태평양전쟁에 이르기까지 그야말로 흉악한 모습을 드러냈는데, 조선노동자의 일본으로의 강제연행은 대표적인 예이다. 이들은 새벽이나 심야에 침입해 강제로 끌려와 탄광 광산 등에 강제 취업했는데, 당시 큐슈는 전시노동의 보급지였다. 특히 큐슈 筑豊炭田을 중심으로 가혹한 노동에 시달렸다. 탄광 주택 벽에 '어머니 보고 싶어요. 배고파요. 고향에 돌아가고 싶어요' 등의 낙서는 그날의 참상을 보여준다.[27)

이처럼 큐슈는 특히 우리 한국인으로서는 영광과 비참이 명멸하는 그야말로 역사가 숨 쉬는 유서 깊은 곳이라 할 수 있다.

---

27) 川添昭二 외, 앞의 책, 31～32쪽.

九州의 絶緣信仰에 관한 一考察

－福岡의 野芥을 중심으로－

노 성 환*

1. 후쿠오카의 절연 지장

큐슈 북부에 위치한 후쿠오카시(福岡市) 사와라구(早良區) 노케(野芥)에는 매우 특이한 기능을 가지고 있는 지장신앙이 있다. 그 지장보살은 특히 악연을 끊어주는데 효험이 있는 것으로 알려져 있다. 그리하여 전국에서 사람들이 몰려온다고 한다. 조그마한 사당 안에 지장보살상이 모셔져 있는데, 실제로 들어가서 보면 그 형체를 알 수 없다. 높이가 약 70센티 정도이며, 표면이 울퉁불퉁하여 그냥 보면 보통 기이하게 생긴 바위 정도로 여겨진다. 그런데 마을 노인(70대)들의 말에 따르면 자신들이 어렸을 때에는 사람의 형태를 하고 있었으나, 빌러오는 사람들이 많아지고, 그 사람들이 사금파리와 같은 것을 가지고 조금씩 그것을 긁어서 가지고 가는 바람에 어느새 오늘날과 같이 되어버렸다고 한다.

내부의 벽에는 기원문이 적힌 것들이 어지럽게 붙어있었다. 옛날에는

* 울산대학교 일본어·일본학과 교수, 비교민속학

남녀가 서로 등을 마주보는 그림이 그려진 에마(繪馬)[1]가 많이 사용되었는데, 현재에는 자기 소원을 종이에 적어서 붙이거나 아니면 그 내용을 편지봉투에 넣어서 붙여두는 경우가 더 많아졌다고 한다. 그러나 그 가운데는 「에마」도 가끔 눈에 띄기도 한다.

도대체 노케의 지장보살이 어찌하여 그러한 효험을 가지게 되었으며, 또 일본인들은 이곳 지장보살을 통하여 어떤 인연을 끊으려고 하는 것일까? 그리고 그것이 후쿠오카에서만 보이는 독특한 성격의 민간신앙일까? 인연을 끊는다는 말은 오늘날에도 종종 사용되는 말이다. 이것을 전문적으로 취급하는 지장 신앙이 있다는 것은 매우 특이하다고 않을 수 없다. 본고는 노케지장을 중심으로 일본의 민속에 인연을 끊기를 바라는 절연신앙에 대해 살펴보고자 하는 데 그 목적이 있다.

그동안 우리나라 민속학계에서는 절연의 민속에 대해서 고찰한 바가 없다. 이러한 사정은 일본의 민속학계에서도 크게 다르지 않은 것 같다. 그와 관련된 조각글은 조금씩 보여도 본격적인 연구를 한 예를 찾아보기가 쉽지 않기 때문이다. 이와는 대조적으로 법제사적인 관점에서는 여기에 대한 연구가 매우 활발하게 이루어지고 있다. 그 대표적인 예가 타카키 타다시(高木ただし)씨의 연구일 것이다.[2] 그는 문헌과 자료의 심층분석을 통하여 에도시대에 있어서 이혼은 보통 남성주도의 이혼만 있는 것으로 보이지만, 실제로는 여성이 주도하는 이혼도 많았다는 사실을 밝히고 있다.

---

1) 본래는 소원을 빌 때나 소원이 이루어졌을 때, 그 사례로 신사나 절에 말 대신 봉납하는 말 그림의 액자를 에마라 하였으나, 오늘날에는 그 의미가 약간 변하여 액자보다는 신사나 절에서 정한 나무판을 사용하고, 또 그림도 말이 아니라 신사와 절마다 특유의 그림이 그려져 있는 경우가 일반적이다. 대개 사람들은 그 나무판을 신사나 절에서 구입하여 그 뒤에다 자기 소원을 적어 정해진 곳에 달아두며 소원을 빈다. 이하에서는 모두 에마로 통일한다.
2) 高木ただし, 『三くだり半』, 東京, 平凡社, 1999.

여기에서 보는 것처럼 그들의 연구가 에도시대의 이혼제도에 관심이 집중되어있기 때문에 민간신앙의 차원에서 절연을 다루는 것에 있어서는 비교적 소홀히 하는 부분이 있었다. 그러므로 우리가 지금부터 보려고 하는 후쿠오카의 노케지장에 대해서는 전혀 관심을 기울이지 않고 있는 것이다.

이에 본 연구는 앞에서 제기된 문제점들을 해결하기 위해 노케지장의 유래에 관한 이야기 그리고 지장당에 붙어있는 기원문의 내용을 조사하고, 또 그와 같은 신앙이 타 지역에도 있는지, 만약 있다면 어디에서 어떤 형태로 되어 있는지에 대해 살펴보고, 그리고 일본의 절연신앙이 가지는 특징에 대해서 알아본 다음, 그것이 동아시아에서 어떤 위치에 있는지를 살펴보고자 하는 것이다. 그럼 먼저 노케의 지장이 어찌하여 절연의 기능을 가지게 되었는지부터 그 유래부터 살펴보기로 하자.

2. 노케 지장의 유래

마을의 노인들의 말에 따르면 지장당은 화동연간(和銅年間 : 708〜715년)에 건립되었는데, 1985년에 화재가 나서 전소하는 바람에 한동안 방치되어있었다 한다. 그러던 어느 날 병으로 입원해 있던 이 마을에 사는 한 남자가 자신의 꿈에서 한 여인이 나타나 사당을 복원해달라는 소리를 들었다. 이 이야기를 들은 마을 사람들은 이대로 방치해서는 안 된다는 데 의견이 모아져 사당이 건립이 되고, 또 두 개로 갈라져 있던 지장상을 수리하여 안치했다고 한다. 현재는 주민들이 「야개연절지장사적보존회(野芥緣切地藏尊史跡保存會)」를 조직하여 시설을 관리하고 있으며, 그곳에 거주하거나 관리하는 승려는 없다. 그러므로 지장존이라 하더라도 불교와 관계없이 그것을 통하여 주민들이 자신들의 소박한 신앙을 지켜나가는 일종의 마을 사당과도 같다.

이러한 노케의 지장에게는 어떤 사연이 있기에 인연을 끊어주는 영험한 불보살로 신앙되고 있는 것일까? 여기에는 다음과 같은 두 가지 유래담이 있었다. 내용은 서로 비슷하나, 약간씩 차이가 나는 것이 있기 때문에 두 가지 내용 모두 살펴보기로 하자. 첫째의 것은 『북구주전설집(北九州傳說集)』에 수록된 것으로 이미 활자화된 문헌에서 확인할 수 있는 것인데, 그 내용을 소개하면 다음과 같다.

> 지금으로부터 1300여 년 전 옛날, 山城出羽守에게는 외동딸 오코노히메(於古能姬)가 예쁜 딸이 있었다. 그녀를 금지옥엽으로 소중하게 길러서 드디어 土生修理大夫에게 시집을 보냈다. 그리하여 아버지 일행과 함께 가마를 타고 노케(野芥)근처에 도착하자 土生家의 부하로부터 뜻하지 않는 비보가 전해졌다. 그것은 다름 아닌 수리대부가 급병으로 사망하였다는 것이다. 사실은 새빨간 거짓말로 土生家에 불만을 품고 있는 나쁜 무리들이 획책한 음모이었다. 그러한 사실을 까마득하게 몰랐던 오코노히메는 수리대부와의 인연이 갑자기 끊어진 것을 한탄하여 아버지 앞으로 한통의 편지를 남기고 그 날 밤 자살하고 만다. 이 사실을 안 山城守는 비탄에 잠겨 딸이 남긴 편지를 뜯어보았다. 내용은 다음과 같았다.
> "악연의 불효를 용서해주세요. 아무리 생각해도 인연이란 너무나 허무합니다. 그러나 생각하면 이 세상에는 좋은 인연을 만날 수 없는 일도 많고, 나처럼 불운한 악연을 만나 괴로워하며 통곡하는 사람도 적지 않습니다. 나는 저승에서 악연을 끊고 불운을 만나 괴로워하는 사람들을 구제하려고 합니다. 부디 내가 죽고 나서 지장보살상 하나를 만들어 주세요. 부탁합니다." 이러한 내용이었다. 山城守는 딸의 심정을 불쌍히 여겨 그녀가 죽은 곳에다 유언대로 지장보살상을 1구 안치를 했다.[3]

이러한 이유로 노케의 지장은 나쁜 인연을 끊어주는 영험을 지니게 되었다는 것이다. 그리고 두 번째의 것은 마을 사람들에게서 들은 이야기인데, 내용이 위의 것과 조금 달랐다. 즉, 이 지역의 장자 토미나가 테루

---

3) 日本傳說拾遺會 監修, 『日本の傳說(14) 北九州』, 東京, 山田書院, 68쪽.

카네(富永照兼)의 아들 카네나와(兼繩)와 糟屋郡의 츠쿠시 장자(筑紫
長者)로 불리우는 소네쿠니사다(曾根國貞)의 딸 오코노히메와 연담이
성립되어 시집가는 날 새신랑 카네나와가 집을 나가고 말았다. 그리하여
당황한 그의 아버지인 테루카네가 카네나와는 급사하였다고 거짓말을
오코노히메에게 알렸다. 시집가는 도중에 이를 접한 오코노히메는 자신
의 신세를 한탄하며 그만 자결하고 만다. 이를 안타깝게 생각한 마을 사
람들이 그 넋을 위로하기 위해 돌로서 지장상을 만들었다는 것이다. 또
앞에서 본 남성이 꿈에서 보았다는 여인도 바로 오코노히메라는 것이다.

여기에서 보듯이 이 설화는 앞의 설화와 비교하면 내용이 조금씩 차이
가 난다. 앞의 것은 신랑집안과 적대관계에 있던 집단의 획책으로 새신
랑이 죽었다는 거짓정보를 새색시에게 전했다는 것이고, 뒤의 것은 신랑
의 아버지가 아들의 가출을 핑계로 죽었다고 거짓말을 했다는 것이다.
마을사람들은 여기에 대해서 말을 조금 보탰다. 새신랑이 집을 나간 이
유는 이미 마음속에 정해놓은 여자가 있었기 때문이라는 것이다. 즉, 그
들의 말을 빌리면 오코노히메와 결혼하기로 되어있었던 카네나와는 사
랑의 도피행각을 벌인 셈이었다.

그리고 지장상을 세우는 것에서도 차이를 보인다. 즉, 앞의 것은 오코
노히메의 아버지가 딸이 남긴 유언장을 보고 건립하는 것으로 되어있지
만, 뒤의 것은 그곳에서 자결한 오코노히메의 넋을 달래기 위해 마을 주
민들이 건립했다는 것이다.

그러나 변하지 않는 것은 혼례를 하기 위해 시집가는 길에 남편이 죽
었다는 소식을 접하고 비관하여 자살하였다는 내용이다. 그것에 대한 직
접적인 원인이 이미 애인이 있어서 집을 나갔다는 동네 노인들의 말이
사실이라면 그 여인의 자결은 남편의 사랑을 다른 여자에게 빼앗긴 것에
서 비롯된다고 할 수 있다. 이 점은 남편으로부터 사랑을 받아야 할 여자
로서는 치욕과 분노의 심정이었을 것임에 틀림없다. 이러한 여인이 지장

을 통하여 남녀의 악연을 끊게 해주는 신(원귀)이 되었다는 것은 충분히
이해하고도 남음이 있다.

그러나 그 내용이 역사적인 사실이 아니라 전설로부터 얻어진 것이기
때문에 그것이 어느 정도 신빙성을 가지고 있는지는 의문이다. 전설처럼
이러한 사건이 먼저 있고, 절연지장상이 생겨난 것인지, 아니면 지장상
이 먼저 생겨난 뒤 그것을 설명하기 위해 훗날 그러한 전설이 만들어 졌
는지는 현재로서는 확인할 길이 없다. 다만 우리가 알 수 있는 것은 마을
사람들이 그와 같은 불행한 사건이 있고나서 노케의 지장상이 생겨났으
며, 또 그것으로 말미암아 절연능력을 갖게 되었다고 설명하는 전설을
가지고 있다는 사실이다. 즉, 그것은 마을의 신앙으로 이해해야 하는 것
이지, 실증주의 역사학적 관점에서 보아서는 안 된다는 것을 말하여주는
것으로 볼 수 있다.

3. 일본인은 무엇을 끊고 싶어 하는 것일까?

1) 남녀관계 : 불륜, 부부, 악연, 스토커, 인간관계

그렇다면 일본인들은 노케의 지장을 통하여 무엇을 끊으려고 하는 것
일까? 그러한 소원이 적혀있는 종이와 「에마」가 지장당의 사방 벽에 붙
여져 있었다. 내용을 확인하기 위해서는 그것을 하나하나 읽었다. 기원
자에게는 미안한 일이지만 봉투에 들어있는 것은 뜯어서 내용을 확인하
는 수밖에 없었다. 그 결과 그 기원문을 통하여 일본인들이 어떤 것들과
인연을 끊으려고 하는지 어느 정도 파악할 수 있었다.

그 중에서 가장 많이 차지하는 것이 남녀관계이었다. 그 중에서 여자가 남자와 헤어지려는 내용이 많이 눈에 띈다. 예를 들면 "65세 토끼띠 남성과 전화로만 통화하고, 또 1년 1번 연하장을 보내고 있는데, 그것이 번거롭다는 생각이 들어 이 정도에서 인연을 끊고자 하오니, 하루 빨리 전화가 오지 않게 해주세요."라는 내용이다. 이러한 경우는 확실하게 불륜임을 알 수 있다. 그러나 "이노우에씨와 인연을 끊어주세요(여성 34세)." "미야자키신스케와 인연을 끊게 해주세요. 후지나가 아키코"라는 내용에서처럼 그 관계가 불륜일 가능성은 매우 높지만, 실은 부부 또는 연인의 관계인지 정확하게 알 수는 없는 내용들도 있다.

한편 자신의 남편(또는 애인)이 바람을 피워 그 상대와 헤어지게 해달라는 내용도 있었다. 예를 들면 "남편 博英과 애인 晃代와의 인연을 끊어주세요. 妻", "소화19년 12월 20일 출생의 여성으로부터 두 사람의 사이가 방해가 되고 있습니다. 제발 인연을 끊게 해주세요."라는 내용 등이다.

그리고 어떠한 원한관계에 있는지 모르지만 "절연지장보살님에게 비나이다. 東京都品川區 西品川에 거주하는 松尾忠孝와 그의 처 久代가 이별 또는 이혼하여 忠孝를 후쿠오카의 본가에 돌아오게 해주세요. 부탁합니다." "村政氏와 소화 21년 1월 5일 村千鶴과 인연을 끊게 해주세요."라는 내용 등에서 보듯이 어떤 부부를 이별 또는 이혼을 하게 해달라고 비는 경우도 있었다.

또 서로 상대의 짝이 헤어지기를 바라는 기원문도 있다. 가령 카와카미신호라는 사람이 "우지산인, 篠崎舞子, 우지산인은 소화50년 12년 19일생, 篠崎麻衣子는 소화 42년생, 두 사람의 인연이 끊어지도록 해주세요. 川上神保"라고 다른 사람의 커플이 헤어지기를 빌었는데, "카와카미신호, 杜미카 소화 44년 2월 23일 두 사람의 인연이 끊어지기를 기원합니다."는 내용에서처럼 자신의 커플도 다른 사람에 의해 헤어지기를 빌고 있는 경우도 있었다. 이 내용만으로는 두 커플의 관계를 파악하

기 어려우나, 원한과 증오가 서로 복잡하게 얽히고설켜 있음을 짐작하고
도 남음이 있다.

그리고 딸이 사귀는 남자가 마음에 들지 않아 "토모코와 相馬씨의 인
연이 하루빨리 끊어 주세요. 부탁합니다." "절연, 절연, 절연 하루빨리 끊
어주세요. 부탁합니다.", "相馬씨와 토모코와의 인연을 하루 빨리 끊어
주세요. 母"라고 비는 어머니의 글귀가 있는가 하면 "장녀가 지금 사귀
고 있는 남자가 좋은 사람이 아니라면 빨리 인연을 끊게 해주세요. 만일
좋은 인연이라면 하루 빨리 이어져 결혼하게 해주세요."라고 비는 어머
니의 기원문도 있었다.

한편 아들과 사귀고 있는 여자가 마음에 들지 않아 헤어기를 바라는
어머니도 있었다. 조사하던 그 날도 어떤 노파가 지장상을 사금파리와
같은 것으로 긁고 있었다. 그 이유를 물었더니, 자신의 아들과 사귀고 있
는 아가씨가 마음에 들지 않아, 아들이 그녀와 헤어지기를 바라는데 지
장상에서 긁어 낸 돌가루를 아가씨가 놀러오면 음료수에 태워서 그녀를
마시게 하기 위해서라고 대답했다. 즉, 그 돌가루는 인연을 끊는데 특효
약이었던 것이다. 이처럼 우리가 조사하는 그 날에는 아들이 사귀고 있
는 여자 친구와 헤어지기를 바라는 기원문은 발견되지는 않았지만 그러
한 기원문이 앞으로 얼마든지 등장할 수 있음은 두 말할 나위가 없다.

그리고 "하루 빨리 이혼을 할 수 있도록 부탁합니다.", "원만하게 절연
하게 하여 주세요."라는 내용에서처럼 부부 관계를 청산하려는 기원문도
있다. 이 정도의 부부라면 두 사람의 인연을 악연임에 틀림없다. 이처럼
인간관계에서 악연이라고 여겨지는 것과 헤어지려는 내용이 심심찮게
발견되었다. 그 중에서 "나쁜 친구와의 인연을 끊어 달라."는 것이 많았
고, 때로는 나쁜 손님과 인연을 끊고 좋은 사람과 인연을 맺으려는 기원
문도 있었다. 그리고 "스토커행위를 하는 인간과의 인연을 끊게 해달라."
는 것도 있었다. 이와 같이 노케의 지장상은 잘못된 남녀, 부부관계를 비

롯하여 나쁜 인간관계와 인연을 끊기 위해서 많은 사람들이 이곳에 찾고 있음을 알 수 있다.

2) 건강(질병, 음주, 금연 등)

두 번째로 많은 것은 질병에 관한 것이었다. 가령 "병(나쁜 병, 모든 병)과 인연을 끊어주세요.", "관절의 통증이 낫기를 바랍니다.", "왼쪽 코 안의 상처와 인연을 끊어지기를", " 치매가 심해지지 않고 의식불명이 되지 않도록 해주세요." 등의 내용이다. 또 "체력적으로 피로해져 있지만, 몸이 건강해지고 즐겁게 일을 할 수 있도록 부탁드립니다."라는 내용도 있었다. 그리고 11세의 아이가 밤마다 이불에 지도를 그리는 병이 있었는지 "밤에 오줌 싸는 것과 인연을 끊게 해주세요."라는 내용도 보인다. 이처럼 병과 인연을 끊고 건강하게 살려는 소망이 많이 보였다.

그에 따라 건강을 유지하기 위하여 건강을 해치는 담배와 술과의 인연을 끊으려는 내용도 보인다. 가령 "田中森一의 음주를 끊어주세요." "고교 1년생 여자 17세 토끼띠 담배를 피우지 않도록 하루 빨리 인연을 끊어주세요. 부탁드립니다."라는 내용들이 바로 그것들이다.

3) 경제적인 문제(채무, 가난)

세 번째로 많이 나타나는 것은 채무와 가난과 인연을 끊고자 하는 내용들이었다. "저의 아들과 빚과 인연을 끊게 해주세요. 48세", "가난과 인연이 끊어지기를 바랍니다. 가족일동"라는 내용 등을 쉽게 찾아 볼 수 있다. 또 "카드빚과의 인연을 끊게 해주세요."하는 것도 있는 가하면, 그

리고 "소화 27년 12월 3일생 吉岡民博, 소화 31년 8월 8일생 神田千
惠子(원숭이띠) 요시오카씨가 그녀와 재회를 하고, 빌려간 돈을 나에게
돌려주고, 나와 원만하게 헤어지게 해주세요."라는 내용에서 보듯이 자
신에게 빌려간 돈을 돌려주기를 간절히 바라는 내용도 있었다.

4) 업무상의 문제(실책, 불만의 직책)

네 번째는 자신의 업무상 실책에 의해 발생되는 문제도 있었다. 가령
"절연의 지장보살님 언제나 신세를 지고 있습니다. 이번에는 일 때문에
찾아왔습니다. 지난 5월 17일에 문제를 일으켜 회사에 많은 손실을 끼치
고 말았습니다. 아무쪼록 그 일이 원만하게 처리가 되도록 도와주세요."
라는 내용에서 보듯이 회사에 자신의 실책으로 인한 문제가 원만하게 처
리되도록 기원하는 경우도 있다. 아마도 이는 회사로부터 해고 또는 처
벌과 같은 악한 상황과의 인연을 끊고자 하는 간절한 바람일 것이다.

실제로 崎玉縣 幸手 지방에서는 옛날 12월 1일에 떡을 찧는 풍속이
있는데, 그 때 그 떡을 절연을 의미하는 "엔키리모치(緣切り餅)"라 한
다고 한다. 그 이유는 고용인들이 그 떡을 벽에 던져 자신이 계속 일을
할 수 있는지 없는지를 알아보는데 사용되었기 때문이라는 설명이 있
다.[4] 이처럼 남녀관계 뿐만 아니라 일과의 관계에서도 절연신앙은 이용
되었던 것이다.

그리고 자신이 만족하지 못하는 직책에서 벗어나고자 하는 내용도 있
었다. "부탁드립니다. 하루 빨리 트레이너 직책과의 인연을 끊게 해주세
요. 부탁합니다. 田口" 이와 같이 일본인들은 업무상 실책 또는 만족하

---

4) 高橋敏, 「絶緣寺」 『日本民俗大辭典(上)』, 東京, 吉川弘文館, 1999,
219쪽.

지 못하는 자신의 직책과도 인연을 끊기 위하여 노케의 지장을 찾았던 것이다.

5) 기타(저주, 나쁜 버릇과 마음)

간혹 눈에 띄는 것 가운데 상대를 저주하는 것도 있었다. 앞에서 보았듯이 상대의 부부 또는 연인이 헤어지기를 바라는 내용도 저주라고 할 수 있지만, 상대의 모든 행운과의 절연을 기원하는 저주의 기원문도 있었다. 가령 "호우즈사키에 살고 있는 高田太介의 金運, 일運 등 모든 운으로부터 인연을 끊어주세요."라는 내용이다. 여기에서 보듯이 상대의 경제적인 운과 일의 운 등 모든 행운과 끊어지기를 바라는 저주의 내용이 담겨져 있는 것이다. 이처럼 노케의 절연신앙은 상대를 저주하는 데도 사용되었다. 그리고 "장남의 노름과 빠징코와 인연을 끊게 해주세요."라는 간절한 내용에서 보듯이 아들의 나쁜 버릇과 인연을 끊게 해달라는 어머니의 소원도 있으며, 또 "히비야 고등학교에 입학하였습니다. 그곳에서 나쁜 친구들이 생겨나지 않도록 인연을 끊어주세요. 그리고 성격이 나쁘기 때문에 나쁜 성격과 하루 빨리 인연을 끊게 해주세요. 부탁합니다. 조모 57세"이라는 내용에서 보듯이 손자의 악우 그리고 나쁜 성격과 인연을 끊어달라는 할머니의 소원도 있었다.

여기에서 보듯이 노케의 지장이 가지고 있는 절연신앙은 전설에서 보듯이 처음에는 악연의 부부관계에서 비롯하였지만 오늘날에는 그 양상이 많이 달라져 있음을 알 수 있다. 부부관계보다 남녀의 불륜관계가 가장 많고, 그 뒤를 이어 건강(질병)과 가난(채무)과 노름과 나쁜 성격 등과 절연하려는 소원이 많았다. 즉, 이혼의 내용은 오히려 매우 적은 부분에 속하는 것이었다.

4. 이러한 신앙은 후쿠오카에만 있는 것일까?

이처럼 인연을 끊고자 하는 신앙은 후쿠오카의 노케만 있는 특수한 형태의 것일까? 그렇지는 않았다. 쿄토, 오사카, 토치기, 군마, 카나가와, 도쿄, 야마가타 등지에서 발견되는 것으로 보아 일본전역에 흔하게 있는 것은 아니지만, 비교적 폭넓게 분포하고 있다. 그 중에서 가장 많이 가지고 있는 지역이 관서의 쿄토이다.

이러한 신앙이 언제부터 시작되었는지 명확하지는 않다. 그러나 그 신앙의 역사가 상당히 오래되었음은 그에 관련된 유래담의 내용이 종종 고대에 까지 거슬러 올라가는 경우를 보아도 짐작이 간다.

타카키 타다시씨에 의하면 "엔키리"라는 절연이라는 말이 관동에서는 부부, 부모와 자식 등의 친족관계와의 절연한다는 협의의 의미로 사용되지만, 관서에서는 모든 악연과의 절연하는 광의의 의미로 사용된다고 있다고 지적한 바 있다.[5] 그런데 분포로 보면 관서의 쿄토가 가장 많고, 또 관서에서는 대부분이 유래담을 가지고 있는 것에 비해 관동에서는 그렇지 않다는 점 등을 고려할 때 절연의 신앙은 어쩌면 그 원류가 관서지역에서 비롯되어 각지로 확산되었을 가능성이 높다.

그러나 여기에서는 지역별로 구분하기보다는 그것에 주로 관여하는 종교별로 나누어 살펴보기로 한다. 일본에서는 절연을 주로 다루고 있는 신도와 불교이다. 그리고 그것과 관계없이 마을주민들에 의해 신앙되는 경우도 적지 않다. 그러면 먼저 신도계의 신사의 경우부터 살펴보기로 하자.

---

5) 高木 ただし, 앞의 책 25쪽.

1) 神社와 절연신앙

절연신앙을 전문적으로 다루는 곳으로 유명한 신사는 쿄토(京都)의 야스이콘비라(安井金比羅宮), 하시히메신사(橋姬神社), 오사카의 이쿠타마신사(生國魂神社), 토치기현(栃木縣) 아시카가시(足利市)의 카도다 이나리 신사(門田稻荷神社), 도쿄(東京) 이타바시(板橋)의 엔키리 에노키신사(緣切り榎神社), 그리고 같은 도쿄 신쥬쿠(新宿)의 타노미야 이나리(田宮稻荷) 등을 들 수가 있다.

절연신사 가운데 특히 쿄토의 야스이콘비라는 전국적으로 유명하다. 더군다나 근년에 이곳을 테마로 쓴 소설6)이 출판되면서 더더욱 유명해졌다. 이곳에서도 절연에 관련된 유래담을 가지고 있었다. 그 유래담에는 두 가지가 있는데, 하나는 主祭神인 숭덕천황(崇德天皇)이 사누키(讚岐)의 콘비라궁(金刀比羅宮)에서 일체의 욕심을 끊고 근신기도를 하였기 때문에 이곳이 모든 것과 인연을 끊는 기원소가 되었다는 것이고, 또 하나는 그가 전쟁에서 져서 어쩔 수 없이 자신이 총애하였던 카라스마도노(烏丸殿)와 이별하지 않을 수 없었던 상황에서 죽었기 때문에 그러한 연유로 그가 남녀의 인연을 방해하는 모든 악연을 끊어주는 신으로 되었다는 것이다. 앞에서 언급하였듯이 어디까지 유래담이기 때문에 그것을 전적으로 믿기는 어렵다.

이 신사의 경내에는 자기 소원을 적은 종이와 「에마」들이 걸려 있다. 기원문이 적힌 종이는 아치형으로 된 바위에 걸쳐놓는데, 이때 자신의 소원을 바라는 일념으로 정신을 집중하고 입김을 세 번 불어넣고는 기원석 밑에 나 있는 터널을 통과한 뒤에 붙여야 한다는 것이다. 터널을 통과할 때 법칙이 있었다. 절연을 원할 때는 바깥에서 안으로 빠져나가야 하

---

6) 田口ランデイ, 『緣切り神社』, 東京, 幻冬社文庫, 2001.

고, 결연을 바랄 때에는 안에서 바깥쪽으로 빠져 나와야 한다고 신사측은 설명하고 있었다.

그리고 「에마」는 두 가지 종류가 있었다. 하나는 해초를 끊는 그림이 그려져 있는 것이고, 또 다른 하나는 머리에 꽂는 빗이 그려져 있는 것이었다. 전자는 해초가 물밑에 뒤엉켜있는 것을 끊는다는 의미일 것이고, 후자의 빗은 "빗을 받으면 인연을 끊게 된다."[7]하여 그것을 주고받거나, 길에서 줍기를 금기시하는 신앙에서 비롯된 것 같다.

또 입구에는 나쁜 마음, 아침의 늦잠, 과음 등과의 인연이 끊어지기를 바라는 뜻에서 그려진 「에마」가 전시되어있는데, 그 내용이 마음 "心"자를 크게 쓴 글자 끝에 사람들이 붙어서 톱, 칼, 도끼 등 자르고 끊는 도구를 가지고 글씨를 끊는 것으로 되어있다. 이 「에마」는 다른 것들에 비해 매우 오래된 것 같이 보였다. 이것이 사실이라면 남녀관계 뿐만 아니라 반사회적인 나쁜 습관과도 인연을 끊을 수 있는 신앙의 장소이기도 하였다는 사실을 말하여 주고 있는 것이라 생각할 수 있다.

하시히메신사는 우지시(宇治市)에 있다. 하시히메신사란 전국 각지에서 보여지는 일반적인 신인데, 주로 다리를 보호하는 신으로 모셔지는 경우가 많다. 우지시의 하시히메신사도 宇治橋에 인근에 있는 것으로 보아도 원래는 그녀가 다리의 수호신이었음은 짐작하고도 남음이 있다. 그러나 이 신사에 모셔지고 있는 하시히메(橋姫)에 얽힌 이야기는 다른 지역에 비해 매우 색다른 내용을 가지고 있다. 일본 중세의 전쟁소설로 유명한 『平家物語』(劍의 卷)에 의하면 그녀에 관한 이야기가 수록되어있는데, 이를 간략히 정리하여 소개하면 다음과 같다.

---

7) 이러한 신앙은 일찍부터 지적되었다. 그 예로 1915년 島畑隆治가 쓴 「國々の言習はし」『鄕土硏究(3-1)』, 鄕土硏究社, 1915, 58쪽에 이미 이러한 사항들이 지적되고 있다.

옛날 사가천황(嵯峨天皇) 때 어느 公卿의 딸이 결혼하여 살았는데, 남편이 바람이 났다. 이에 몹시 질투와 분노를 느낀 그녀는 기부네묘진(貴船明神)을 찾아가 7일 동안 머물면서 자신이 살아있는 채로 도깨비(鬼)가 되어 남편과 애인을 모두 죽이고 싶다고 빌었다. 이를 들은 키부네묘진은 그녀에게 우치천(宇治川)에 가서 21일간 물에 들어가 목욕재계하라고 했다. 이를 들은 그녀는 긴 머리카락을 송진을 발라 다섯 가닥으로 꼬아서 마치 5개의 뿔처럼 치켜세우고, 얼굴과 몸에 붉은 朱丹을 바르고, 머리에는 삼발이를 얹히고, 그 삼발에는 각각 횃불을 달고, 또 입에는 양쪽 끝에 불을 붙인 횃불을 물고, 그야말로 기이한 모습으로 캄캄한 밤 중 우치천으로 갔다고 한다. 그 결과 그녀는 바라는 대로 무서운 도깨비가 되어 남편과 애인을 죽이고, 또 관계도 없는 사람들도 헤치기 시작하였다. 그러던 어느 날 밤 미나모토라이코오(源賴光)의 부하인 와타나베쯔나(渡邊網)가 一條의 모토리바시(戻橋)을 지나가다가 아름다운 여인을 만나는데, 그 여인은 그에게 5條까지 바래다 달라는 부탁을 한다. 실은 그 미녀는 도깨비이었다. 도깨비가 와타나베를 데리고 처치하려고 하였으나, 이를 재빨리 눈치 챈 그는 히게키리(鬚切)라는 명검을 빼내어 도깨비의 팔을 잘라 버리고 말았다 한다.[8]

이처럼 하시히메는 남편의 사랑을 다른 여인에게 빼앗겨 질투의 화신이 된 여인이었다. 그러한 그녀가 훗날 절연의 신으로서 민중들로부터 모셔지고 있는 것이다. 그녀로 하여금 도깨비가 되게 한 키부네묘진이 모셔져있는 키부네신사도 저주와 절연의 기원소로 유명하다.

한편 오사카에서는 이쿠타마신사(生國魂神社)의 경내에 말사로 있는 시기노신사(鴫野神社)가 여성의 수호신으로서 신앙되기 시작하여, 이제는 결연과 절연을 겸하는 신사로서 알려지기 시작했다. 신사 건물의 안쪽에는 커다란 붉은 등이 달려져 있는데, 한쪽은 결연을 의미하는 「緣」자가, 또 다른 한쪽에는 절연을 의미하는 표시로 자물통 그림 위에 마음 "心" 자가 그려져 있는 것이 매우 인상적이다.

토치기현(栃木縣) 아시카가시(足利市)의 카토다 이나리신사는 팔번

---

8) 屋代本, 『平家物語』 <別卷>, 劍之卷.

(八幡神社)의 경내에 있다. 여기는 다른 곳과 마찬가지로 남녀 간의 악연, 병, 약, 도박 등과 인연을 끊어주는 신앙으로 유명하며, 최근에는 스토커와도 인연을 끊고자 하는 여성들도 찾아온다고 한다.

이타바시의 엔키리에노키 신사는 관동 특히 동경에서 절연신앙으로 유명하다. 이곳도 일본의 여느 절연신사와 같이 남녀관계를 비롯한 모든 질병과의 인연을 끊어주는 것으로 기능을 가지고 있다. 심지어 전쟁 때에는 징병에서 벗어나기 위해서 징병과의 절연을 기원하는 것도 있었는데, 그 경우의 에마에 그려지는 그림은 기원자가 군복을 입은 남자와 등을 맞대고 있는 모습이었다 한다.[9]

이곳의 절연신앙에 관한 유래를 지역의 교육위원회가 세워둔 안내판에 적혀있는데, 그것에 의하면 현재 서 있는 팽나무는 3대 째이나, 1대의 나무가 느티나무와 함께 자연히 자라나 사람들이 팽나무의 일본어 발음인 「에노키」와 느티나무의 일본어 발음인 「츠키」를 합성하여 인연을 맺는 의미의 말인 「엔츠키」라 불렀다고 한다. 그러나 그 지역의 언덕이 원래는 「이와노사카(岩ノ坂)」이었는데, 이것이 싫다는 의미인 「이야나사카」로 불렸고, 이것이 발전하여 인연을 끊는다는 의미의 말인 「엔키리」가 되었다는 설이 있고, 또 하나는 후지산(富士山)으로 입산한 伊藤身祿이 이 나무 아래에서 처자식과 눈물의 이별을 했기 때문에 절연신앙을 가지게 되었다는 설이 있다고 소개하고 있는 것이다. 그러나 많은 사람들은 전자의 설을 더 믿는 것 같다. 특히 빠른 시일 내 효험을 보려면 이곳의 팽나무의 껍질을 벗겨서, 가루로 내어 상대에게 먹이면 훨씬 더 효과가 있다는 신앙이 있다고 설명하고 있다.[10]

이러한 신앙이 얼마나 유명했는지, 에도시대의 후기 네기시야스모리(根岸鎭衛 : 1737~1815)의 수필집인 『미미부쿠로(耳袋)』에도 그와

---

9) 岩井宏實, 앞의 책, 119~120쪽.
10) 高橋敏, 앞의 책, 219쪽.

관련된 재미난 에피소드가 기록되어있다. 그것에 적힌 내용을 잠시 소개하면 다음과 같다.

　　혼고(本鄕) 부근에 한 의사가 살고 있었다. 이름은 들은 적이 있으나 밝히지 않겠다. 의원도 잘되어 먹고사는 데는 불편함이 없었지만 성격은 좋지 못했던 것 같다. 그의 아내는 정실한 여자로 그가 하녀에게 손을 뻗쳐도 질투를 하는 일이 없었다. 그러나 하녀는 해가 거듭할수록 늘어났고, 그 또한 하녀와의 사랑에 빠져 본업을 소홀히 하여 환자의 집에 왕진 가는 일도 거의 하지 않았다. 그리하여 점점 가세가 기울기 시작하여 이에 아내는 깊이 탄식하면서 어릴 때부터 돌보았던 남편의 제자에게 이 사실을 말을 했다. 이 제자는 강직한 사람으로 부인으로부터 이야기를 듣고 몹시 마음을 아파했다. 그리하여 하녀의 가족들에게 자신의 스승과의 바람직하지 못한 관계를 그만두기를 만류도 하여 보았지만 별다른 효과도 없었다. 이러던 어느 날 출타 중에 다음과 같은 이야기를 들었다. 즉, 이타바시(板橋)에 절연시켜주는 팽나무가 있는 데, 이 나무의 껍질을 벗겨서 먹이면 아무리 아교나 옻칠(膠漆)과 같이 떨어지기 어려운 사이라 할지라도 이내 헤어진다는 것이다. 이를 즉시 부인에게 알리자, 부인의 눈은 생기가 돌면서 그에게 곧 그 나무껍질을 가지고 오라고 부탁하는 것이었다. 제자는 남몰래 이타바시에 가서 그 나무껍질을 구해가지고 돌아왔다. 이를 즉시 가루로 내어 의사와 하녀에게 먹이기로 하고 아침 식사의 국물에 넣었다. 그 순간 그 집에서 오랫동안 해온 남자 하인이 그만 보고 만다. 지금까지 까닭을 모르는 그는 그것이 독약일지도 모른다고 생각하고, 고민 끝에 "화분에 물을 준다"라고 말을 하고 밖으로 나와서 주인인 의사에게 살짝 일러바친다. 이에 깜짝 놀란 의사는 아침 밥상에 놓인 국에는 일체 손도 대지 않으려고 했다. 이에 부인이 "평소 국물을 좋아하면서 어찌하여 오늘은 드시지 않으십니까?"하며 몇 번이나 권하여 보았지만 의사는 끝까지 먹지를 않았다. 그러자 부인은 "이렇게 간절하게 권하여도 드시지 않는다는 것은 나의 체면이 꾸기는 일이 되오니 어서 드세요. 어서"하고 권하여도 의사는 국에 손을 대지 않았다. 그러자 부인도 더 이상 참을 수가 없었다. "여기에 독이 들어있다고 생각하는지요. 그러면 내가 먹으리다."하며, 그만 그것을 다 먹고 말았다. 역시 이곳의 절연 팽나무의 효험은 역력하게 드러났다. 이 사건 하나만으로 이 부부는 이혼을 했다고 한다.11)

여기에서 보듯이 이야기의 내용은 매우 시니컬하지만 이곳의 팽나무
껍질이 에도시대에 얼마나 절연의 효험이 있는 것으로 유명하였는지를
알 수 있는 좋은 자료임에 틀림없다. 이러한 연유로 여기에서도 혼례를
치르는 사람들은 이 앞을 피하여 지나갔다고 한다. 실제로 1804년 12대
장군인 토쿠가와 이에요시(德川家慶)에게 시집간 사자노미야(樂宮)와
1861년 14대 장군인 토쿠가와 이에모치(德川家茂)에게 시집간 카즈모
미야(和宮)가 장군가로 시집갈 때 이곳을 피하여 우회하여 지나갔다는
이야기가 지금도 지역민들 사이에서 회자되고 있다.

도쿄에는 또 하나의 절연신사가 있다. 新宿區左門町에 있는 타미야
이나리신사(田宮稻荷神社)이다. 이곳의 제신은 쯔루야난보쿠(鶴屋南
北)의 유명한 작품 「東海道四谷怪談」에 나오는 여자 주인공 오이와
(お岩)이다. 그녀는 억울하게 남편에게 살해되자 유령되어 다시 나타나
남편과 그의 가족들에게 복수하는 원한이 깊은 여성이었다. 이곳도 여성
의 기원자가 많으나 연인들의 데이트 장소로는 피한다고 한다.

2) 절연사찰과 절연신앙

인연을 끊어주는 역할은 불교의 사찰에서도 담당했다. 이러한 절을 보
통 일본에서는 엔키리데라(緣切寺)라 한다. 그곳에서 담당했던 것은 주
로 여자 측에서 요구하는 이혼을 담당했다. 이러한 역할은 이미 에도시
대 때 보인다. 에도시대 때에는 기본적으로 여성에게 이혼요구권이 없었
다. 남편이 이혼장을 제출을 하여야만 이혼이 성립되었던 것이다. 그러
므로 결혼하여 도저히 남편과 맞지 않았을 경우 처음에는 앞에서 보았듯
이 절연을 담당하는 신사에 가서 빌었을 것이다. 그러나 그것이 여의치

11)『耳袋』卷5,「板橋緣切り榎のこと」.

않으면 일가친척들에게 상담을 하여 이혼을 하려고 노력을 하였고, 그 때에도 자신의 의지가 관철되지 못하였을 때에는 단독 행동을 감행하였을 것이다. 이때 많은 여인들은 사찰에 숨어들어 사찰의 힘을 빌려 이혼을 요구하는 방법을 선택했다. 이러한 역할을 맡아서 수행하는 불교사찰을 「카케코미데라(驅け込み寺)」 혹은 「카케이리데라(驅け入り寺)」라고 했다.

이와 같은 절연의 사찰은 일반적으로 남성의 출입을 금하는 비구니 사찰이 많았다. 그러므로 사찰은 일종의 남편으로부터 학대받는 여성들의 은신처이었다. 그러나 에도시대 중기 이후 막부로부터 공인된 절연사원은 군마현(群馬縣)의 만덕사(滿德寺)와 카나가와현(神奈川縣) 카마쿠라(鎌倉)의 동경사(東慶寺) 두 곳 뿐이었다.

그 중에서 동경사의 절연기능은 역사가 길다. 이 절은 가마쿠라 시대 막부의 실권자이었던 호죠토키무네(北條時宗)의 아내 각산니(覺山尼)가 1285년에 창건한 절로서, 각산니가 이 절의 연절사법(緣切寺法)을 정하고 효죠사다토키(北條貞時)를 통하여 막부의 허가를 얻은 것으로 되어있는 것이다. 연절사법이란 동경사에 피신하여 3년간 수행을 쌓으면 아내의 의지대로 이혼할 수 있게 한 법이다. 여성이 절의 문에 들어서거나, 혹은 문이 닫혀있는 밤이라 할지라도 머리에 꽂고 있는 빗, 또는 신고 있는 게타(나막신)를 절 안에 던져 넣어도 피신한 것으로 인정되었다.[12]

이러한 전통이 에도시대(江戶時代)에도 이어졌다. 그러한 데에는 20대 주지이었던 천수니(天秀尼)의 역할이 컸다. 그녀는 부친이 토요토미 히데요시(豊臣秀吉)의 아들인 히데요리(秀賴)이며, 양모는 토쿠가와 이에야스(德川家康)의 손녀인 치히메(千姬)이다. 1615년 오사카성(大阪

---

12) 新谷尙紀監修, 『日本人の禁忌』, 東京, 靑春出版社, 2003, 76쪽.

城)이 함락되었을 때 히데요리는 자살하고, 그의 아들인 쿠니마츠(國松)
는 8세의 몸으로 로쿠죠 카와라(六條河源)에서 참수당하였으나 이에야
스는 천수니를 동경사로 들어갈 것을 명한다. 아마도 장소도 에도와 가
깝고 또 남자출입금지이기 때문에 토요토미의 잔당과의 접촉도 불가능
할 것으로 판단했던 것 같다. 절에 들어갈 때 이에야스는 천수니에게
"원하는 것이 없느냐?"하고 물었다. 그러자 천수니는 "개산부터 내려온
사찰의 법도가 끊어지지 않도록 하여 주시면 원이 없겠습니다."라고 대
답하였다 한다. 이로 말미암아 동경사는 명치정부에 의해 금지시킬 때까
지 에도시대 줄곧 절연사찰의 전통을 지켜낼 수 있었다.[13]

   군마현의 만덕사의 경우도 토쿠가와의 집안과 관계가 깊다. 쇼우군 토
쿠가와히데타다(德川秀忠)의 외동딸 千姬가 남편인 토요토미히데요리
(豊臣秀賴)가 자결하자, 그녀를 本多忠刻와 재혼시키기 위하여 유모
시녀이었던 刑部卿局(俊澄尼)로 하여금 그녀를 대신하여 그 절에 출
가를 시켰다.[14] 즉, 그녀는 토요토미가(豊臣家)와의 인연을 끊고 혼다가
(本多家)의 本多忠刻와 새로운 인연을 맺었던 것이다. 이로 말미암아
만덕사는 토쿠가와 막부(德川幕府)의 권위를 가지고 절연사의 기능을
발휘하게 된 것이다.

   이 두 사찰이 막부로부터 절연사찰로서 인정받기 이전에도 다른 비구
니 사찰에서도 그러한 기능적인 역할을 했을 가능성이 있다. 실제로 마
에바시번(前橋藩)에서는 옛날부터 남편이 싫은 아낙네들이 절에 피신하
여 3년간 그곳에서 봉사하면 재혼할 수 있는 관행이 에도 시대 중기 이
전부터 있었다, 이러한 사실을 보더라도 비구니사찰이 일반적으로 불행
한 부부 인연을 맺어 고통을 당하는 여성을 구제하는 절연사찰의 기능을
하였을 것이다. 그러나 막부의 체제와 법률이 정비됨에 따라 그러한 특

13) 新谷尙紀, 앞의 책, 77쪽.
14) 五十嵐富夫,「萬德寺」『國史大辭典(13)』, 東京, 吉川弘文館, 1992, 241쪽.

권이 사라지고 토쿠가와 가문과 관계가 있는 동경사와 만덕사만 그러한
기능을 정식으로 인정받게 된 것이라고 여겨진다.[15]

이처럼 불교사원에 있어서 절연신앙은 여성이 이혼을 청구할 수 없었
던 시절에 비구니 사찰에 피신하여 절을 통하여 이혼을 하는 관행에서
출발하고 있음을 알 수 있다. 즉, 남편에게 핍박받는 여성의 구제책이었
던 것이다.

그러나 절에 피신하였다고 해서 그냥 이혼되는 것이 아니었다. 정해진
절차가 있었다. 앞에서 본 카마쿠라의 동경사의 경우 경내에 松岡役所
라는 관청이 파견되어 있었다. 이른바 이혼을 전담하는 기구였던 것이다.
일차적으로 피신하여 오면 그 여인으로부터 자세한 이야기를 들은 연후
에 특별히 마련된 숙소에 수용을 하고, 절차에 따라 소송을 제기한다. 그
러면 남편을 포함한 관계자를 소집하는 호출장이 발송되고, 관계자들이
모이면 본격적으로 이야기가 진행된다. 사찰의 기본적인 태도는 화해이
었다. 가끔 사찰의 호출에 응하지 않는 남자들도 있었다. 그러면 사찰측
에서 직접 방문하여 일을 처리하게 된다.[16]

이혼이 성립되더라도 여자는 원칙적으로 만 3년을 절에 머물면서 봉
사를 해야 했다.[17] 그 뿐만 아니었다. 절에 머무는 동안 돈도 필요했다.
동경사의 경우 당시 扶持金 30兩이라는 거금이 들었다. 그러므로 당시
유행했던 센류(川柳)라는 노래에 "일생의 먼 길을 거쳐서 인연을 끊는
다."라는 가사에서 보듯이 절에 피신한 여성에게는 3년이라는 시간적 손
실, 체제비용을 부담해야 하는 경제적 손실의 감수는 물론, 그리고 남자
금제라는 금욕적인 생활은 물론 비구니와 같이 수행하여야 하는 정신적
부담과 또 술과 육식을 먹지 못하는 식습관의 고충까지 모두 인내하며

---

15) 石井良助五, 「緣切寺」『國史大辭典(2)』, 東京, 吉川弘文館, 1992, 393쪽.
16) 日本傳說拾遺會 監修, 『日本の傳說(4) 南關東』, 東京, 山田書院, 102쪽.
17) 실제는 동경사는 24개월, 만덕사는 25개월이었다.

견디어 내어야 비로소 자유의 몸이 되어 재혼도 할 수 있었던 것이다. 이처럼 그러한 시간은 인생에 있어서 먼 길을 걸어가는 여정과도 같았던 것이다.[18] 이와 같이 이혼이 실제로는 간단하지 않았다.

그러나 오늘날에는 이혼청구권에 있어서 남녀 모두 평등하게 가지고 있다. 그러한 관계로 절연사찰은 옛날과 같이 그러한 기능을 충분히 발휘하지 못하게 된 것이 오늘날의 현실이다. 이러한 점은 신사도 마찬가지이다. 그러므로 사찰과 신사가 절연을 전문으로 취급하는 기원소로서 유지하려면 이혼(남녀관계)에서 벗어나 노케의 지장처럼 모든 악연과 절연을 할 수 있는 신앙으로 바뀌는 것인지도 모르겠다.

이와 같이 막부로부터 정식으로 인정받지 못한 사찰에서도 절연신앙을 가지고 있었음을 알 수 있다. 자신이 싫어하는 남자와 헤어지기를 간절히 바라는 과거 일본의 여인들은 절연을 전문적으로 취급하는 신사와 사원을 찾아다니며 남몰래 빌었던 것이다.

3) 신불습합과 절연신앙

한편 일본은 일찍부터 신불습합이 뿌리를 내림에 따라 민간의 절연신앙도 불교와 관계를 가지는 경우가 많다. 여기에는 다음과 같은 세 가지 종류가 있다. 첫째는 불교가 과감히 민간의 절연신앙을 받아들인 경우이다. 가령 오사카의 지명원(持明院)과 쿄토의 청수사(清水寺)는 측신으로 민간의 절연의 신을 받아 들였다. 그 예로『낭화백사담(浪華百事談)』이라는 문헌에 다음과 같이 기록되어있다.

본당 가까이에 변소가 있는데, 그 안에 들어가서 離緣을 빌면 반드시

---

18) 高木 ただし, 앞의 책, 28쪽.

이루어진다고 한다. 이상하게 여겨지지만, 그 후에 쿄토에 사는 승려에게 들은 즉, 같은 것이 洛東音羽山 淸水寺의 본당과 奧之院의 사이에 있다고 한다. 이는 변소를 2개 나란히 세우고, 그 한편에는 離緣을 빌고, 또 다른 한쪽에서는 絶緣을 빌면 반드시 어느 쪽도 성취가 된다고 한다. 참으로 세상에는 신기한 것이 있는 것이다.[19]

　여기에 보듯이 지명원과 청수사에는 옛날 엔키리가와야(緣切厠)이라는 매우 특이한 변소가 있었다. 그 중에서 지명원은 입구를 향해서 왼쪽의 변소가 절연, 오른쪽이 결연을 의미하는데, 전자에는 橋姬大明神이, 후자에는 卯之日大明神이 모셔져 있다. 이러한 신들은 불교와는 아무런 관련이 없는 신으로 특히 절연의 신인 橋姬大明神은 앞에서 언급한 바 있는 宇治의 하시히메(橋姬)라는 바로 그 신인 것이다. 어쩌면 쿄토의 청수사도 그러한 성격의 신일 것이다. 그러나 유감스럽게도 오늘날에는 그 화장실은 경내 정비사업으로 말미암아 철거되고 없다.[20]

　관서지역에서 이러한 예를 좀 더 찾아볼 수 있는데, 쿄토에서는 元政庵 瑞光寺 내의 緣切寺, 法雲院의 菊野大明神, 오사카에서는 円珠庵 내 鎌八幡神社 등이 그 대표적인 예이다.

　서광사는 쿄토의 후시미(伏見)에 있다. 그 사찰의 경내에 절연을 취급하는 아주 조그마한 사당이 있는데, 이를 절연사라 일컫는데, 이 일대에서는 유명하다. 여기에는 남자와 헤어지고 싶은 여성들이 찾는 경우가 많은데, 이 때 기원자는 코마게타(駒下駄)라는 굽이 높은 나막신을 신고 21일 간 참배하여 기원하고 나서 절에서 지급하는 대나무 잎을 한 장 받아서 그것을 남자의 옷깃에 꿰매어 놓으면 소원이 이루어진다고 하는 것이다.

　菊野大明神은 현재 카와라마치(河原町)의 니죠아가리(二條上り)

---

19) 高木 ただし, 앞의 책, 24쪽에서 재인용.
20) 高木 ただし, 앞의 책, 24쪽.

의 법운원(法雲院)이라는 사찰 경내에 있지만, 원래는 산죠(三條)의 동동원(東洞院)에 있었다. 여기에도 그에 관련된 전설이 있다. 즉, 헤이안(平安) 시대 후카쿠사(深草)에 사는 소쇼(小將)가 당시 미녀로 소문났던 오노노코마치(小野小町)라는 여인에게 구혼을 하기 위해 100일 동안 그녀를 찾아갔지만 끝내 뜻을 이루지 못하고 죽어버렸다. 그는 오노노코마치의 처소를 왕래할 때 항상 동동원의 앞길을 지나다녔는데, 그러던 어느 날 이곳의 바위에 앉아서 잠시 쉰 적이 있었다. 그러고 나서 얼마 있지 않아 그가 죽었다. 그리하여 그의 원령이 그 바위에 붙어서 남녀의 인연을 끊게 되었다는 것이다. 즉, 키쿠노다이묘진이란 그 바위에 붙어있는 원령에게 붙여진 이름이었던 것이다. 시집을 가거나 혼담이 오고가는 사람들은 결코 이곳 앞을 지나다니지 않는다는 속신이 있으며, 오늘날에도 남편의 정부와 인연을 끊게 해달라는 소원이 적힌 에마(繪馬) 등을 흔히 볼 수 있다고 한다.[21] 여기에서 보듯이 키쿠노다이묘진은 자신의 사랑을 이루지 못하고 죽은 한이 많은 원령이었다. 특히 이곳은 기원자가 신에게 물을 올리고 촛불을 키고 난 다음 사전(社殿)을 돌며 기원하면 효험이 있다고 전해진다.

한편 오사카의 円珠庵의 경내에 있는 鎌八幡神社는 처음부터 절연과 관련이 있는 것이 아니었다. 원래는 고대로부터 靈木으로서 신앙되어온 팽나무(榎)에 眞田幸村가 오사카성 전투에 나가면서 낫을 꽂아두고 소원을 빌었던 곳이었다. 이로 말미암아 에도시대부터 기도처로서 유명해졌다. 그런데 근래에 접어들어 「절연의 사찰」로서 유명해졌다. 아마도 낫이 꼽혀있는 것에서 물건을 자르는 것을 연상했던 것 같다. 오늘날에도 경내의 팽나무에는 꼽혀 있는 낫을 많이 볼 수 있다. 그 신사의 간판에도 "악연을 자르는 절"하면서 낫 두 자루가 날카롭게 그려져 있는

---

21) 岩井宏實, 『暮しの中の神さん仏さん』, 東京, 河出文庫, 1989, 118~119쪽.

것이 특징적이다.

또 구루메시(久留米市) 어정사(御井寺)의 경내에 있는 절연의 탑도 민간신앙이 불교사원에 수용된 예이다. 원래 이 탑은 구루메 대학의 부근 수명장(水明莊)이라는 요정의 안에 있었는데, 훗날 어정사로 옮겨진 것이다. 그것이 요정의 정원에 세워진 까닭이 있다. 무로마치 시대 때 유명한 비파의 연주자 맹인 세미마루(蟬丸)가 이곳에 머물고 있을 때 그를 사모하던 유녀 3명이 쿄토에서 찾아와 그를 극진히 보살폈음에도 불구하고, 어느 날 갑자기 서울로부터 부름을 받고 그녀들을 그곳에 놓아둔 채로 떠나가 버렸다. 그에게 버려진 여인들은 이곳에서 몸을 팔고 살다가 죽었는데, 그 여인들의 넋을 기리기 위해 세운 것이 바로 이 탑이다. 사람들은 이 탑을 「세미마루 탑(蟬丸塔)」 혹은 「엔키리 탑(절연의 탑)」이라 하며 그 탑의 몸체를 긁어 가루를 내어 마시면 절연의 소망이 이루어진다고 한다. 이처럼 불교사원이 민간의 절연신앙을 받아들인 경우도 적지 않았던 것이다.

둘째는 사찰측에서 불보살로 하여금 절연의 기능을 담당케 하는 경우이다. 가령 쿄토의 청수사에서 절연야차(緣切夜叉)가 모셔져 있고, 또 太田市 菅塩町의 慈眼堂에 모셔져 있는 관음을 <緣切り觀音>이라 하고, 또 高崎市에도 <緣切り藥師>가 있다고 한다. 이처럼 지장 이외에 관음과 약사를 통하여 절연을 신앙을 하는 경우도 있다.[22]

셋째는 지역민들이 불교의 불보살들을 절연의 신으로 보는 경우이다. 이러한 경우 지장이 많았다. 가령 야마가타현의 寒河江市에 노케의 경우처럼 절연의 지장이 있다. 이는 어느 날 마을 사람들이 목 없는 지장상이 발견하여 마을을 수호하는 도조신(道祖神)으로 모셨던 것이다. 그런데 사람들은 언제부터인지 그것을 목이 없다고 하여 "목없는 지장", 목

---

22) 新谷尙紀監修,『日本人の禁忌』, 東京, 靑春出版社, 2003, 81쪽.

이 떨어졌다고 하여 "엔키리 지장"이라고 하며, 질병, 가난 등 모든 악연
과의 인연을 끊어주는 신으로서 받들고 있는 것이다.

또 나가노현(長野縣)의 토미시(東御市)에도 절연의 지장이라 불리는
지장 3體가 있다. 여기에는 인연을 끊기 위해 칼, 가위, 깨어진 오 엔짜
리 동전 등을 놓고 빈다고 한다. 여기에서 즉, 자르는 도구가 인연을 끊
는 상징물로 사용되고 있었던 것이다. 마을 사람들의 말을 빌리면 혼례
의 행렬은 되도록이면 이곳 앞을 지나는 것을 피했고, 도저히 어찌할 수
없는 경우에는 먼저 어느 누구가 윗옷을 벗어 지장상을 덮어두고 보이지
않게 한 다음 서둘러서 지나갔다고 한다. 또 같은 나가노현의 북좌구군
(北佐久郡)에도 절연지장이 있다. 그 유래는 알 수 없지만 마을 사람들
은 지장에게 새끼줄을 두르고 소원을 빌면 어떤 인연이라도 끊을 수 있
다는 속신이 있다.[23)

나가노현의 우에다시(上田市) 淨念寺에는 절연지장이 있다. 이 지장
은 현재 정념사의 상징처럼 되어있는데, 마치 절과 인연을 끊은 것처럼
사찰의 경내에 들어가 있지 않고 바깥 골목에 안치되어있다. 그래서 그
런지 마을사람들은 언제부터인가 이 지장을 절연지장이라 불렀으며, 특
히 남편의 바람기를 잡아주는데 효험이 있다고 한다. 이처럼 사찰과는
관계없이 마을 주민들이 믿는 절연신앙이 있었던 것이다.

4) 절연신앙의 상징물

그 밖에 민간에서 계단, 우물, 다리, 등을 절연의 상징물로 보는 경우
도 많이 나타난다. 계단의 경우 오사카의 타카츠미야(高津宮)라는 신사
의 서쪽언덕 계단 길을 그 예로 들 수 잇는데, 지금은 7, 8개로 되어있었

---

23) 淺川欽一 編輯, 『信州の傳說』, 東京, 第一法規, 1970, 217쪽.

지만, 옛날에는 세 개 반으로 되어있었다 한다. 에도시대 때 이혼장의 문
장이 3줄 반으로 되어있었기 때문에 그것에 비유하여 그 언덕길을 부부
가 헤어지는 "엔키리자카(절연의 언덕)"이라고 불렸다는 것이다.

또 우물의 경우는 쿄토 시내에 있는「鐵輪의 井戶」를 들 수 있을 것이
다. 이 우물은 요코쿠(謠曲)의 『카나와(鐵輪)』에 나오는 우물로서 앞
에서 본 하시히메 이야기 계통의 이야기인데, 바람난 남편에게 버림을
받은 여인이 키부네묘진의 도움을 받아 오니(도깨비)가 되어 남편과 후
처를 죽이려고 하였을 때 음양사(陰陽師) 아베노세이메이(安倍晴明)에
게 저지당하자 우물에 뛰어들어 자살하였다는 것이다. 그 우물을 쿄토인
들은「鐵輪의 井戶」라 하면서 그 샘물을 상대에게 마시게 하면 그 사
람과 헤어진다고 믿었다.

또 다리에 관에 관련된 이야기는 사이타마현과 카나가와현 등지에서
보이는데, 이들 모두 절연을 의미하는 "엔키리바시(緣切橋)"라 불리우
고 있다. 사이타마현의 경우 그 다리가 아라시야마쵸(嵐山町)에 있는데,
그것에는 다음과 같은 전설이 있다.

　　征夷大將軍인 坂上田村麻呂가 군사들을 이끌고, 이곳에서 사람들을 괴
롭히는 악용을 퇴치하는데 여념이 없었다. 그곳에 장군의 부인이 쿄토에
서 남편의 일이 걱정이 되어 찾아왔다. 그러나 坂上田村麻呂는 "천황의
명을 받아 정이대장군으로서 파견되어있는 나에게 아내가 찾아오다니 될
말인가. 결코 만나지 않을거야."하고 큰소리로 화를 내었다. 이에 아무리
부하들이 만류를 하여도 듣지 않았다. 다음날 아침, 부인은 하는 수없이
쿄토로 돌아가기 위하여 이곳으로 왔으나, 장군은 언덕 밑까지 와서 "중
요한 명을 받아서 출진하고 있는데, 이렇게 쫓아오다니 용서할 수 없다.
지금부터 인연을 끊는다. 하루 빨리 돌아가시오."하고 선언을 했다고 한
다. 그리하여 이 다리를 「절연의 다리」라고 부르게 되었다 하며, 오늘날
에도 결혼하기 위한 남녀는 이 다리를 지나지 않는다고 한다.[24]

---

24)「嵐山町の伝説」

또 神奈川縣의 것은 相模原市에 있는데, 그것에도 다음과 같은 유래담이 있다.

> 相模原市에는 鳩川에 三谷橋라는 다리가 있다. 이 다리의 별명은 엔키리바시라 불리고 있는데, 그 유래는 다음과 같다. 옛날 이 다리 근처에 형제가 살고 있었다. 형은 열심히 일을 하였으나, 동생은 주벽이 심하고 언제나 술을 마시고는 폭력을 휘둘러 어찌할 수 없는 사람이었다. 어느 날 또 아우가 술을 먹고 횡포를 부렸다. 이에 도저히 참을 수 없었던 형이 동생을 다리 아래로 끌고 가서 다리 아래로 떨어뜨리고 말았다. 떨어진 동생은 살려달라고 외쳤지만, 형은 "시끄러워"하며 집으로 돌아가 버렸다. 동생은 술이 취한 채 죽고 말았다. 이러한 일이 있고난 뒤, 사람들은 이 다리를 인연을 끊어주는 다리라고 하여 혼례는 물론 경사스러운 일이 있을 때에는 이 다리를 건너지 않는 풍습이 생겨났다고 한다. 또 언제부터 인지 다리 근처에 지장상이 세워졌고, 이를 「子育て地藏」이라고 하며, 어린아이가 있는 집은 모두 이 지상보살에게 비는데, 특히 밤에 아이가 울거나 오줌을 쌀 때 부모들은 이 지장상에 두건과 턱받이를 바친다고 한다.[25)

이처럼 절연신앙은 계단, 우물, 다리와 같은 상징물에도 있었다. 그러나 이러한 상징물에는 하나의 공통점이 있다. 계단과 다리는 외부와 연결시켜주는 통로이다. 그러므로 그것을 통하여 서로 오고 갈수도 있고, 또 헤어지기도 하고, 만나기도 하는 것이다. 또 우물 또한 마찬가지이다. 땅속 깊이 파져있는 곳에서 솟아나는 샘은 외부와의 연결시켜주는 통로임에 틀림없다. 그것을 통하여 생명을 얻기도 하고, 또 그것을 통하여 외부(타계)로 돌아가는 신화와 전설이 바로 그러한 특징들을 잘 나타내고 있다고 할 수 있다. 이와 같이 외부와의 연결을 짓는 상징물에는 헤어짐과 만남, 가고 오기 등 서로 모순된 상징성을 지닌다. 절연도 마찬가지이

---

http://www1.neweb.ne.jp/wb/satoh-osm/minwa/honbun/02.htm
25) 『相模原民話伝説集』 http://www.1000r.com/mukashi/index.html

다. 절연이란 새로운 결연을 의미하는 것이기도 하기 때문이다. 그러므로 계단과 우물 그리고 다리에 절연신앙이 싹트는 것은 이상할 것이 못 된다.

이처럼 일본의 절연신앙은 비교적 일본에 전역에 걸쳐 폭넓게 퍼져 있으며, 또 유형으로는 신도와 불교형 그리고 신불습합형과 계단, 우물, 다리와 같이 상징물형 등이 있다. 그 중 신불습합형 가운데, 민간이 불교의 불보살을 차용하는 경우 대부분이 지장이다. 노케의 지장신앙은 전역에 퍼져 있는 절연신앙 중 신불습합형에 속하며, 그 중에서도 지역민들이 불교의 지장을 차용한 예라고 할 수 있다. 그러므로 노케의 절연지장은 후쿠오카만이 가지는 독특한 신앙이 아니었다. 지역민들에 의해 신앙되는 절연민속을 계승하고 있었던 것이다.

5. 일본 절연신앙의 특징

그렇다면 후쿠오카의 노케지장을 포함한 일본의 절연신앙은 어떠한 특징을 가지고 있는 것일까? 여기에 코이즈미(小泉凡)씨는 다음과 같이 언급하고 있다. "이러한 절연에 관한 전승의 대부분이 어떤 형태로던 경계지점과 연결되어 있다."고 지적하면서, 이는 고래로부터 외계로부터 침입하는 유해한 것을 방제하고자 그곳에 신을 의식하여 하시히메(橋姫)나 사이노카미가 경계지역에서 모셔지는 경우가 있듯이, 후세에 질투라는 강한 감정을 가지는 신이야말로 경계신에 어울린다는 의식이 생겨나게 되어, 절연의 속신이 파생되었을 것으로 추정했다.[26]

그의 의견처럼 일본의 절연신앙은 위치적인 면에서 경계성을 가지는

---

26) 小泉凡, 「えんきり」『日本民俗大辭典(上)』, 東京, 吉川弘文館, 1999, 219쪽.

경향이 강한 것은 사실이다. 하시히메가 다리와 관련이 있고, 나가노와 후쿠오카의 엔키리 지장도 마을의 입구에 위치해 있으며, 또 절연은 또 다른 결연을 할 수 있는 기회가 되고 있다는 점 등에서도 경계성을 엿볼 수 있듯이 그의 해석은 일단 설득력을 가진다.

그러나 일본의 절연신앙에서 이러한 경계적인 성격이외에 다른 특징은 없는 것일까? 나는 있다고 본다. 그것은 다름 아닌 다음과 같은 4가지 성격을 지적할 수 있다고 본다.

첫째는 절연의 신으로 모셔지고 있는 대부분의 신들은 원한을 품고 죽은 원귀에 가깝다는 사실이다. 노케지장도 마찬가지이다. 시집가는 길에 신랑이 죽는 불행한 운명을 한탄하여 죽은 한이 많은 여성의 죽음이 근간을 이루고 있다. 또 키쿠노다이묘진(菊野大明神)도 자신의 구혼이 받아들여지지 않은 채 죽어 버린 한 많은 남자의 한이 서려있는 바위이다. 그리고 야스이콘비라 신사도 정쟁에 휘말려 시코쿠에 유배당하여 살다가 죽은 비운의 천황 숭덕(崇德)을 절연의 신으로 모시고 있다. 그리고 하시히메도 바람난 남편과 상대의 여인을 저주하며 복수하였던 여인을 신으로 모시고 있고, 카나와의 이토라는 우물에 깃든 절연의 신도 마찬가지이다. 그리고 구루메의 어정사도 세미마루에게 버려진 세 여인을 절연의 신으로 되어있다. 또 절연의 다리에 깃든 절연의 신도 남편과 형제에게 버려진 원혼들이었다. 이처럼 절연신의 성격은 원한이 서린 원귀적인 성격이 매우 강하다는 특징을 가지고 있는 것이다.

둘째는 절연신앙을 뒷받침해주는 지지계층의 대부분은 여자라는 점이다. 이러한 사실은 기원문의 내용을 들여다보면 금방 알 수 있다. 노케의 경우 바람난 남편이 가정으로 돌아오기를 원하는 여성, 불륜을 가졌지만 가정으로 돌아가기를 원하는 바람난 아내, 그리고 이혼하고자 하는 주부, 자신의 아들(손자)과 딸(손녀)이 사귀는 상대와 헤어지기를 원하는 어머니와 할머니, 그리고 손자(손녀)의 나쁜 친구와 술, 담배, 도박 등 나쁜

습관과 성격과의 절연하기를 기원하는 어머니(할머니) 등 대부분이 여성
들이었다. 이처럼 노케의 지장신앙에는 모든 악연과의 인연을 끊고자하
는 여성들에 의해 유지되고 있다고 해도 과언이 아니다. 이러한 경향은
다른 절연신사의 경우에도 크게 다르지 않다. 그만큼 일본의 절연신앙은
여성과의 관계가 깊다고 할 수 있다.

셋째는 오늘날 절연의 목적이 매우 다양해지고 있다는 점이다. 원래
절연은 에도시대의 절연사찰의 예에서 보듯이 부부관계이었는지 모른다.
그러던 것이 불륜의 남녀관계로 발전하였으며, 또 그것이 이제는 모든
악연과의 단절을 의미하는 절연신앙으로 발전하고 있는 것이다. 즉, 목
적의 단일성에 종합성으로 바뀐 것이다.

그 대표적인 것으로 만덕사의 예를 보면 옛날과 비교하면 오늘날 모습
은 많이 달라져 있다. 만덕사측은 1992년 과거의 절연사찰로서의 기능을
되살려 관계 자료를 모아놓은 자료관을 경내에 만들어 놓고 있다고 선전
하고 있다. 그러나 그 안을 들여다보면 원래 가지고 있었던 이혼이라는
범위에서 멀리 벗어나 있다. 즉, 독신과 인연을 끊고 좋은 인연을 맺어
결혼하게 해주고, 악부와 악처와 인연을 끊고 행복한 재혼을 하게 해주
며, 반신불수와의 인연을 끊고 행복한 죽음을 맞이하게 해주며, 재수하
는 인연을 끊고 원하는 학교에 진학하게 해주며, 빚과 인연을 끊고 사업
번창과 인연을 맺게 해주며, 교통사고와 인연을 끊고 무사고 안전운전과
인연을 맺게 해주며, 골프에서「보기」와「더블보기」와 인연을 끊고「이
글」,「바디」와의 인연을 맺게 해주며, 집단 왕따와의 인연을 끊고 좋은
친구를 만나게 해주며, 그 밖에 술, 담배, 도박 그리고 비만과도 인연을
끊게 해준다며 대대적으로 선전을 하고 있다. 여기에서 보듯이 만덕사는
과거의 남편으로부터 탈출하고 싶은 여성들을 구제하려는 것에서 현대
의 사회적 고민까지 모든 것을 풀어주는 해결사로서 구호를 내걸고 있는
것이다.

넷째는 기원의 방법에 일정한 양식이 없다는 점이다. 그만큼 다양하다
는 것을 의미한다. 먼저 기원문의 경우를 보면 자신의 이름을 직접 적는
경우도 있고, 또 성과 나이만 밝히거나, 기원 날짜만을 밝히는 경우도 있
다. 그리고 상대의 이름을 모두 밝히는 경우도 있지만, 상대의 띠 그리고
태어난 해, 거주지 및 나이만을 밝히는 경우도 있었다. 노케 지장의 경우
그 기원문을 적는 도구로서는 종이와 에마(繪馬)를 사용하고 있었다. 노
케의 경우 공개되어도 괜찮다고 생각하는 자들은 자기의 기원이 적혀있
는 종이와 에마를 벽에다 붙이거나 걸어두지만, 그렇지 않은 경우 앞에
서 언급한 바와 같이 종이에 작성하고 봉투에 넣어서 붙여두었다.[27]

그것이 여의치 않은 경우에는 물건을 자를 때 사용하는 칼, 낫, 도끼,
가위, 깨어진 오 엔짜리 동전, 빗 등을 이용하는 경우도 있다. 아마도 이
는 자른다, 끊는다는 데 의미를 둔 것임에 틀림없다. 그 중에서 오 엔짜
리 동전은 흔히 일본사람들이 결연을 표현할 때 자주 사용되는 물건이
다. 왜냐하면 오엔을 '고엔'이라고 발음하는데 그것은 인연을 맺는다는
말인 "고엔(ご緣)"과 발음이 같기 때문이다. 이것을 깨뜨림으로써 절연
의 상징물로 사용하고 있는 것이다.

그리고 더욱 확실하고 빠른 효과를 보는 것으로는 노케와 이타바시의
경우처럼 지장상에서 긁어 낸 가루 또는 나무껍질을 갈아서 상대에게 직
접 마시게 하거나, 또 「鐵輪의 우물」처럼 그 샘물을 마시게 하는 방법
이 있고, 그리고 쿄토의 서광사처럼 기도한 후 얻은 대나무 잎을 상대의
옷깃에 꿰매어 놓는 방법이 있다. 절연의 신의 일부를 마시거나 지니게
함으로써 그 효과를 보려는 것으로서 일종의 유감주술이라 하지 않을 수

---

27) 노케의 경우 에마는 인근의 자전거포에서 구입을 해야 했다. 그것에 그려져 있
는 그림이 매우 특이하다. 남녀가 등을 마주보고 헤어지는 모습이 그려져 있는
것이다. 이러한 그림은 군마현(群馬縣) 오오타시(太田市)의 엔키리관음(緣切
觀音), 타카사키시(高崎市)의 엔키리약사(緣切藥師), 아시카가시의 엔키리이
나리(緣切稻荷) 등지에서도 보인다.

없다.

그리고 하시히메가 했던 것처럼 흰옷을 입고, 머리를 풀고, 머리 위에는 산발을 이고, 입술에는 붉게 칠하고, 얼굴에는 흰 화장을 하고, 입에는 빗 또는 횃불을 물고, 가슴에는 거울을 품고, 새벽 2, 3시경에 높은 나막신을 신고, 貴船神社에 찾아가 커다란 삼나무에다 짚인형을 5寸길이의 못을 박음으로써 상대에게 해를 가하는 방법이다. 이렇게 하면 상대는 미쳐 죽는다고 한다. 그러면 저절로 절연이 이루어진다고 보았던 것이다.

또 화장실을 통하여 인연을 끊으려는 것도 있다. 그 대표적인 예가 만덕사이다. 그곳에는 아주 독특한 화장실이 만들어져 있다. 한 공간에 각각 색깔이 다른 변기가 동시에 두 개가 놓여 있는 것이다. 사찰측의 설명에 의하면 그것은 앞에서 언급한 오사카의 지명원(持明院)과 쿄토의 청수사(淸水寺)의 절연의 변소에서 힌트를 얻어서 만든 것인데[28] 흰색의 변기는 절연, 검은색은 결연을 각각 나타내는 것으로 설명을 하고 있다.[29] 이와 같이 절연의 방법은 하나로 통일되어 있지 않고 각종 다양한 방법으로 행하여지고 있는 것이다.

6. 절연신앙과 동아시아

일본문화를 연구하는 사회학자 소노다 히데히로(園田英弘)씨는 일본문화의 특징을 알기 위해서는 일본에 있는 것이 세계에도 있는지, 또 세계에 있는 것이 일본에도 있는지를 살펴보아야 한다고 하며, 만일 일본에만 있고, 세계에 없는 것이라면 그것이 바로 일본만이 가지는 문화의

---

28) 高木 ただし, 앞의 책, 24쪽.
29) 「緣切寺滿德寺遺跡公園」의 案內文.

특징이라고 보았다. 그는 이러한 연구를 문화의 역결여론(逆缺如論)이라고 어려운 이름을 붙였다.[30] 그러한 논지에서 연구한 그의 대표적인 사례는 망년회이었다. 연말에 벌이는 파티인 망년회야말로 세계에는 없고, 일본에만 있는 것이라고 주장한 바가 있다.[31]

이것이 사실인지 알 수 없어도 그의 역결여의 이론은 절연신앙에도 적용할 수 있을 것 같다. 왜냐하면 그와 같은 절연신앙이 다른 나라에서도 발견된다는 이야기를 아직 들은 적이 없기 때문이다. 그렇다면 절연신앙이야말로 소노다씨의 「역결여론」의 관점에서 본다면 세계에는 없고 일본에만 있는 독특한 민속신앙이라고 하지 않을 수 없다.

그러나 이러한 이론이 가치를 가지기 위해서는 일본에 있는 것이 세계에 있고 없고를 따지는 수준에서 머물러서는 안 된다. 그러한 특징이 무엇 때문에 일본만이 가지고 있는지를 해석함으로써 비로소 그 가치를 인정받을 수 있는 것이다. 그렇다면 일본에는 무엇 때문에 절연을 전문으로 신사와 사찰이 있는 것일까?

여기에는 일본인만이 가지는 독특한 신앙관이 내재되어 있다고 보여진다. 일본인들은 많은 아시아인들처럼 다신교적인 종교관을 가지고 있다. 그런데 다른 나라에서는 찾아보기 힘든 것이 일본의 신(부처)들은 직업이 병원의 의사와 같이 그 전문분야가 전문화되고 세분화되어있다는 사실이다. 가령 눈병, 학문, 상업, 저주, 연애, 농업, 공업, 도자기, 전쟁, 교통안전 등의 각종 다양한 신들이 자신들의 전공분야를 가지고 있다는 점이다. 그 중에서도 인연을 맺어주는 신도 젊은 남녀들 사이에서 인기를 끌고 있다. 그러한 상황에서 나쁜 인연을 끊어주는 절연의 신과 불보살이 등장하는 것은 지극히 당연하다고 하겠다. 일본의 절연신앙은 이러한 다신교적 종교관에 바탕을 둔 신들의 직업이 세분되어 분업화됨에 따

---

30) 園田英弘編, 『逆缺如の生活文化』, 東京, 思文閣出版, 2005, 3~12쪽.
31) 園田英弘, 『忘年會』, 東京, 春秋社, 2006.

라 생겨난 것임을 알 수 있다. 이러한 종교관은 동아시아에서 보기 드문 일본의 독특한 민속신앙이라고 할 수 있는 것이다.

　세상살이에서 악연과의 인연을 끊는다는 것은 결코 나쁜 일은 아니다. 그러나 오늘날 일본의 절연신앙은 과거와는 달리 범위를 무한정으로 확대해놓고 있는 경향이 강하다. 그렇게 되면 점차 전문성을 상실하여 다른 어느 신사와의 차별성을 강조하기 힘들어 질 것이다. 이는 일본인의 신앙관과도 점차 거리가 멀어질 수밖에 없다. 이럴 때 절연의 신앙이 일본에서 살아남기 위해서는 다시 변화를 시도하게 될 것이다. 아마도 그때에는 강제로 맺어진 연인, 관계를 요구하는 직장상사, 폭력남편, 주벽이 심한 남편, 악우, 스캔들, 감금과 공갈협박, 납치, 불륜, 스토커 등 각종 다양한 사회적인 악과의 절연을 돕는 내용으로 바뀌어 질 지도 모른다. 만일 그렇게 된다면 도시의 문제를 다루는 현대민속학과 사회학은 더욱 바빠질 것임에 틀림없다. 왜냐하면 바로 그것들은 우리가 밝혀내야 할 사회의 어두운 그늘이기 때문이다.

參 考 文 獻

屋代本,『平家物語』
『耳袋』卷5
五十嵐富夫,「萬德寺」『國史大辭典(13)』, 吉川弘文館, 1992.
石井良助五,「緣切寺」『國史大辭典(2)』, 吉川弘文館, 1992.
岩井宏實,『暮しの中の神さん仏さん』, 河出文庫, 1989.
小泉凡,「えんきり」『日本民俗大辭典(上)』, 吉川弘文館, 1999.
高木 ただし,『三くだり半』, 平凡社, 1999.
高木 ただし,『泣いて笑って三くだり半－女と男の緣切り作法』, 敎育出版, 2001.
高橋敏,「絶緣寺」『日本民俗大辭典(上)』, 吉川弘文館, 1999.

田口ランデイ, 『緣切り神社』, 幻冬社文庫, 2001.

園田英弘 編, 『逆缺如の生活文化』, 思文閣出版, 2005.

園田英弘, 『忘年會』, 春秋社, 2006.

新谷尙紀監修, 『日本人の禁忌』, 靑春出版社, 2003.

日本傳說拾遺會 監修, 『日本の傳說(4) 南關東』, 山田書院.

日本傳說拾遺會 監修, 『日本の傳說(14) 北九州』, 山田書院.

규슈 해안도서와 동아시아의 언어

―음절구조의 측면에서―

김 용 각*

1. 들어가기

　일반적으로 음절구조에 따라 언어를 <개음절(open syllable)> 구조의
언어와 <폐음절(closed syllable)> 구조의 언어로 나눌 때 일본어는 개음
절 구조의 언어로 분류되며, 한국어와 중국어는 폐음절 구조의 언어로
분류된다.[1] 일본어의 경우 대부분 음절말이 모음으로 끝나는데, 일부 발
음(ん)이나 촉음(っ)과 같이 자음으로 끝나는 경우도 있지만, 일본어에
있어서 발음과 촉음은 어두에 위치할 수 없고, 악센트 핵을 갖지 못하는
등 기타 음소에 비해 불완전한 요소를 지닌 이른바 「특수음소」로 분류
되는 현실을 감안할 때, 이 경우는 예외로 간주해도 무방할 것으로 생각
된다. 역사적으로 살펴보더라도 문헌 이전까지 단정 지어 말할 수는 없

* 부산외국어대학교 일본어대학 조교수, 일본어방언학 전공
1) 중국어의 경우 표준어인 북경어에서는 음절말에 올 수 있는 자음이 /n, ŋ/ 뿐이
　므로 점차 폐음절구조에서 개음절구조의 언어로 변화하고 있다고 볼 수 있다.

지만, 적어도 문헌 이후에 있어서 일본어가 개음절구조의 언어였다는 것
은 이미 선행연구에 의해 증명된 사실이다.[2] 이로 인해 한자가 일본에
유입될 때, 당시 폐음절구조인 한자음이 일본어에서는 개음절구조로 변
형되어 나타날 수밖에 없었던 것이다.

그러나 흥미로운 사실은 이런 개음절구조인 일본어 속에 폐음절구조의
방언이 존재한다는 사실이다. 이들은 가고시마(鹿兒島)를 중심으로 한
규슈(九州) 남부에서 오키나와(沖繩)에 걸친 지역이다. 본 연구에서는
이 점에 착목하여 이들 지역을 중심으로 한 규슈 해안도서와 동아시아의
언어에 대하여 음절구조의 실태와 변화과정을 중심으로 고찰해 보고자
한다. 참고로 규슈지역의 언어에 대해서는 졸고(2000)에서 고찰한 내용에
근거하여 그 후의 연구결과를 덧붙였으며,[3] 본 연구에서는 동아시아라는
카테고리 안에서 일본의 규슈방언을 중심으로 주변언어인 한국어와 중국
어를 포함한 3개국의 언어구조를 비교분석함을 목적으로 한다.

한편 음절구조의 변화는 한자문화권인 중국, 한국, 일본 등에 있어서
한자음의 변천과도 관련이 잇을 것으로 생각하나, 본 연구에서는 여기에
대해서는 언급하지 않기로 하고, 향후 본 연구가 이러한 한자음의 연구
에도 활용되기를 기대한다.

---

2) 濱田敦(1952)에서는 문헌 이전의 일본어에 폐음절구조가 존재했을 것이라는 가
설을 세우고 있는데, 그 근거는 다음과 같다.
첫째, 개음절 또는 폐음절이라는 음절구조의 특질이 시대에 따라 변화할 수 있
는데, 특히 폐음절에서 개음절로의 이행은 그 반대의 경우보다 개연성이 크다.
둘째, 계통론적으로 보아 같은 알타이어족에 속하는 언어 중에 개음절구조의 언
어가 존재하지 않는다.
셋째, 문헌 이후의 일본어에서 폐음절어의 유물적 존재로 생각되는 것들을 발견
할 수 있는데, 예컨대 동사활용형식에 있어서 四段活用型과 二段, 一段活用
型의 구별은 전자가 어간이 자음으로 끝나는 것인데 비해 후자는 모음으로 끝나
는 것이다.

3) 김용각, 「일본 九州方言의 음절구조 실태와 변화」 『일어일문학 14』, 대한일어
일문학회, 2000.

2. 현대 일본어의 음절구조

앞서 언급한 바와 같이 공통어로서의 일본어는 기본적으로 개음절구조의 언어이다. 그러나 부분적이긴 하지만 발음화(撥音化), 촉음화(促音化)와 같은 현상은 개음절에서 폐음절로 변화한 예에 속하며, 모음의 무성화 현상은 일본어가 폐음절구조의 언어로 변화할 수 있다는 가능성을 보여준다. 우선 일본어의 음절구조를 다음과 같이 유형화할 수 있다. 여기서 C^1은 음절을 여는 자음음소, S는 반모음음소, V는 모음음소, C^2는 음절을 닫는 자음음소를 나타낸다. 단 모음음소는 장모음음소와 이중모음음소를 포함하며, C^2의 위치에 올 수 있는 자음음소는 이른바 모라(mora)음소로 불리는 촉음(っ)과 발음(ん)뿐으로 특히 촉음은 어말에 위치할 수 없다. 아울러 ( )로 표시한 것은 생략 가능함을 의미한다.

> 일본어의 음절구조 : $(C^1) + (S) + V + (C^2)$
> 1) V형 : 繪/e/ 尾/o/ 王/oR/ 愛/aJ/
> 2) SV형 : 世/jo/ 輪/wa/ 夕/juR/ 歪/waJ/
> 3) C^1V형 : 蚊/ka/ 目/me/ 塔/toR/ 灰/haJ/
> 4) C^1SV형 : 寫/sja/ 旅/rjo/ 急/kjuR/ 寮/rjoR/
> 5) VC^2형 : 運/uN/ 円/eN/ 壓縮의 「壓」/aQ/
> 6) SVC^2형 : 四/joN/ 湾/waN/ 八つ의 「やっ」/jaQ/
> 7) C^1SVC^2형 : 旬/sjuN/ ~ちゃん/cjaN/ 出張의 「出」/sjuQ/

일본어의 음절구조에 있어서 특이할 만한 것은 특수음소인 촉음과 발음의 성격인데, 이들은 모두 어두에 위치할 수 없으며, 촉음은 감동사「あっ」과 같이 특수한 경우를 제외하면 어중에만 나타나고, 발음은 어중과 어말에만 나타난다는 사실이다. 또한 촉음에 후속하는 자음은 다음 <예 1>과 같은 외래어의 경우를 제외하면 반드시 무성자음이어야 한

다. 그리고 일본어의 특수음소는 한 음절 속에 하나만 존재하는 것이 기본이나 <예 2>와 같이 극히 일부의 단어에서 두 개가 존재하는 경우도 볼 수 있다. 대부분 외래어이거나 의성어·의태어, 동사 활용형 등에 한정된다.

〈예 1〉 촉음 뒤에 유성자음이 오는 경우
/g/ : バッグ(bag), ドッグ(dog)
/d/ : ベッド(bed), キッド(kid)
/z/ : バッジ(badge), ドッジボール(dodgeball)

〈예 2〉 한 음절에 특수음소가 두 개 존재하는 경우
외래어 : コーン/koRN/[ko：ɴ], スプーン/supuRN/[sɯpɯ：ɴ]
의성어·의태어 : しーんと/siRNto/[ʃi：nto], じーっと/ziRQto/[ʤi
：tto]
동사 활용형 : こおった/koRQta/[ko：tta],とおって/toRQte/[to：tte]

3. 규슈 및 오키나와 방언의 음절구조

1) 규슈지역의 개음절구조 방언

규슈지역의 대부분의 방언은 공통어와 마찬가지로 개음절구조의 언어이다. 그러나 다음 항목에서 언급할 폐음절구조의 방언과 지리적으로 인접하여 이들 방언으로부터 다소의 영향을 받은 듯 부분적이긴 하지만 폐음절화 현상이 나타나고 있다.[4] 이를 정리하면 다음과 같다.

---

4) 이러한 폐음절화 현상이 나타남에도 이들 지역의 방언을 폐음절구조 방언으로 볼 수 없는 것은 이러한 현상이 지극히 제한적으로 나타나며, 전체적으로는 개음절구조와 병행하여 나타나고, 세력적인 면에서는 개음절구조가 우세하기 때문

첫째, 동사의 어미「る」가 성문폐쇄음[ʔ] 또는 촉음으로 나타난다.
⇒ 후쿠오카현(福岡縣)의 지쿠젠(筑前)・부젠(豊前) 지역, 사가현(佐賀縣) 서부, 구마모토현(熊本縣) 남부지역
  <예 1> [kuʔ]來る [suʔ]する [kaŋgajuʔ]考える [toʔ]取る

  둘째,「キ・ク・チ・ツ・リ・ル」의 촉음화(促音化)가 나타난다.
⇒ 후쿠오카현의 지쿠젠・부젠 지역, 사가현 서부, 구마모토현 남부지역
  <예 2> [hagga]針が [agga]秋が [nagga]夏が [migga]水が
       [tʃiggo]筑後 [teddo]鐵道 [mutʃa]麥茶 [jabba]役場

  셋째,「ニ・ヌ・ミ・ム」의 발음화(撥音化)가 나타난다. ⇒ 후쿠오카현의 지쿠젠・부젠 지역
  <예 3> [oN]鬼   [iN]犬   [miN]耳   [kimoN]着物

2) 오키나와 방언

  가고시마현 아마미오시마(奄美大島)에서 오키나와(沖繩)에 걸친 이른바 류큐(琉球) 방언 또는 오키나와 방언 지역에서는 가고시마현(鹿兒島縣) 오시마군(大島郡) 세토우치정(瀨戶內町)의 방언이 폐음절구조에 속하며, 미야코지마(宮古島)를 중심으로 하는 미야코야에야마(宮古八重山) 방언에 폐음절구조의 단어가 많이 존재한다. 기타 방언에서는 촉음화와 발음화로 설명 가능한 음운현상이 주류를 이룬다.
  첫째, 전체적으로 발음화 현상이 활발히 나타난다. 특히 공통어에서 어중과 어말의「ニ・ヌ・ミ・ム」에 대응하는 것은 대부분 발음화

이다.

일어난다(슈리방언의 예).

<예> [ʤiN]錢　　　　　[ʧiN]衣(＝着物)

　　　[ʃiraN]虱　　　　[kagaN]鏡

둘째, 슈리(首里) 방언으로 대표되는 오키나와 중남부 지역 방언에서는 어두의 음절에서 촉음화와 발음화가 일어난다. 이때의 발음은 음성적으로 독립성이 강하여 이 자체로 1음절을 이룬다고 볼 수 있다. 따라서 이 방언에서는 자음 단독으로 음절을 구성하게 됨으로써 일본어 방언 중에서 특이한 음절구조가 존재하게 된다(슈리방언의 예).

<예 1> 어두의 발음화 현상

[ʔm̩ma]馬　　　　　[ʔn̩naʤi]うなぎ　　　　[ʔm̩busaN]重い

['n̩ni]胸　　　　　['n̩dzu]溝　　　　　　['ŋ̩kaʃi]昔

<예 2> 어두의 촉음화 현상

[t̩ʧu]人　　　　　[k̩kwa]子　　　　　　[t̩ʧume：]人前

셋째, 오키나와 방언에서는 동사의 활용형이 [-N]의 형태로 나타나는 경우가 많은데, 이는 「연용형＋居り」에 유래하는 것으로 여기서 발음화를 하여 생겨난 것으로 볼 수 있다(슈리방언의 예).

<예> ['junuN]讀む　　　　　['judo：N]讀んでいる

　　　[kaʧuN]書く　　　　　[kaʧo：N]書いている

넷째, 미야코지마(宮古島)를 중심으로 하는 미야코야에야마(宮古八重山) 방언에서는 단독으로 음절을 만들 수 있는 자음이 발달되어 있다. 이 방언에서 성적적(成節的)인 자음이 될 수 있는 것은 마찰음/f·v·s/, 비음/m·n/, 유음/l/로서 모두 계속음(継続音)이란 공통점을 갖고 있다.

이들 성절적 자음은 단어의 어두, 어중, 어말의 어느 위치에든 자유로이 올 수 있기 때문에, 어말에 위치했을 경우 자칫 폐음절구조방언의 CVC 구조와 혼동하기 쉽다. 더구나 이들 성절적 자음은 장단의 대립을 가지고 있다.

<예 1> 성절적인 자음의 예(미야코지마방언의 예)

| [f̩fa]子 | [kif̩]湯氣 | [v̩da]太い | [tiv̩]投げる |
| [s̩su]白 | [mus̩]虫 | [m̩ta]土 | [kam̩]神 |

<예 2> 성절적인 자음의 장단의 대립(오가미지마방언의 예)

[f̩fa]子   [f̩：fa]湯氣   [m̩ma]祖母   [m̩：ma]芋は

3) 폐음절구조의 방언

일본어에서 폐음절구조의 방언으로 분류되는 지역은 일부 섬을 제외한 가고시마현(鹿兒島縣)의 전지역과 나가사키현(長崎縣)의 고토렛토(五島列島) 지역, 미야자키현(宮崎縣)의 모로카타(諸縣) 지역, 그리고 행정구역은 가고시마현에 속하지만 방언구획상 오키나와 방언에 속하는 아마미오시마(奄美大島)의 세토우치정(瀬戸內町) 지역 등이다. 이들 지역의 폐음절화를 어말자음의 형태를 중심으로 정리하면 <표 1>과 같다.5)

〈표 1〉 일본어 폐음절구조 방언의 어말자음 형태

	瀬戸內町	鹿兒島市	穎娃町	都城市	串間市	福江市	富江町山下
キ	k	t	t	t	ki	t	k/ç
ギ	k	t	ŋ/t	t	gi	N	N

---

5) 각 방언의 구체적인 폐음절화 실태에 대해서는 졸고(2000)를 참조하기 바란다.

ク	k	t	t	t	ku	t	k/ç
グ	k	t	ŋ/t	t	gu	N	N
シ	ʃ	ʃ·ç	ʃ	ʃ	ʃi	ʃ·ç/t	ʃ·ç
ス	s	ʃ·s	ʃ·s	ʃ·s	su	ʃ·ç/t	ʃ·ç
チ	tʃ	t	t	t	tʃi	t	t/ç
ツ	t	t	t	t	tsu	t	t/ç
ジ	tʃ	ʃ/t	ʃ/t	ʃ	dʒi	ʃ·ç/t	N/ʃ·ç
ズ	t	ʃ·s/t	ʃ·s/t	ʃ·s	dzu	ʃ·ç/t	N/ʃ·ç
ヂ	tʃ	t	N/t	t	dʒi	N	N
ヅ	t	t	N/t	t	dzu	N	N
ニ	n	N	N	N	ni/n	N	N
ヌ	n	N	N	N	nu/n	N	N
ビ	p	t	t/N	t	bi	t	w
ブ	p	t	t/N	t	bu	t	w
ミ	m	N	N	N	mi	N	N
ム	m	N	N	N	mu	N	N
リ	r	j	j	j	ri	t	r
ル	r	j	j	j	ru	t	r
動詞ル	rjum	t	j	j	ru	t	r

　<표 1>과 같이 각 방언마다 어말자음의 형태가 다르게 나타나는 것은 개별 방언의 언어구조(=언어적인 요소)의 상이에 따른 것으로 볼 수 있지만, 본 연구에서는 이러한 체계변화의 프로세스를 음운구조, 악센트구조, 리듬구조라는 세 가지 관점에서 고찰해 본다.

　(1) 폐음절구조가 성립하는 기본적인 음운구조는 대응하는 공통어에서 협모음 [i, u]가 어말에 위치한다는 점이다. 세토우치정(瀨戶內町)을 제외한 모든 방언에서 이와 같은 음운구조 하에서는 반드시 폐음절화가 일어난다. 바꾸어 말하면 이들 방언에서는 어말에 위치할 수 있는 모음이 제약된다고 할 수 있다. 다만 세토우치정에서는 음운구조 외에 악센트구조가 관계된다. 그리고 구시마시(串間市)의 경우는 음운구조가 악센트구조를 제약하고 있다. 이러한 폐음절구조와 음운구조의 관계를 유형화하면 다음과 같다.

1) 오로지 음운구조에 의해서 폐음절화가 성립하는 방언 : 가고시마
   시, 에이정, 미야코노조시, 후쿠에시, 도미에정 야마시타
2) 음운구조와 악센트구조에 의해 폐음절화가 성립하는 방언 : 세토우
   치정
3) 음운구조가 악센트구조에 영향을 주어 폐음절화를 유발하는 방언 :
   구시마시

(2) 대응하는 공통어에서 직전음절이 촉음(促音)이나 발음(撥音)으로
끝나는 경우는 폐음절화가 일어나지 않는다. 또한 당해 방언에서 직전음
절이 이미 폐음절화가 이루어진 경우에도 폐음절화는 일어나지 않는다.
이는 일본어 자체가 공시적으로나 통시적으로 어말에 자음의 연속을 허
용하지 않는 사실과 관련이 있겠다. 그러나 공통어에서 직전음절이 장음
으로 끝나는 경우에는 폐음절화가 일어난다. 이들 방언에서는 모음의 장
단의 대립이 사라진 상태임을 감안할 때, 이들 방언에서 시간적으로 모
음의 장단의 대립이 사라지는 것이 폐음절화보다 빨랐다는 것을 알 수
있다. 한편, 직전음절이 이중모음으로 끝나는 경우는 폐음절화가 일어나
지 않는데 비해, 직전음절이 형태적으로는 이중모음과 동일하더라도 단
순한 모음의 연속일 경우에는 폐음절화가 일어난다. 이를 정리하면 <표
2>와 같다.

<표 2> 직전음절의 음운환경과 폐음절화

	폐음절화가 일어난다	폐음절화가 일어나지 않는다
촉음(促音)으로 끝나는 경우		○
발음(撥音)으로 끝나는 경우		○
이미 폐음절화한 경우		○
장음으로 끝나는 경우	○	
이중모음으로 끝나는 경우		○
단순한 모음연속일 경우	○	

(3) 각 방언의 폐음절화는 모음의 탈락이라는 과정을 거쳐 성립되었다고 볼 수 있다. 그렇다면 세토우치정(瀨戶內町)의 방언은 그 원형을 유지하고 있는 오래된 형태로 볼 수 있고, 도미에정(富江町) 야마시타(山下)의 방언도 이에 가깝다고 보여진다. 그리고 구시마시(串間市) 방언은 공통어와 폐음절구조 방언의 중간적인 위치에 있다고 볼 수 있다. 기타 방언에서는 모음이 탈락한 다음 어말자음이 [t][N] 등 비교적 규범성이 높은 발음으로 중화(neutralization)되었다. 각 방언에 있어서 어말자음의 중화의 양상은 조음적 성질이 가까울수록 중화되기 쉽고, 당해 방언의 음운체계의 정합성(整合性)에 부합한 형태로 중화가 이루어졌음을 알 수 있다.

(4) 규슈의 대부분의 지역에서는 예로부터 소위 「四つ仮名」[6]의 구별이 지켜지고 있었다고 알려져 있으나 현재는 그 구별이 사라진 상태이다. 그러나 이번 연구의 결과 어말자음에서는 그 구별이 유지되고 있음을 확인할 수 있었다. 어말자음에 나타나는 「四つ仮名」의 구별양상은 각 방언에 따라 다르게 나타나는데, 대체로 다음의 두 그룹으로 나눌 수 있다.

> 1) 「ジ・ズ」에 대응하는 것이 [ʃ], 「ヂ・ヅ」에 대응하는 것이 [t]로 나타나는 지역 : 가고시마시, 미야코노조시
> 2) 「ジ・ズ」에 대응하는 것이 [ʃ], 「ヂ・ヅ」에 대응하는 것이 [N]으로

---

6) 「四つ仮名」란 일본어에서 유성의 마찰음과 유성의 파찰음인 4개 가나(じ, ず, ぢ, づ)의 발음을 지역에 따라 구별하는 양상이 다른 현상을 가리키는 말로, 4개 모두를 구별하는 것을 「四つ仮名」, 4개의 가나를 3개의 발음으로 구별하는 것을 「三つ仮名」, 4개의 가나를 2개의 발음으로 구별하는 것을 「二つ仮名」, 4개 모두를 구별하지 못하고 하나의 발음으로 나타내는 것을 「一つ仮名」라 부른다. 현재 고치현(高知縣)을 중심으로 한 시코쿠(四國) 지방이 「四つ仮名」에 해당하며, 공통어는 「二つ仮名」이다.

나타는 지역 : 에이정, 후쿠에시

(5) 지금까지「ㅋ行 자음의 탈락현상」으로 불리어진 ㅋ行 자음의 변화는 실은 [r]음의 탈락이 아니라 협모음[i, u]가 탈락한 [r]음이 반모음적인 발음[j]으로 변화한 것으로 생각된다.

(6) 가고시마시 방언에 나타나는 [↑ki·](霧), [↑çi·](晝)와 도미에정 야마시타방언에 나타나는 [「ku·](首), [「tau](足袋), [「kau](黴)와 같은 발음의 음운론적인 해석에 있어서 이중모음음소를 인정함으로써 모음의 장단의 대립이 없는 지역에서 나타나는 장음의 문제를 해결할 수 있게 되었다. 그렇게 하는 것이 당해 방언의 음운체계나 악센트구조의 정합성 측면에서 보다 과학적이며 개연성이 높다고 볼 수 있다.

(7) 폐음절구조 방언에서 악센트의 단위가 되는 것은 모라(mora)가 아니라 음절(syllable)이다. 이울러 이들 방언에서는 모음의 장단의 대립이 인정되지 않는데, 모음의 장단은 악센트구조에 좌우되어 나타난다. 즉 하강조나 상승조와 같이 악센트핵을 가진 음절에서는 장모음이 나타나기 쉽고, 그 이외의 경우에서는 장모음이 나타나기 어렵다.

(8) 폐음절화가 악센트구조와 밀접하게 관련된 곳은 세토우치정(瀨戶內町) 방언뿐이다. 이 방언에서는 폐음절화가 음운구조 외에 악센트구조와 관련이 깊어, 예를 들어「악센트 유형별 어휘」에 의한 2음절 2박의 명사인 경우 1류와 2류는 하강조인「acute accent」로서 여기에 속하는 단어는 폐음절화하여 1음절이 되는데 비하여, 3류와 4류, 5류는 상승조인「grave accent」로서 여기에 속하는 단어는 폐음절화하지 않고 2음절을 유지한다. 한편 구시마시(串間市)의 경우는 음운구조가 악센트구조

를 제약하고 있다고 생각되므로 반드시 악센트구조에 의해서 폐음절구
조가 성립한다고는 할 수 없으며, 미야코노조시(都城市)의 경우는 미고
일형(尾高一型)이라는 하나의 악센트구조밖에 갖고 있지 않으므로 악
센트구조와 폐음절화의 관계에 대해 논하기가 곤란한 경우이다. 이를 유
형화하면 다음과 같다.

〈유형 1〉「acute accent」일 때 폐음절화가 성립하는 방언 : 세토우치정,
　　　　　(구시마시)
〈유형 2〉「grave accent」일 때 폐음절화가 성립하는 방언 : (미야코노
　　　　　조시)
〈유형 3〉「acute accent」와 「grave accent」 모두 폐음절화가 성립하는
　　　　　방언 : 가고시마시, 에이정, 후쿠에시, 도미에정 야마시타

(10) 폐음절구조 방언에 있어서 악센트구조의 성립과 폐음절화의 시간
적인 전후관계는 다음과 같이 정리할 수 있다.

1) 악센트구조의 성립이 폐음절화보다 먼저 이루어진 방언 : 세토우치정
2) 폐음절화가 악센트구조의 성립보다 먼저 이루어진 방언 : 가고시마
　 시, 에이정, 미야코노조시, 후쿠에시, 도미에정 야마시타
3) 악센트구조의 성립과 폐음절화의 시간적인 전후관계가 불분명한 방
　 언 : 구시마시

(11) 폐음절구조 방언에서 이른바 「악센트 유형별 어휘」의 대응관계
를 몇몇 방언을 중심으로 도쿄식(東京式) 악센트 및 게이한식(京阪式)
악센트와 비교하면 <표 3>과 같다. 여기서 「○」는 CV구조의 음절,
「○」는 CVC구조의 음절을 나타낸다.

〈표 3〉 2음절 2박 명사의 악센트 유형별 어휘 대응표

		東京式	京阪式	瀬戸内町	鹿兒島市	都城市	串間市
어말모음이 /a, e, o/	1류	○l○	⌐○○	○l○	○l○	○l○	⌐○○
	2류	○l○l	○l○				
	3류						
	4류	○l○	⌐○○	○l○	○l○		
	5류		○l○				
어말모음이 /i, u/	1류	○l○	⌐○○	l○	l○	l○	○l○
	2류	○l○l	○l○				
	3류						
	4류	○l○	⌐○○	○l○	l○		
	5류		○l○				

(12) 폐음절구조 방언의 리듬구조는 짧은 음절(○)과 긴 음절(○)이 잘 조합되어, 그리고 악센트구조와 밀접하게 관계되면서 형성되어 있음을 알 수 있다. 특히 세토우치정 방언과 구시마시 방언에서는 음운구조와도 깊이 관련되어 있으며, 세토우치정 방언에서는 기본적으로는 강음절과 약음절이 서로 교차되어 나타나는데, 강음절에서는 모음이 광모음 또는 반광모음으로 나타나는 경향이 있고, 약음절에서는 협모음이 나타나는 경향이 있다.

4. 일본어 주변언어의 음절구조

1) 한국어의 음절구조

현대 한국어의 음절구조로는 다음과 같이 8가지 형태를 인정할 수 있다. 단, 여기서 V는 모음음소, S는 반모음음소, C^1은 개음절을 만드는 자음음소(=초성자음), C^2는 폐음절을 만드는 자음음소(=종성자음)를 나타

낸다.

(1) V형

여기에는 단모음음소의 수와 동일하게 8종류가 존재한다.

/ieɛaɔouï/

<예> /i/(이)　　　　　　/ɛ/(애)

(2) SV형

다음과 같이 12종류가 존재한다.

/jejɛjajɔjojuwiwewɛwawɔȷ̈i/

<예> /je/(예)　　　　　/wi/(위)　　　　　/ȷ̈i/(의)

(3) C¹V형

현대한국어에서 폐음절을 만드는 자음음소는 /p·p'·p'·t·t'·t'·k·k'·k'·ʧ·ʧ'·ʧ'·s·s'·h·m·n·l/의 18개이다. 따라서 이 형에는 144(=18×8)종류의 음절이 존재하게 된다.

<예> /na/(나)　　　　/k'o/(코)　　　　　/mu/(무)

(4) C¹SV형

이 형에는 이론상 216(=18×12)종류의 음절이 존재하게 되지만 실제적으로는 <표 4>와 같은 제약에 의해 이보다 감소하게 된다. 여기서 「○」는 결합가능, 「×」는 결합불가능, 「△」는 어두가 아닌 경우에 결합가능한 것을 나타낸다. 그리고 결합불가능이라고 한 음절이더라도 외래어를 표기할 때 나타나는 경우가 있음을 밝혀둔다.

<예> /kjɔ/(겨)　　　　/twi/(뒤)　　　　　/kwe/(퀘)

〈표 4〉 한국어에서 자음과 반모음의 결합

	p	p'	p'	t	t'	t'	k	k'	k'	ʧ	ʧ'	ʧ'	s	s'	h	m	n	l
je	×	×	○	×	×	×	○	×	×	×	×	×	×	×	○	○	×	△
jɛ	×	×	×	×	×	×	○	×	×	×	×	×	×	×	×	×	×	×
ja	○	○	○	×	×	×	○	○	○	×	×	×	×	×	○	○	△	△
jɔ	○	○	○	×	×	×	○	○	×	△	×	○	×	×	○	○	△	△
jo	×	○	○	×	×	×	○	×	×	×	×	×	×	×	○	○	△	△
ju	×	○	×	×	×	×	○	×	×	×	×	×	○	×	○	×	△	△
wi	×	×	×	○	○	○	○	○	○	○	×	○	○	×	○	○	○	×
we	×	×	×	○	○	○	○	○	○	○	×	○	○	×	○	○	○	△
wɛ	×	×	×	○	○	○	○	○	○	○	×	○	○	×	○	○	×	×
wa	○	×	×	○	○	×	○	○	○	○	×	○	○	×	○	×	×	×
wɔ	○	×	×	○	×	△	○	○	○	△	△	△	×	×	○	○	○	△
ɰi	×	×	×	×	○	○	×	×	×	×	×	×	○	○	○	×	○	×

그런데 <표 4>에서는 다음과 같은 한국어의 음성적 특징을 발견할 수 있다.

(1) 자음 /t/계열은 반모음 /j/와 결합하지 않는다. 이는 통시적으로 이 부류의 음절이 구개음화(palatalization)를 일으켜 /ʧ/로 변화했기 때문이다.

(2) 자음 /ʧ/계열은 반모음 /j/와 결합하지 않는다. 이는 /ʧ/ 그 자체가 이미 구개음화한 자음이기 때문에 구개성이 있는 반모음 /j/와 결합하지 않는 것이다.

(3) 자음 /s/계열은 반모음 /j/와 결합하지 않는다. 한국어의 /s/는 다른 장애음과 달리 대응하는 유기음을 갖고 있지 않은데, 이는 한국어 /s/가 국제음성기호(IPA)로 나타내면 [s]가 아니라 [sʻ]로 표기해야 할 만큼 한국어의 /s/는 영어를 위시한 서양언어에 비해 기음이 강하기 때문이다. 이 유기음에 가까운 /s/의 성질이 이 음을 구개화 자음인 [ʃ]에 더욱 근접시켜 반모음 /j/와의 결합을 방해하고 있는 것으로 생각된다.

(4) 순음 /p·m/은 순음성이 강한 반모음 /w/와 결합하지 않는다. 단 /pwa/(봐), /pwɔ/(붜), /mwɔ/(뭐)와 같은 음절은 모음융합의 결과로 볼 수

있다.

(5) VC²형

현대한국어에서 폐음절을 만들 수 있는 자음음소는 /p·t·k·m·n·ŋ·l/
의 7개이다. 따라서 이 형에는 56(=8×7)종류의 음절이 존재한다.
　　<예> /al/(알)　　　　　/ip/(입)　　　　　/ot/(옷)

(6) SVC²형

이 형에는 84(=12×7)종류의 음절이 존재한다.
　　<예> /jɔp/(옆)　　　　/jut/(윷)　　　　/wɔn/(원)

(7) C¹VC²형

여기에는 산술적으로 1008(=144×7)종류의 음절이 존재한다.
　　<예> /tal/(月)　　　/k'ot/(花)　　　/ton/(お金)

(8) C¹SVC²형

이 형에는 1512(=216×7)종류의 음절이 예상되는데, <표 4>에서 나
타난 제약에 의해 실제로 존재하는 수는 이보다 훨씬 적다.
　　<예> /kjɔt/(傍)　　　　/hjuŋ/(惡口)　　　　　/swin/(五十)

　　이상의 결과를 종합해 볼 때 현대한국어의 음절구조는 8개의 형으로
나눌 수 있으며, 음절의 수는 이론상 총 3,040개이지만, 실제로 존재하는
것은 이를 밑돈다.[7] 그리고 이 가운데에서 개음절구조가 78%이고, 폐음

---

7) 陳南澤,「韓國語の音素と音素連續に關する計量言語學的研究」『東
　京大學言語學論集　18』, 東京大學人文社會系研究科·文學部言語學

절구조가 22% 정도 차지한다.

한편 한국어의 경우 음절구조의 변화가 많지 않아서 이 분야에 대한 연구는 그리 많은 편이 아니라고 볼 수 있다. 하지만 통시적인 관점에서의 연구는 제쳐두고라도 공시적인 관점에서의 연구는 동사의 불규칙활용이나 각 방언을 중심으로 나타나는 음절구조의 변화에 착목하여 연구해볼 가치가 있겠다.

2) 중국어의 음절구조

중국어는 거대한 언어영역(=영토)과 화자(=인구)라는 언어적 요인과 다민족국가로서의 역사적 요인 등에 의해 세계의 언어 가운데서도 드물게 다양성이 풍부한 언어 중 하나라고 할 수 있다. 현실적으로 각 지역간의 언어차가 심하며, 서로 다른 방언화자끼리는 공통어를 매개로 하지 않으면 의사소통이 불가능할 정도이다. 이 때문에 음절체계에 있어서도 각 방언마다 차이가 심한데, 먼저 중국어의 음절은 다음과 같은 두 가지 특징을 갖고 있다.

첫째, 하나의 음절로 구성되는 음은 반드시 하나의 문자로 나타낸다.

둘째, 각 음절마다 각각의 성조(tone)가 수반된다.

이처럼 중국어에서는 자음 단독으로 음절을 이룰 수가 없으며, 모음단독 또는 자음과 모음이 결합한 것에 성조가 곁들여져 음절을 이루고 있다. 林燾·王理嘉(1997)에 따르면, 중국어의 음절구조를 C-V-C 형으로 분류했을 때 10개의 형태가 인정되며, 이 중 폐음절을 만드는 자음(-C)은 반드시 비음(N) 또는 폐쇄음(P)이어야 하므로 둘로 나누더라도 전체적으로 14개를 넘지 않는다고 한다. 차이가 극명한 4개 방언의 음절

研究室, 1999에서는 음절의 종류를 1,117개로 보고하고 있다.

구조를 제시하면 다음과 같다.[8]

	〈北京〉	〈蘇州〉	〈福州〉	〈廣州〉
V	阿[a]	安[ø]	阿[a]	Y[a]
VV	鴨[ia]	冤[iø]	也[ia]	歐[ɐu]
VVV	腰[iau]	—	歪[uai]	—
CV	打[ta]	担[tE]	家[ka]	花[fa]
CVV	到[tau]	多[təu]	交[kau]	敎[kau]
CVVV	吊[tiau]	—	嬌[kieu]	—
VN	安[an]	翁[oŋ]	安[aŋ]	暗[ɐm]
VP	—	惡[oʔ]	物[uʔ]	鴨[ap]
VVN	彎[uan]	容[ioŋ]	恩[ouŋ]	晏[ian]
VVP	—	欲[ioʔ]	越[uəʔ]	滑[uat]
CVN	担[tan]	張[zaŋ]	斤[kyŋ]	幫[bɔŋ]
CVP	—	聞[zaʔ]	粒[laʔ]	駁[bɔk]
CVVN	端[tuan]	詳[ziaŋ]	牛[puaŋ]	—
CVVP	—	菊[tɕioʔ]	局[kuɔʔ]	—

상기 자료를 통해 중국어의 음절구조의 특징을 다음과 같이 정리할 수 있다.

첫째, 北京語에는 폐음절을 만드는 폐쇄음(-P)이 존재하지 않는다.

둘째, 蘇州語와 廣州語에는 모음이 3개 연속하지 않는다.

셋째, 廣州語에는 폐음절을 만드는 비음(-N)과 폐쇄음(-P) 앞에 모음이 2개 연속할 수 없다.

넷째, 福州語에만 14종류의 음절구조가 모두 존재한다.

이 분류에 의하면 북경어를 중심으로 한 현대중국어에는 10종류의 음절구조가 존재하게 되지만, 이는 어디까지나 반모음음소를 인정하지 않은 결과이다. 그러나 본 연구에서는 기본적으로 반모음을 인정하는 입장이므로 그렇게 되면 어프로치 방법이 달라진다. 본 연구에서 중국어에서

---

8) 林燾・王理嘉 저, 이현복・심소희 역,『中國語音聲學』, 교육과학사, 1999.

도 반모음을 인정해야 한다고 주장하는 근거는 다음과 같다.

모든 언어에서 음절을 구성하는 요소(자음이나 모음과 같은 음소) 중 없어서는 안 되는 것은 모음이다. 아주 드물게 자음만으로 음절을 구성하는 경우를 볼 수 있지만, 대부분의 경우 모음이 없는 음절은 존재하기 어렵다. 그래서 기본적으로는 음절을 나누는 기준이 되는 것도 모음이다. 영어의 「university」[ju:-ni-və:-si-ti]는 5개의 음절, 중국어의 「大學」 [ta-ɕyɛ]은 2개의 음절, 일본어의 「だいがく」[da-i-ga-ku]는 4개의 음절9)이라는 식으로 나누는 것은 모음을 기준으로 한 해석이다.

이와 같이 음절을 나누는 기준이 되는 모음은 한 음절에 한 개 존재하는 것이 기본이다. 물론 언어에 따라서는 2개의 모음이 연속하는 이중모음이나, 중국어에서 나타나는 바와 같이 3개의 모음이 연속하는 삼연(三連) 모음이 존재하기도 하지만, 이 경우에도 중심이 되는 모음은 하나라고 볼 수 있다. 이 중심이 되는 주모음 이외의 모음을 반모음으로 인정한다는 것이다. 특히 중국어와 같이 복수의 모음연속을 허용하는 언어에서는 음절 안에서 주모음의 존재를 강조하기 위해서라도 반모음을 인정하는 것이 유리해 보인다.

일반적으로 중국어의 음절구조 분석에서는 먼저 「성모(聲母)」(초성자음)와 「운모(韻母)」(모음을 포함한 뒷부분)로 나누며, 운모는 개음(介音)·운복(韻腹)·운미(韻尾)로 나눈다.10) 여기에 성조(Tone)를 추가하

---

9) 일본어의 「だいがく」[da-i-ga-ku]을 4음절로 보는 것이 일반적인데, 이중모음을 인정하는 입장에서는 [daj-ga-ku]와 같이 3음절로 볼 수도 있겠다.
10) 각각의 용어에 대한 설명은 다음과 같다.
  성모(Initial) : 음절의 처음에 위치하여 개음절을 만드는 자음을 말한다.
  개음(Medial) : 운복(주모음) 앞에 위치하는 모음으로 성모와 운복 사이에 위치하기 때문에 개음이라고 한다. 협모음 [i][u][y]가 여기에 해당한다.
  운복(Vowel) : 주모음에 해당하며, 성화운(聲化韻)이라고도 한다.
  운미(Ending) : 운복(주모음) 뒤에 위치하며, 협모음([i][u])·비음([n][ŋ][m])·폐쇄음([p][t][k][ʔ])의 3종류가 있다.

는 경우도 있지만, 본 논문에서는 성조를 음절구조에 포함시키지 않기로
한다. 여기서 개음과 운미의 협모음이 반모음에 해당한다고 볼 수 있는
데, 이들은 음절 내부에서의 기능이나 역할뿐만 아니라 실제 음성에 있
어서도 주모음에 비해 자음적인 요소가 강하다. 이렇게 볼 때 위에서 제
시한 북경어의 음절구조는 다음과 같이 재해석할 수 있다. 여기서 V는
모음음소, S¹은 주모음의 전부요소인 반모음음소, S²는 주모음의 후부
요소인 반모음음소, C¹은 개음절을 만드는 자음음소, C²는 폐음절을
만드는 자음음소를 나타낸다.

(1) V형

이 형에는 모음음소의 수와 같은 6종류가 존재한다.

/iüueoa/

<예> /i¹/(一)/u³/(五)

(2) S¹V형

다음과 같은 10종류가 존재한다. 단 /ya/는 단독으로 출현하지 않으며,
반드시 뒤에 폐음절을 만드는 자음을 수반한 형태(/yan/)로만 나타난다.

/jejajojuwiwewawoye(ya)/

<예> /ja²/(牙) /wa³/(瓦)

(3) VS²형

4종류가 존재한다. 북경어에서 주모음의 후부요소로서 기능하는 반모
음음소는 /j·w/ 2개뿐이다.

/ajejawow/

<예> /aj¹/(哀) /aw⁴/(傲)

(4) S^1VS^2형

이것은 기존의 삼연모음에 해당하는 것으로 본 논문에서는 주모음 전후의 모음을 반모음으로 생각한다. 이 형에는 다음과 같은 4종류가 존재한다. 여기서 알 수 있는 특징은 북경어에서 반모음음소가 주모음의 전후에 위치하는 경우, 그 전후의 반모음음소는 서로 다른 음색을 가진 음이라는 사실이다.

/jawjowwajwej/

<예> /jaw²/(遙) /waj⁴/(外)

(5) C^1V형

현대중국어에서 개음절을 만드는 자음음소는 /p·p'·t·t'·k·k'·ts·ts'·tʂ·t'ʂ·tɕ·tɕ'·f·s·ʂ·ɕ·x·m·n·l·r/의 21개이다. 따라서 이 형에는 산술적으로 126(=21×6)종류의 음절이 존재한다.

<예> /ta³/(打) /mu⁴/(木)

(6) C^1S^1V형

이 형에는 산술적으로 189(=21×9)종류의 음절이 존재한다.
<예> /tɕja¹/(加)/low³/(裸)

(7) C^1VS^2형

이 형에는 산술적으로 84(=21×4)종류의 음절이 존재한다.
<예> /tsaj⁴/(再) /kaw³/(考)

(8) VC^2형

북경어에서 폐음절을 만드는 자음음소는 /n·ŋ/의 두 개뿐이다. 따라서 이 형에는 산술적으로 12(=6×2)종류의 음절이 존재한다.

<예> /iŋ³/(影)/ü n ²/(雲)

(9) S¹V C²형

이 형에는 산술적으로 18(=9×2)종류의 음절이 존재하는데, 앞서 언급한 /yan/이라는 음절이 추가되어 19종류가 된다.

<예> /jan¹/(煙)/waŋ²/(王)

(10) C¹V C²형

이 형에는 산술적으로 252(=21×6×2)종류의 음절이 존재한다.

<예> /men²/(門) /ɕiŋ¹/(星)

(11) C¹S¹V C²형

이 형에는 산술적으로 378(=21×9×2)종류의 음절이 존재한다.

<예> /pʻjan¹/(偏) /ʂwaŋ¹/(双)

이상의 결과를 종합하면 현대중국어에는 합계 1,083종류의 음절이 존재하게 되는데, 실제로는 <표 5>에서 알 수 있듯이 이보다 훨씬 줄어들게 된다. <표 5>는 기존의 음절표를 반모음을 인정하는 입장에서 재정리한 것이다.[11]

---

11) 표에서 /er/은 형태음운론 레벨에서 논하여야 할 성격으로 판단되어 음절구조에서 제외하였다. 그리고 /-i/도 모음/i/로 통합하는 것이 바람직해 보이지만, 여기서는 종래의 분류에 따랐다.

〈표 5〉 북경어의 음절일람표

	p	p'	m	f	t	t'	n	l	ts	ts'	s	tʂ	tʂ'	ʂ	r	tɕ	tɕ'	ɕ	k	k'	x	'
a	○	○	○	○	○	○	○	○	○	○	○	○	○	○					○	○	○	○
o	○	○	○	○																		○
e			○		○	○	○	○	○	○	○	○	○	○	○				○	○	○	○
ï									○	○	○	○	○	○	○							
er																						○
aj	○	○	○		○	○	○	○	○	○	○	○	○	○					○	○	○	○
ej	○	○	○	○	○		○	○	○					○					○	○	○	○
aw	○	○	○		○	○	○	○	○	○	○	○	○	○	○				○	○	○	○
ow		○	○	○	○	○	○	○	○	○	○	○	○	○	○				○	○	○	○
an	○	○	○	○	○	○	○	○	○	○	○	○	○	○	○				○	○	○	○
en	○	○	○	○			○		○	○	○	○	○	○	○				○	○	○	○
an	○	○	○	○	○	○	○	○	○	○	○	○	○	○	○				○	○	○	○
en	○	○	○	○	○	○	○	○	○	○	○	○	○	○	○				○	○	○	○
on					○	○	○	○	○	○	○				○				○	○	○	
i	○	○	○		○	○	○	○								○	○	○				○
ja								○								○	○	○				○
jaw	○	○	○		○	○	○	○								○	○	○				○
je	○	○	○		○	○	○	○								○	○	○				○
jow			○		○		○	○								○	○	○				○
jan	○	○	○		○	○	○	○								○	○	○				○
in	○	○	○				○	○								○	○	○				○
jan							○	○								○	○	○				○
in	○	○	○		○	○	○	○								○	○	○				○
jon																○	○	○				○
u	○	○	○	○	○	○	○	○	○	○	○	○	○	○	○				○	○	○	○
wa												○	○	○					○	○	○	○
wo					○	○	○	○	○	○	○	○	○	○	○				○	○	○	○
waj												○	○	○					○	○	○	○
wej					○	○			○	○	○	○	○	○	○				○	○	○	○
wan					○	○	○	○	○	○	○	○	○	○	○				○	○	○	○
wen					○	○	○	○	○	○	○	○	○	○	○				○	○	○	○
wan												○	○	○					○	○	○	○
wen																			○	○	○	○
ü							○	○								○	○	○				○
ye							○	○								○	○	○				○
yan																○	○	○				○
ün																○	○	○				○

<표 5>에 나타난 중국어의 성모와 운모의 결합의 특징으로서는 다음과 같은 점을 들 수 있다.

첫째, /p·p'·m/은 반모음 /w/로 시작하는 운모와 결합하지 않는다.

둘째, /f/는 모음 /i/나 반모음 /j·w/로 시작하는 운모와 결합하지 않는다.

셋째, /ts·ts'·s/, /tʂ·tʂ'·ʂ·r/, /k·k'·x/는 모음 /i/나 반모음 /j/로 시작하는 운모와 결합하지 않는다.

넷째, /tɕ·tɕ'·ɕ/는 모음 /i/나 반모음 /j·y/로 시작하는 운모하고만 결합한다.

다섯째, 모음 /ü/와 반모음 /y/는 자음 /n·l/, /tɕ·tɕ'·ɕ/하고만 결합한다.

이상에서 중국어의 음절구조에 대해 고찰해 보았다. 이 외에도 산술적 으로는 [V S²C²] [S¹V S²C²] [C¹S¹V S²C²]와 같은 음절구 조를 예상할 수 있지만, 북경어는 이런 구조를 갖지 않는다. 이것도 북경 어가 갖는 음절구조의 특징 중의 하나이다. 한편, 王力(1990)에 따르면 중국어의 폐음절구조의 역사적 변천에 있어서 원래 /k·t·p·ŋ·n·m/의 6 개이던 양성(陽聲)과 입성(入聲)이 원(元)대(1279~1368)에서 입성 /k· t·p/가 소실되고, 명청(明淸) 때 양성(陽聲)인 /m/이 소실(=/n/에 동화 됨)되었다고 한다.12) 그리고 李如龍·張双慶(1992)의 자료에 근거하 여 현대 중국어 방언에 있어서 양성과 입성을 중심으로 한 음절구조의 실태를 정리하면 다음 <표 6>와 같다.13)

〈표 6〉 중국어 주요 방언의 어말자음 실태

	梅縣	翁源	三都	都昌	贛縣	長汀
答	tap	tak	tat	tal	taʔ	ta
舌	sat	sat	ʂɛt	ʂɛl	sɛʔ	ʃe
作	tsɔk	tsɔk	tsɔk	tsɔk	tsoʔ	tso
北	pɛt	pɛt	pɜk	pɜk	pɛʔ	pe
南	nam	naŋ	nan	nɔn	nã	naŋ
安	ɔn	on	ɔn	on	ŋã	ũ
忙	mɔŋ	mɔŋ	mɔŋ	mɔŋ	mã	mɔŋ

5. 결 론

본 연구에서는 일본 규슈 해안도서의 역사문화와 동아시아라는 범주 안에서 규슈 해안도서의 언어를 음절구조를 중심으로 고찰하고자 하였

---

12) 王力 저, 權宅龍 역, 『漢語語音史』, 대일, 1997.
13) 李如龍·張双慶 主編, 『客贛方言調査報告』, 厦門大學出版社, 1992.

다. 규슈 남부에서 오키나와에 걸친 지역에서 나타나는 이러한 음운현상
은 선행연구에서 입성음화(入聲音化), 촉음화(促音化), 모음의 무성화
등으로 불리어졌는데, 이들 지역에 있어서 어말자음을 포함한 단어의 형
태적 독립성이 강할 뿐 아니라 단어의 악센트구조나 리듬구조와 밀접히
관련되어 있다고 판단되어 폐음절화라는 다소 광의의 용어를 사용함으
로써 음절구조의 변화라는 측면에서 고찰하고자 하였다.

나아가 일반적으로 개음절구조로 알려진 일본어에서 특이하게 폐음절
구조로 나타나는 이 지역의 방언을 주변의 폐음절구조 언어인 한국어 및
중국어와 비교분석함으로써 음절구조변화의 프로세스를 규명함을 목적
으로 하였다. 그 결과 다음과 같은 결론을 도출하기에 이르렀다.

첫째, 폐음절구조의 성립은 협모음이 음절말에 위치하는 음운구조와
음성학적으로 협모음이 갖는 유체역학적인 성질과 관련이 깊으며, 각 언
어에 있어서 음운체계의 정합성(整合性)에 맞추어 체계적인 변화가 이
루어진다.

둘째, 폐음절구조의 성립과 음운구조와의 관계를 유형화하면 1) 전적
으로 음운구조에 의해 폐음절화가 성립함, 2) 음운구조와 아울러 악센트
구조에 의해 폐음절화가 성립함, 3) 음운구조가 악센트구조에 영향을 주
어 폐음절화를 유발함과 같이 3가지 유형으로 나눌 수 있다.

셋째, 폐음절구조의 성립과 악센트구조와의 관계는 언어에 따라 필연
적일 수도 있고 그렇지 않을 수도 있지만, 적어도 양자가 상호보완적인
관계에 있으며, 양자의 성립과정의 전후관계를 규명할 수 있게 되었다.

넷째, 이러한 음절구조의 변화는 음절(syllable)을 리듬의 단위로 하는
이른바 음절언어에서 주로 발생하며, 박(拍)을 단위로 하는 언어에서는
발생하기 어렵다.

마지막으로 본 연구에서는 동아시아라는 카테고리 안에서 각 언어의
음절구조를 고찰해 보고자 하였으나, 일본어를 제외한 한국어와 중국어

의 경우는 그 대상이 공통어에 한정될 수밖에 없었다. 이를 보완하기 위해서 향후 각 언어에 대하여 언어지리학적인 연구를 통해 체계변화의 프로세스를 규명할 필요가 있겠다. 아울러 한자음의 비교연구 등도 음절구조의 변화와 밀접한 관계에 있는 만큼 이런 분야의 연구결과를 기대해 본다.

參 考 文 獻

김용각, 「일본 九州方言의 음절구조 실태와 변화」 『일어일문학 14』, 대한일어일문학회, 2000.

王力 저, 權宅龍 역, 『漢語語音史』, 대일, 1997.

林燾·王理嘉 저, 이현복·심소희 역, 『中國語音聲學』, 교육과학사, 1999.

飯豊毅一他 編, 『講座方言學9－九州地方の方言－』, 國書刊行會, 1983.

上村孝二 著, 『九州方言·南島方言の研究』, 秋山書店, 1998.

窪薗晴夫·太田聰 著, 『音韻構造とアクセント』, 研究社出版, 1998.

陳南澤, 「韓國語の音素と音素連續に關する計量言語學的研究」 『東京大學言語學論集 18』, 東京大學 人文社會系研究科·文學部言語學研究室, 1999.

濱田敦, 原始日本語に於ける閉音節語存在の仮說」 『國語學 9』, 國語學會, 1952.

李如龍·張双慶 主編, 『客贛方言調查報告』, 厦門大學出版社, 1992.

2부

규슈(九州) 해안도서(海岸島嶼)와
한국 설화의 전파

김 화 경*

1. 머리말

동아시아란 한국과 중국, 일본 등이 포함되는 아시아의 동부지역을 지칭하는 지리학적인 용어이다. 좀 더 정확하게 말하면 동쪽은 태평양, 남쪽은 남중국해(南中國海)에 면하고, 서쪽은 아무르강 남안(南岸)의 대흥안령(大興安嶺)으로부터 중국 본토의 서경(西境)을 통과하여 베트남의 국경 근처에 이르는 선으로 경계를 이루는 지역을 말한다.

이 동아시아에 위치하는 한국과 중국, 일본은 일찍부터 서로 밀접한 관계를 유지하면서도 제각기 독자적인 역사와 문화를 발달시켜 왔다. 하지만 기층문화(基層文化)의 성격을 중심으로 볼 때, 한국과 일본은 중국과는 근본적으로 다른 문화를 가지고 있었다고 할 수 있다. 왜냐하면 이들 세 나라가 다 같이 한자를 사용하는 한자 문화권(漢字文化圈)을 형성하고 있지만, 그 바탕이 된 문화는 본질적으로 다른 성격을 지니고

---

* 영남대학교 국어국문학과 교수, 신화학전공

있었기 때문이다.

그래서 본 연구에서는 동아시아 전체에 있어서 설화의 전파 문제를 논하기보다는 한국과 일본, 그 가운데에서도 규슈(九州) 해안도서(海岸島嶼)와의 관계에 대하여 살펴보기로 한다. 특히 규슈 지역은 선진적인 한반도(韓半島)의 고대문화가 일본열도에 전해지는 창구 역할을 했던 곳이었다.[1] 그리하여 규슈 일대에는 한국의 뜻하는 가라(韓)나 가야(可也)[2]와 같은 지명이 지금까지도 많이 남아있을 뿐만 아니라, 한국식 산성(山城)을 비롯하여 한국적인 유물들이 상당히 많이 남아있어, 이런 추정의 타당성을 한층 더 확실하게 해주고 있다.[3]

그런데 체계적으로 정리되었다고 할 수 있는 일본의 신화에서 가장 핵심적인 내용을 이루고 있는 이즈모계(出雲系) 신화와 다카마노하라계(高天原系) 신화도 한국의 신화와 긴밀한 관계를 가지고 있다. 그래서 필자는 이미 전자가 한국의 동해안 문화와 관계를 가지는 데 비해, 후자는 한국의 서해안과 남해안 문화와 깊은 관계를 가진다는 가설을 제시한 바 있다.[4]

만약에 이와 같은 가설이 사실이라고 한다면 일본의 규슈 지역은 후자, 곧 다카마가하라계 신화의 본원지로 한국의 동남해안 일대에 자리 잡고 있던 가락국(駕洛國) 및 서해안 일대에 자리 잡고 있던 백제와 긴밀한 유대를 가졌을 가능성이 높아진다. 다시 말해 규슈 지역은 가락국과 백제의 선진적인 문화를 받아들였던 곳이었으므로, 한국의 문화와 밀접한 관계를 가졌다고 보아도 무방하다는 것이다.

그러나 그렇다고 하여, 이 지역에 가락국과 백제로부터 건너간 문화들

---

1) 川添昭二 共編, 『九州の風土と歷史』, 東京, 山川出版社, 1977, 21～23쪽.
2) 처음에는 이 말이 가락국(駕洛國)을 지칭하였으나, 그 의미가 보다 넓어져 한국 전체를 가리키는 것으로 바뀌었다.
3) 조희승, 『초기조일관계사』, 평양, 사회과학출판사, 1988, 120～191쪽.
4) 김화경, 『일본의 신화』, 서울, 문학과지성사, 2002, 79～287쪽.

만 존재했던 것은 아닌 것 같다. 한국의 동해안 일대에 자리 잡고 있던 신라로부터 이주한 사람들이 이들보다 먼저 이 지역에 진출하여 선주(先住)하고 있었다는 사실을 입증할 수 있는 설화들도 전해지고 있다. 바꾸어 말하면 이즈모(出雲) 지역으로 건너갔던 집단들과는 구별되는 신라 계통의, 또 다른 집단들이 북규슈(北九州) 일대에 진출하여 상당한 세력을 형성하고 있었다는 것이다.

그러므로 설화 상으로 볼 때는 규슈 지역에도 신라의 경역(境域)에서 건너간 집단이 선주(先住)하고 있었는데, 그 뒤에 가락국과 백제로부터 들어간 집단들이 이들을 정복하고 지배계층으로 군림하였다고 할 수 있다. 그래서 우선 이곳에 살고 있었을 것으로 추정되는 선주민족의 문제부터 고찰하기로 하겠다.

2. 선주민족(先住民族)의 신라 문화적 성격

이제까지 규슈 지역과 신라와의 관계를 구명하려는 연구는 거의 이루어지지 않았었다고 해도 지나친 말은 아닐 것이다. 그 대신에 이 지역과 가락국이나 백제와의 관계는 상당히 많이 연구되어 왔다. 이와 같은 현실은 고고학적인 유물의 발굴과 밀접한 관련을 가지고 있다. 곧 규슈 지역에서 발굴된 유적들이 가락국이나 백제의 유물들과 불가분의 관계를 가지는 것들로 판명되고 있다는 것이다.

그렇지만 신라로부터 건너간 세력들이 먼저 북규슈 일대에 먼저 살고 있었다는 것은 『속일본기(續日本記)』에 일문(逸文)으로 전해지는 『찌쿠센 풍토기(筑前風土記)』의 아래와 같은 기록에 그대로 드러나 있다.

〈자료 1〉

「옛날에 아나도(穴戸)의 도요치(豊浦) 궁(宮)에 아메노시타시로시메시시타라시나카츠히코 천황이 구마소(球磨噌)를 정벌하러 갔을 때, 이도(怡土)의 아가타누시(縣主)의 조상인 이도데(五十跡手)가 천황이 온다는 소식을 듣고, 잎이 무성한 나뭇가지를 가져와 뱃전에 세웠다. 그리고 나뭇가지의 위 부분에는 곡옥(曲玉)을 걸고, 가운데 부분에는 흰 구리거울을 내걸었으며, 아래 부분에는 검(劍)을 걸고 아나도(穴門)의 히고섬(引嶋)까지 마중을 나왔다.

천황이 묻기를 "그대는 누구인가?"라고 하자, 이도데가 말하기를 "나는 고리국(高麗國)의 오러산(意呂山)에서 온, 하늘에서 온 아메노히보고(日鉾)의 후손 이도데입니다."라고 하였다.

이에 천황이 이도데를 칭찬하여 말하기를, "삼가 힘써서 봉사하는구나(이소시(伊蘇志). 아도데가 다스리의 본토를 이소국(怡勤國)이라고 해야 한다."고 하였는데, 지금 이도군(怡土郡)이라고 하는 것은 잘못된 것이다.」[5]

이것과 아주 비슷한 내용의 이야기가 『일본서기(日本書紀)』 권8 츄아이 천황(仲哀天皇) 8년 조에도 실려 있다. 특히 이 자료에는 일본이란 나라의 건국과 긴밀한 관련을 가진, 세 개의 신기(三神器)에 해당되는 곡옥과 동경(銅鏡), 칼(劍)의 의미를 밝히고 있어 주목을 끈다. 이에 의하면 "내가 이 물건을 헌상(獻上)하는 이유는 야스가니(八尺瓊)의 굽어있는 것과 같이 천하를 잘 다스려 주시고, 또 백옥경(白銅鏡)과 같이 명료하게 산천이나 해원(海原)을 보시며, 도츠카의 칼(十握劍)로 천하를 평정해주십시오."[6]라고 했다는 것이다.

---

5) 「昔者 穴戸豊浦宮御宇足仲彦天皇 將討球磨噌於幸筑紫之時 怡土縣主等五十跡手 聞天皇幸 拔取五百枝賢木 立于船舳艫 上枝挂八尺瓊 中枝挂白銅鏡 下枝挂十握劍 參迎穴門引嶋獻之. 天皇勅問阿誰人. 五十跡手奏曰 高麗國意呂山 自天降來日鉾之苗裔五十跡手是也. 天皇於斯譽五十跡手曰 恪乎(謂伊蘇志) 五十跡手之本土 可謂怡勤國 今謂怡土國訛也.」

秋本吉郎 校注, 『風土記』, 東京, 岩波書店, 1958, 503~504쪽.

6) 「臣敢所以獻是物者 天皇如八尺瓊之勾 以曲妙御宇 且如白銅鏡 以分

이 문제는 어찌 되었든 위의 자료는 매우 단편적이기는 하지만, 아메노히보코의 후손이 천손 계통(天孫系統)의 츄아이 천황이 오기 이전에 이미 이도군(怡土郡) 일대에 정착해 있었다는 것을 나타내고 있다. 여기에서 말하는 이도군은 오늘날 후쿠오카현(福岡縣) 이도지마 반도(糸島半島)의 이도지마군(糸島郡)을 가리킨다. 실제로 이 군은 이도군(糸郡)과 시마군(島郡)이 합쳐져 만들어진 군(郡)이다.[7]

그런데 북한의 역사학자 조희승은 이 아메노히보코(天日槍)의 후손들이 출발했다고 주장한 오러산을 경상북도 청도군(清道郡)의 오례산(烏禮山)으로 보고 있다. 그는 "『동국여지승람(東國輿地勝覽)』(권26 청도군)에 의하면, 청도는 본래 이서소국(伊西小國)이었는데, 신라 유리왕(AD 24~37년)이 쳐서 신라 땅으로 만들었다고 한다. 구도산, 오야산, 오례산 등 여러 가지로 부르다가 지금은 오례산이라고 부른다. 오러산(意呂山)은 오례산(烏禮山)과 음이 통한다. 1세기경에 신라의 판도로 들어간 오례산 일대에서 건너간 사람들이 이도국을 세운 것 같다. 더욱이 흥미 있는 것은 이도국의 아카다누시(縣主)인 이도데가 본토의 나라 이름을 따라서 이소국(伊蘇國)이라고 하였다는 것이며, 이른 바 천황이 이도데를 이소시(伊蘇志)라고 불렀다는 사실이다."[8]라고 하였다.

이와 같은 추정은 상당히 합리적인 것 같다. 왜냐하면 신라의 경역(境域)에서 이주한 사람들이 일찍부터 이즈모뿐만 아니라 북규슈(北九州)

明看行山川海原 乃提是十握劒 平天下矣」
井上光貞 共校注,『日本書紀』, 東京, 岩波書店, 1967, 327쪽.
7) 조희승, 1988, 140쪽.
   그러나 일본의 가미가이도 겐이치(上垣外憲一)은 이 신화에 등장하는 아나도(穴門)를 야마구치현(山口縣)의 시모노세키(下關) 부근에 있는 나가토(長門)으로 보고 있다는 것을 밝혀둔다.
   上垣外憲一,『天孫降臨の道』, 東京, 福武書店, 1990, 109쪽.
8) 조희승,『일본에서 조선소국의 형성과 발전』, 평양, 백과사전출판사, 1990, 135쪽.

일대에도 진출하였다는 것을 알 수 있는 자료들이 남아있기 때문이다.[9]
이러한 자료들 중의 하나가 『부젠 풍토기(豊前風土記)』의 다음과 같은
기록이다.

〈자료 2〉
「부젠국의 풍토기에 이르기를, 다가와군(田河郡)에 가하루 마을(鹿春
鄕 : 군의 동북쪽에 있다.)이 있고, 이 마을 가운데로 하천(河川)이 흐르
는데, 거기에는 향어(香魚)가 있다. 그 근원은 군의 동북쪽 스키사카산
(杉坂山)에서 나와서 곧바로 서쪽을 향하여 흘러 내려와 마로천(眞漏川)
에서 모여 만난다. 하천의 여울이 깨끗하여, 이로 인해 기요카하라(淸河
原) 마을이라는 이름이 붙여졌다. 지금 가하루 마을(鹿春鄕)이라고 하는
것은 잘못되었다. 옛날에 신라 나라의 신(神)이 스스로 건너와서 이 가하
<u>라(河原)에 살았으므로, 곧 이름하여 가하루의 신이라고 하였다.</u> 또 마을
의 북쪽에는 (가와라산(香春山)의) 산봉우리가 있는데, 그 꼭대기에는
늪(둘레는 36보(步) 정도이다.)이 있고, 황양목(黃楊木)이 자라며, 아울
러 용골(龍骨)이라는 화석이 있다. 두 번째 봉우리에는 구리(銅)가 나고,
아울러 황양목이 자라며 용골 등도 있다. 세 번째 봉우리에는 용골이 있
다.」[10]
                                        (밑줄은 필자가 그은 것임)

이것은 나라 시대(奈良時代)에 저술되었으나, 일문(逸文)으로 전해
지는 자료이다. 여기에서 말하는 다가와군(田河郡)의 가하루 마을(鹿春
鄕)은 오늘날 후쿠오카현(福岡縣) 다가와군(田川郡) 가와라정(香春町)

---

9) 일본에서는 후쿠오카현(福岡縣) 일대에 남아있는 시라기 신사(白木神社)들은
  신라(新羅)와 관계를 가지는 것으로 보고 있다. 이것은 <白木>의 일본식 발음
  이 <시라기>라는 데 근거를 둔 것이어서 그 타당성을 인정해도 좋을 것 같다.
  出羽弘明, 『新羅の神神と古代日本』, 東京, 同成社, 2004, 29~32쪽.

10) 「豊前國風土記曰 田河郡 鹿春鄕(在郡東北) 此鄕之中有河 年魚在之.
  其源從郡東北杉坂山出 直指正西流下 湊會眞漏川焉. 此河瀨淸淨 因
  號淸河原村. 今謂鹿春郡訛也. 昔者 新羅國神 自度到來 住此河原. 便
  卽 名曰鹿春神. 又 鄕北峯 頂有沼(周卅六步許). 黃楊樹生 兼有龍骨.
  第二峯有銅幷黃楊龍骨等. 第三峯有龍骨.」
  秋本吉郞, 앞의 책, 511~512쪽.

을 가리킨다.[11] 이와 같은 다가와군에 밑줄 친 곳에서 보는 것처럼, 신라에서 건너온 신이 좌정하여 가하루의 신(鹿春神)이 되었다고 하는 것은 신라로부터 건너온 집단이 그들이 믿던 신을 이곳에까지 모시고 왔었다는 것을 말해준다고 하겠다.

『가와라 신사 연기(香春神社緣起)』에 따르면, 와도(和銅) 2년(AD 709년)에는 위의 자료에 나오는 세 봉우리의 세 신(神)들을 합사(合祀)한 새로운 신사(神社)를 첫 번째 봉우리의 남쪽 기슭에 세우고, 가와라(신)사(香春(神)社)라는 이름을 붙였다는 것이다. 또 이 신사의 신관(神官)은 아카조메 씨(赤染氏)가 맡아오고 있다. 이 아카조메 씨는 『일본서기(日本書紀)』에도 나오는 씨족(氏族)으로, 신씨(秦氏)와 동족 내지는 동일 생활집단을 형성하고 있다는 것이다. 실제로 가와라(香春)라는 곳은 신씨(秦氏)에 의해 통괄되는 신라 계통의 도래인(渡來人)들이 사는 마을이었다.[12]

그런데 신라로부터 건너온 집단이 거주하였다고 하는 가와라가 속하는 다가와군은 이도지마군(糸島郡)의 남동쪽에 위치하고 있다. 따라서 자료 2는 이도지마 반도(糸島半島)로 건너간 신라 계통의 사람들이 다가와의 내륙 쪽으로 진출하였다는 것을 드러낸다고 볼 수 있다.[13] 이러한 추정은 가와라산의 첫 번째 봉우리에서 남쪽에 있는 다가와시(田川市) 가미이다(上伊田)의 찐세이 공원(鎭西公園) 안에 있는 덴다이사(天台寺) 유적에서 발굴된 기와들을 통해서도 그 타당성을 확인할 수 있다. 이 절의 유적에서는 일본에서는 비할 데 없는 일품(逸品)으로 평

---

11) 秋本吉郎, 앞의 책, 511쪽의 주(註) 참조.
12) 嶋村初吉, 「倭と朝鮮」『九州のなかの朝鮮』, 東京, 明石書店, 2002, 24～25쪽.
13) 데와 히로아키(出羽弘明)는 가와라정(香春町)을 신라 신들의 마을이라고 부르고 있다.
    出羽弘明, 앞의 책, 37～43쪽.

가되는, 화려한 신라계 옛 기와가 백제계, 고구려계의 옛 기와들과 함께
출토되었다. 그리고 유적지에서 가까운 곳에서 기와를 굽던 가마터도 발
견되었다는 것이다.[14] 이렇게 신라의 기와들이 발견되고, 그 가마터가
발굴되었다는 것은 신라로부터 많은 사람들이 이 일대에 진출하였음을
드러내는 것이라고 볼 수 있을 것이다.

　이러한 사실들로 미루어 볼 때, 일본의 규슈(九州) 지역에는 신라로부
터 건너간 집단들이 살고 있었는데, 그 집단들 가운데 하나가 아메노히
보코(天日槍)와 관련을 가진 사람들이었다는 것을 알 수 있다. 여기에서
아메노히보코가 어떤 인물이었던가를 검토할 필요가 제기된다. 그래서 『
일본서기(日本書紀)』 스이닌 천황(垂仁天皇) 3년조에 일설(一說)로
전해지는 이야기를 소개하기로 한다.

　　〈자료 3〉
　「처음에 아메노히보코가 배를 타고 하리마국(播磨國)에 정박하여 시
사하읍(穴粟邑)에 있었다. 이 때에 천황이 미와키미(三輪君)의 선조 오
토모누시(大友主)와 야마토노아타히(倭直)의 선조 나가오치(長尾市)를
하리마에 보내 아메노히보코에게 "그대는 누구인가? 또 어느 나라 사람
인가?"하고 묻게 하였다.
　아메노히보코가 대답하여, "나는 신라국의 왕자다. 그러나 일본국에 성
황(聖皇)이 있다는 소식을 듣고, 곧 내 나라를 아우인 지고(知古)에게 주
고 귀화하였다."라고 하였다. 그리고 바친 물건은 하호소(葉細)의 구슬,
아시타카(足高)의 구슬, 우카가(鵜鹿鹿)의 붉은 돌 구슬, 이즈시(出石)의
칼, 이즈시의 방패, 히노카가미(日鏡), 구마(熊)의 히모로기(神籬), 이사
사(膽狹淺)의 큰 칼, 합해서 여덟 물건이었다.
　천황은 아메노히보코에게 말하여, "하리마국의 시사하읍과 아하지섬
(淡路島)의 이데사읍(出淺邑)이 두 마을 중에서 너의 의향에 따라 살도
록 하여라."라고 하였다. 이때에 아메노히보코는 "만일에 천황의 은혜를
내리어 신(臣)이 원하는 것을 들어주신다면, 신이 살 곳은 신이 몸소 여
러 나라를 돌아다녀 보고, 신의 마음에 드는 곳을 주셨으면 합니다."라고

14) 嶋村初吉, 앞의 논문, 26～27쪽.

말하였다. 천황은 즉석에서 허락하였다.

　　그래서 아메노히보코는 우지강(菟道河)을 거슬러 올라가, 북쪽의 오우미국(近江國)의 아나읍(吾名邑는 시가현(滋賀縣) 사까다군(坂田郡) 아후미정(近江町) 미우라(箕浦) 부근으로 추정하고 있다 : 인용자 주)에 들어가 잠시 살았다. 다시 아후미(近江)에서 와카사국(若狹國)을 거쳐 서쪽의 다지마국(但馬國)에 이르러 주거를 정하였다. 그래서 아후미국의 가가미촌(鏡村) 골짜기의 스에비도(陶人)는 아메노히보코를 따라온 사람들이다.

　　그런데 아메노히보코는 다지마국의 이즈시마(出嶋) 사람 호도미미(太耳)의 딸인 마타오(麻多烏)에게 장가를 들어 다지마모로스케(但馬諸助)를 낳았다. 모로스케는 다지마히나라키(但馬日楢杵)를 낳았다. 히나라키는 기요히코(淸彥)를 낳고, 기요히코는 다지마모리(田道間守)를 낳았다고 이른다.」[15]

이것이 기록되어 있는 스이닌 천황(垂仁天皇) 3년은 『일본서기』의 기년(紀年)에 따르는 경우에는 기원 전 27년에 해당된다. 이때에 일본열도에는 아직 국가로서의 체제가 잡혀지지 않고 있었기 때문에, 천황 제도가 확립될 수 없었다.[16] 실제로 일본의 학자들도 『고사기(古事記)』와

---

15) 「初天日槍乘艇泊于播磨國　在於肉粟邑　時天皇遣三輪君祖大友主　與倭直祖長尾市於播磨　而問天日槍曰　汝也誰人　且何國人也. 天日槍對曰　僕新羅之國主之子也. 然聞日本國有聖皇　則以己國授弟知古而化歸之. 仍貢獻物　葉細珠　足高珠　鵜鹿鹿赤石珠　出石刀子　出石槍　日鏡　熊神籬　膽狹淺大刀　幷八物. 仍詔天日槍曰　播磨國肉粟邑　淡路島出淺邑　是二邑　汝任意居之. 是天日槍啓之曰　臣將住處　若授天恩　聽臣情願地者　臣親歷視諸國　則合于臣心欲被給. 乃聽之. 於是　天日槍自菟道河沂之　北入近江國吾名邑而暫住. 復更自近江經若狹國　西到但馬國則定住處也. 是以　近江國鏡村谷陶人　則天日槍之從人也. 故天日槍娶但馬國出鳥人　太耳女麻多烏　生但馬諸助也. 諸助生但馬日楢杵　日楢杵生淸彥　淸彥生田道間守之.」

井上光貞 共校注, 앞의 책, 260～261쪽.

16) 북한의 역사학자 김석형은 일본에 천황 정권이랄까 혹은 천황 정권의 전신이라고 할 수 있는 체제가 만들어진 것을 6세기 이후로 보고 있다.

김석형, 『초기 조일관계사(하)』, 평양, 사회과학출판사, 1988, 93쪽.

『일본서기』의 기년을 그대로 믿지 않고 있다.[17)]

어쨌든 이 자료는 마지막 단락에서 보는 것처럼, 다지마(但馬 : 효고현(兵庫縣)의 북부 지방) 지역에 정착하여 살아가던 다지마 모리(田道間守)의 조상 설화로 전승되어 오던 것이었다. 다지마 모리는 다지마의 호족(豪族)으로, 야마토(大和) 왕정을 대표하여 한국의 여러 나라에 내왕한 인물이었다.[18)] 그러한 다지마의 조상이 바로 신라의 왕자 아메노히보코(天日槍)였다는 것이다.

이처럼 다지마 지방에서 전승되던 자료를 연대의 고증도 거치지 않고 천황의 연대기(年代記) 속에 넣었다고 하는 것은 『일본서기』가 지니고 있는 자료적 한계, 곧 편찬자의 의도에 따라 자료들을 여기저기에 제멋대로 배치하였음을 말해준다고 하겠다. 그렇지만 이 설화가 신라 사람들이 일본열도로 진출하고 있었음을 반영하는 자료라는 사실은 부정할 수 없을 것이다.

이와 같은 위의 설화에 나타난 아메노히보코의 활동 지역은 하리마국의 시사하읍(효고현의 시사하군)과 아와지섬(오사카(大阪)와 시코쿠(四國) 사이에 있는 섬), 그리고 오사까 부근에서 우지강을 거슬러 올라가 아후미국의 아나읍(시가현의 사카다군)을 거쳐, 와카사국(후쿠이현(福井縣)의 서남부 지역)을 지나서 다지마에 이른 것으로 되어 있다. 이러한 활동 방향은 김석형이 지적한 것처럼, 이즈모 신화에서 이즈모 세력이 서부 일본의 중앙부를 서북쪽으로부터 시작해서 남동 방향으로 뻗었던 것과는 정반대가 된다.[19)]

---

17) 나가 유키요(那阿通世)는 최초의 천황이라고 하는 진무(神武)의 기년을 660년을 후대로 잡아야 한다고 주장하였다.
  西嶋定生, 「槪說 日本國家の起源について」『日本國家の起源』, 東京, 至文堂, 1964, 26~27쪽에서 재인용.
18) 金錫亨, 朝鮮史硏究會 譯, 『古代朝日關係史』, 東京, 勁草書房, 1969, 156쪽.

여기에서 문제가 제기된다. 곧 자료 3에 서술된 아메노히보코의 활동 지역이 자료 1의 북규슈(北九州) 지역과는 너무나 멀리 떨어져 있다는 사실이다. 환언하면 효고현(兵庫縣)과 시가현(滋賀縣), 후쿠이현(福井縣)이 속하는 긴키 지방(近畿地方)과 이도지마 반도(糸島半島)가 속하는 북규슈와는 거리가 너무도 멀리 떨어져 있다. 특히 아메노히보코를 조상으로 받드는 다지마 모리(田道間守)가 효고현의 북부 지역에 정착한 것으로 되어 있는데, 어떻게 해서 이도지마 반도에 살고 있는 이도데(五十跡手) 역시 그의 후손이라고 하는가 하는 문제를 구명하지 않으면 안 된다.

이러한 문제를 밝히는 데는 김석형의 연구가 좋은 참고가 된다. 그는 "이 이야기의 원줄기에 담겨 있는 사실은 이즈모의 국가 세력이 아직 기내(畿內) 지방이라고 부르는 이 고장까지 미쳐 오기 이전에 있었던 것일 수도 있다."[20]라고 하여, 고분시대(古墳時代) 이전에 신라 사람들이 이 지역에 널리 진출하였을 가능성을 제시하는 자료로 보았다.[21] 말하자면 이즈모에 진출한 세력과는 다른 세력이 신라 지역으로부터 일본열도로부터 건너갔다는 사실을 말해주는 자료라는 것이다. 이와 같은 김석형의 견해가 타당하다고 한다면, 신라를 비롯한 한국의 동해안 지역으로부터 일본으로의 이주는 하나의 항로를 이용한 일회적인 것이 아니라, 다양한 항로를 이용하여 여러 번에 걸쳐서 이루어졌다고 할 수 있다.

따라서 아메노히보코(天日槍)을 수장(首長)으로 하던 세력도 다른 신

---

19) 金錫亨, 朝鮮史研究會 譯, 앞의 책, 159쪽.
20) 金錫亨, 朝鮮史研究會 譯, 앞의 책, 157쪽.
21) 일본의 신화는 이즈모계 신화(出雲系神話)와 다카마노하라계 신화(高天原系神話)로 나누어지는데, 전자가 신라와 관계가 있고 후자는 백제 및 가락국과 관계가 있다.
   金錫亨, 朝鮮史研究會 譯, 앞의 책, 139~154쪽.
   김화경, 앞의 책, 77~176쪽.

라의 무리들과 마찬가지로 일본열도로 진출을 했을 것이다. 그리고 그들의 일부는 북규슈의 이도지마 반도(糸島半島)에 정착을 하였고, 나머지 일부는 긴키 지방(近畿地方)까지 진출을 했다고 보아도 좋지 않을까 한다. 이처럼 두 갈래로 갈리어 정착을 했다는 것은 아메노히보코를 중심으로 했던 집단의 규모가 상당히 컸다는 사실을 일러준다고 할 수 있다. 곧 대규모의 집단이 일본열도로 진출을 하면서 일부는 북규슈에 머물렀고, 나머지 일부는 긴키 지방까지 가서 정착을 했다는 것이다. 그러므로 위의 자료 1에서와 같이, 신라로부터 북규슈 일대에 이주를 한 집단이 있었다는 것은 명백한 역사적 사실을 나타낸다고 보아도 크게 무리는 없을 것이다.

3. 천손 강림 신화의 가락국 문화적 성격

위에서 살펴본 것처럼, 규슈 일대에도 신라로부터 이주한 사람들이 먼저 살고 있었다. 그리고 그 후에 들어온 집단들이 이렇게 선주(先住)하던 사람들을 정복하면서 국가형태의 통치체제를 확립하였을 것으로 상정된다.[22] 이러한 상정을 뒷받침하는 것이 바로 천손 강림 신화(天孫降臨神話)이다.

〈자료 4〉
「그리하여 아마테라스오미카미(天照大御神)와 다카기노카미(高木神)가 태자(太子)인 마사카쓰아카쓰카치하야히아메노오시호미미노미코토

---

[22] 뒤에 들어간 천신 계통(天神系統)의 민족이 선주하고 있던 지신 계통(地神系統)의 민족을 정복하고 나라를 인수받았다는 것은 다카마노하라계 신화(高天原系神話)의 국가 인수 신화에 그대로 기술되어 있다.
김화경, 앞의 책, 247~260쪽.

(正勝吾勝勝速日天忍穗耳命)에게, "지금 아시하라노나카쓰쿠니(葦原中國)를 평정했다고 한다. 그러므로 너에게 앞서 위임한 바와 같이 (거기에) 내려가서 그 나라를 다스리도록 하여라."라고 명령하였다.

그런데 태자인 마사카쓰아카쓰카치하야히아메노오시호미미노미코토가 이에 대답하기를, "제가 내려가려고 준비를 하고 있는 동안에 아이가 태어나고 말았습니다. 그의 이름은 아메니키시쿠니니키시아마쓰히코히코니니기노미코토(天邇岐志國邇岐志天津日高日子番能邇邇藝命)라고 하는데, 이 아이를 내려 보내는 것이 좋을 듯합니다."라고 말했다.

이 아이는 아메노오시호미미노미코토(天忍穗耳命)가 다카기노카미의 딸인 요로스하타토요아키쓰시히메노미코토(萬幡豊秋津師比賣命)와 혼인을 하여 낳은 자식으로 아메노호아카리노미코토(天火明命)를 낳고, 그 다음에 낳은 신이 히코호노니니기노미코토(日子番能邇邇藝命)이다. 이와 같은 사정으로 아메노오시호미미노미코토가 말한 대로 히코호노니니기노미코토에게 "이 토요아시하라(豊葦原)의 미즈호노쿠니(水穗國)는 네가 다스려야 할 나라이다. 그러므로 우리들의 명을 받들어 지상(地上)으로 내려가거라."라고 말하였다.

그리하여 히코호노니니기노미코토가 하늘에서 내려가려고 하였을 때, 하늘에서 내려오는 길이 여러 갈래로 갈라지는 지점에 서서 위로는 다카마노하라(高天原)를 비추고, 아래로는 아시하라노나카쓰쿠니를 비추는 신이 있었다. 그래서 아마테라스오미카미와 다카기노오카미가 아메노우즈메노카미(天宇受賣神)로 하여금, "너는 비록 연약한 여자이기는 하지만, 다른 신과 맞서면 충분히 이길 수 있는 신이다. 그러므로 너 혼자 가서 묻기를 '나의 자손이 내려가게 될 길에 그와 같이 서 있는 자는 누구냐?'라고 물어 보아라."라고 명하였다.

그리하여 아메노우즈메노카미가 가서 물어 보았다. 그러자 그가 대답하기를, "저는 국토의 신으로 이름은 사루타비코(猿田毘古)라고 하는 신입니다. 천신(天神)의 자손이 내려오신다는 말을 듣고, 그 앞에 서서 길을 안내하려고 이와 같이 나와서 기다리고 있는 것입니다."라고 하였다.

그리하여 아메노코야네노미코토(天兒屋命)와 후도다마노미코토(布刀玉命), 아메노우즈메노미코토(天宇受賣命), 이시코리도메노미코토(伊斯許理度賣命), 다마노야노미코토(玉祖命) 모두 합하여 다섯으로 나누어진 부족의 수장(首長)들을 거느리고 하늘에서 내려왔다. 그때 아마테라스오미카미를 석실(石室)에서 나오게 하였을 때 사용했던 야사카노마가타마(八尺句璁)라는 구슬과 거울, 쿠사나기노쓰루기(草那藝劍)라는 칼, 그리

고 도코요(常世)의 오모히카네노카미(思金神), 다치카라오노카미(手力
男神), 아메노이와토와케노카미(天石門別神)도 함께 동행 하게 하였다.
그리고 아마테라스오미카미가 니니기노미코토(邇邇藝命)에게 말하기를,
"이 거울은 오로지 나의 혼(魂)으로 여기고, 내 자신을 모시는 것처럼 우
러러 모시도록 하여라. 그리고 오모히카네노카미는 나의 제사에 관한 일
을 맡아서 하도록 하여라."라고 말하였다. (…중략…)

　한편 천신은 아마쓰히코호노니니기노미코토(天津日子番能邇邇藝命)
에게 명을 내려, 니니기노미코토는 하늘의 바위 자리(天之石位)를 떠나
여러 겹으로 쳐진 하늘의 구름을 가르고 위세 있게 길을 헤치고 헤치어,
천부교(天浮橋)로부터 우키시마(浮島)라는 섬에 위엄 있게 내려서서, ①
쓰쿠시(筑紫)의 히무카(日向)의 다카치호(高千穗)의 쿠시후루타케(久土
布流多氣)로 내려왔다.

　그때 아메노오시히노미코토(天忍日命)와 아마쓰쿠메노미코토(天津久
米命)의 두 신이 훌륭한 전통(箭筒)을 차고, 구부쓰치노다치(頭椎大刀)
라는 큰칼을 차고, 훌륭한 하지유미(波士弓)라는 활을 손에 쥐고, 마카고
야(眞鹿兒矢)라는 화살도 손으로 집어들고, 천손의 앞에 서서 호위하며
갔다. 그런데 아메노오시히노미코토(天忍日命)는 오도모노무라지(大伴
連)들의 시조이다. 그리고 아마쓰쿠메노미코토(天津久米命)는 구메노아
타히(久米直)들의 시조이다.

　이때 니니기노미코토가 말하기를, ② "이곳은 가라쿠니(韓國)를 바라
보고 있으며, 가사사(笠沙)의 곶(岬)과도 바로 통하고 있어 하침해가 바
로 비치는 나라, 저녁해가 비치는 나라이다. 그러므로 여기는 정말 좋은
곳이다."라고 하며, 그곳의 땅 밑 반석(磐石)에 두터운 기둥을 세운 훌륭
한 궁궐을 짓고, 다카마노하라(高天原)를 향해 치기(千木)를 높이 올리
고 그곳에서 살았다.」[23]

---

23) 「爾天照大御神高木神之命以　詔太子正勝吾勝勝速日天忍穗耳命, 今
訖葦原中國之白　故隨言依賜降坐而知看. 爾其太子正勝吾勝勝速日天
忍穗耳命答日　僕者將降裝束之間　子生出　名天邇岐志國岐志天津日高
日子番能邇邇藝命　此子應降也. 此御子者　御合高木神之女　萬幡豊秋
津師比賣命　生子　天火明命　此曰子番能邇邇藝命也. 是以隨白之科詔
日子番能邇邇藝命　此豊葦原水穗國者　汝將知國　言依師　高隨以可
天降. 爾日子番能邇邇藝命　將天降之時　居天之八衢而　上光高天原　下
光葦原中國之神　於是有. 故爾　天照大御神高木神之命以　詔天宇受賣
命　汝者雖有手弱女人與伊牟迦布神　面勝神.. 故專汝往將問者. 吾御子

이것이 이른 바 일본의 천손 강림 신화이다. 그런데 이 신화는 진무 천황(神武天皇)의 할아버지뻘이 되는 니니기노미코토가 아시하라노나 카쓰쿠니(葦原中國)로 내려오게 되기까지의 과정을 주된 내용으로 하고 있다. 이와 같은 이 신화에서 천신(天神)들이 처음에 내려 보려고 했던 신은 아마테라스오미카미의 아들인 아메노오시호미미노미코토였다. 그렇지만 그가 내려가려고 준비를 하고 있는 사이에 아들이 태어났다. 그래서 그 아들인 니니기노미코토가 내려와서 황조신(皇祖神)이 되었다는 것이다.

이렇게 해서 내려온 그는 하늘의 세계를 다스리는 천신인 아마테라스오미카미와 다카기노카미의 손자뻘이 되는 존재였다. 이런 천손이 내려온 곳은 밑줄을 ①에서와 같이 쓰쿠시(筑紫) 히무카(日向)의 다카치호(高千穗)의 쿠시후루타케(久士布流多氣)였다. 여기에서 말하는 다카치호봉(高千穗峯)이 있는 곳은 미야사키현(宮崎縣)의 휴가(日向) 지방이다. 이 휴가 지방은 규슈 섬의 동남쪽에 있는 위치하고 있다.

그런데 이런 곳에서 밑줄을 그은 ②에서 보는 것처럼 "이곳은 가라쿠

爲天降之道 誰如此而居. 故問賜之時 答曰僕者國神 名猿田毘古神也. 所以出居者. 문天神御子天降坐故 仕奉御前而 參向之待. 爾天兒屋命 布刀玉命 天宇受賣命 伊斯許理度賣命 玉祖命 幷五伴緖矣支加而天降也. 於是 副賜其遠岐斯 八尺勾璁鏡 及草那藝劒 亦常世思金神 手力男神 天石門別神 而詔者 此之鏡者 專爲我御魂而 如拜吾前 伊都岐奉. 次思金神者 取持前事爲政. …中略… 故爾 詔天津日子番能邇邇藝命而 離天之石位 押分天之八重多那雲而 伊都能知和岐知和岐國. 於天浮橋, 宇岐士摩理 蘇理多多斯國 天降坐于竺紫日向之高千穗之 久士布流多氣. 故爾 天忍日命天津久米命二人 取負天之石靫 取佩頭椎之大刀 取持天之波士弓 手挾天之眞鹿兒矢 立御前而仕奉. 故其天忍日命 天津久米命 於是詔之 此地者 向韓國 眞來通笠沙之御前而 朝日之直刺國 夕日之日照國也. 故此地甚吉地, 詔而 於底津石根宮柱布斗斯理 於高天原氷椽多迦斯理而坐也.」
荻原淺男 共校注, 앞의 책, 126∼131쪽.

니(韓國)를 바라보고 있다."는 것이다. 아무리 보아도 이 휴가 지방과 가라쿠니(韓國), 곧 가야(伽倻)와는 너무나 먼 거리이다. 낙동강(洛東江) 유역과 동남해안 일대에 위치하고 있던 가락국에서 이곳까지 가는 사이에는 북규슈(北九州)를 거치지 않으면 안 된다. 그렇다고 한다면, 위의 신화를 가졌던 집단은 가락국에서 북규슈를 지나, 이 휴가 지방에 정착을 하였을 것이라는 추정을 할 수 있다.

일찍부터 이런 추정에 바탕을 두고 쿠시후루타케(久士布流多氣)가 가락국의 건국 신화에서 수로왕이 강림을 한 구지봉(龜旨峯)과 관계가 있다고 하는 견해들이 제시되었다. 그래서 『삼국유사(三國遺事)』 가락국기(駕洛國記)에 전해지는 가락국의 건국 신화를 살펴보기로 한다.

〈자료 5〉
「개벽한 이래로 이곳에는 아직 나라의 이름도 없었고, 또한 군신의 칭호 따위도 없었다. 그저 아도간, 여도간, 피도간, 오도간, 유수간, 유천간, 신천간, 오천간, 신귀간 등의 9간이 있을 뿐이었다. 이들이 곧 추장이 되어 백성들을 통솔했는데, 일백 戶에 칠만 오천 인이었다. 많은 사람들이 산야에 (흩어져) 살면서 우물을 파서 물을 마시고 밭을 갈아 양식을 했다.

마침 후한 세조 광무제 전무 18년 임인 3월의 계욕일(禊浴日)에 사는 곳 북쪽 구지 ─ 이것은 봉우리의 이름인데 십붕이 엎드린 형상과 같았으므로 이른 것이다. ─ 에서 수상한 소리와 기척이 있더니 부르는 소리가 났다. 이삼백 사람이 이곳에 모이니 사람 소리 같으면서 그 형상은 숨기고 그 소리만 내어 가로되, "여기에 사람이 있느냐?"라고 하였다. 9간 등이 "우리들이 있습니다."고 하자, 또 말하되 "내가 있는 곳이 어디인가?"라고 하였다. 대답하여 "구지입니다?"라고 하니, 또 가로되 "황천께서 나에게 명하시기를 이곳에 임해서 나라를 새롭게 하여 임금이 되라고 하시기에 이곳에 임해서 나라를 새롭게 하여 임금이 되라고 하시기에 이곳에 내려왔으니 너희들은 모름지기 봉우리를 파서 흙을 집으며 노래하기를 '龜何龜何 首其現也 若不現也 燔灼而喫也.'라 하고 뛰고 춤추면 곧 대왕을 맞이하여 즐거워 날뛸 것이다."라고 하였다. 9간 등이 그 말과 같이 모두 즐거워하며 노래 부르고 춤추었다.

(노래하고 춤춘 지) 얼마 되지 않아 우러러 바라보니, 하늘에서 자색이

줄이 내려와 땅에 닿았다. 줄 끝을 찾아보니 홍색의 보자기 속에 금합(金合)이 있었다. 그것을 열어 보았더니 해와 같이 둥근 황금알이 여섯 개가 있어 많은 사람들이 다 같이 놀라 기뻐하면서 함께 백배(百拜)하였다.

　조금 있다가 다시 (그 알들을) 보자기에 싸들고 아도간의 집으로 가서 탑상(榻上)에 놓아두고 무리들은 제각기 흩어졌다. 하루가 지나 이튿날 아침에 여럿이 다시 모여 합을 여니 여섯 개의 알이 동자가 되어 있었는데, 용모가 매우 빼어났다. 이에 床에 앉힌 다음, 무리들은 절하고 치하하며 공경을 다해 모셨다. (사내아이들은) 날마다 자라서 십여 일이 지나자 신장이 9척이나 되는 것은 은나라의 천을(天乙)과 같았고, 얼굴이 용과 같은 것은 곧 한 나라의 고조였다. (그리고) 눈썹이 여덟 가지 색깔인 것은 당나라의 고조와 같았고, 눈의 동자가 둘씩 있는 것은 우나라의 순제와 같았다.

　그 달 보름달에 즉위하였는데, 처음으로 나타났다고 해서 휘(諱)를 수로라고 하고, 혹은 수릉(수릉은 붕어한 뒤의 시호이다.)이라고도 하였으며, 나라를 대가야라 하고 또 가야국이라고도 일컬으니, 곧 6가야의 하나다. 남은 다섯 사람들도 제각기 돌아가서 5가야의 임금이 되었다.」[24]

───────────

24)「開闢之後 此地未有邦國之號 亦無君臣之稱 越有我刀干・汝刀干・彼刀干・五刀干・留水干・留天干・五天干・神鬼干等九干者　是酋長 領總百姓 凡七百戶七萬五千人 多以自都山野 鑿井而飮 耕田而食 屬後漢世祖 光武帝建武十八年 壬寅三月禊浴之日 所居北龜旨 (是峰巒之稱若十朋伏之狀 故云也) 有殊常聲氣呼喚 衆庶二三百人集會於此 有如人音 隱具形而發具音曰 此有人否 九干等云 吾徒在 又曰 吾所在爲何 對云龜旨也 又曰 皇天所以命我者 御是處 惟所家邦 爲君后爲玆故降矣 你等須掘峰頂 撮土歌之云 龜何龜何 首其現也 若不現也 燔灼而喫也 以之蹈舞 則是迎大王 歡喜踴躍之也 九干等如其言 咸所而歌舞 未幾仰而觀之 唯紫繩自天垂而着地 尋繩之不 乃見紅幅裏金合子 開而視之 有黃金卵 圓如日者 衆人悉皆驚喜 俱伸百拜. 尋還裏著 抱持而歸我刀家 寘榻上 其衆各散 過浹辰 翌日平明 衆庶復相聚集 開合 而六卵化爲童子 容貌甚偉 仍坐於床 衆庶拜賀 盡恭敬止 日日而大 踰十餘晨昏 身長九尺則殷之天乙 顏如龍焉則漢之高祖 眉之八彩則有唐之高 眼之重瞳則有虞之舜 具於月望日卽位也 始現故諱首露 或云首陵 (首陵是崩後謚也) 國稱大駕洛 又稱伽倻國 卽六伽倻之一也 餘五人各歸五伽倻王.」
최남선 편, 『삼국유사』, 서울, 삼중당, 1946, 109쪽.

이상과 같은 가락국의 건국신화에서 그 배경이 된 곳은 구지봉이다. 구간(九干)들이 이 구지봉에 모여서, "검하 검하, 빨리 물러가거라. 만약 물러가지 않으면 굽고 삶아서 먹겠다(龜何龜何 首其現也 若不現也 燔灼而喫也.)."25)라는 주술적인 노래를 부름으로써, 수로왕의 강탄(降誕)을 맞이할 수 있었다. 이렇게 신성왕(神聖王)을 맞이한 구지봉에 대해, 김석형은 "가락 사람들은 그들의 조상이 하늘에서 내려왔다고 생각했고, 봄날이면 그를 제사하는 성대한 굿을 했고, 그 장소를 굿을 한다는 뜻의 <구지>봉으로 불렀다."26)라고 하여, 굿을 하던 장소로 보았다.

이런 견해의 타당하다고 한다면, 가락국의 이주민들에 의해 천손 강림 신화도 일본으로 전해졌을 것이라는 상정이 가능해진다. 이런 상정을 하면서 위 신화의 밑줄 친 부분과 같은 신화소(神話素)가 『일본서기』에 실려 있는 천손 강림 신화들 가운데에서도 찾을 수 있다는 것은 많은 시사를 던져준다고 하겠다.

〈자료 6〉
「아메노오시호네노미코토(天忍穗根尊)는 다카미무스히노미코토(高皇産靈尊)의 딸인 다쿠하다치치요로즈하타히메노미코토(高幡千千姫萬幡姫命)―또는 말하기를 다카미무스히노미코토의 딸인 호노토하타히메(火之戶幡姫)의 딸 치지히메노미코토(千千姫命)라고 한다.―에게 장가를 들어, 아들 아마노호노아카리노미코토(天火明命)을 낳고, 다음에 아마쓰히코네호노니니기네노미코토(天津彦根火瓊瓊杵根尊)를 낳았다. 그 아마노호노아카리노미코토의 아들인 아마노카구산(天香山)는 이 오하리노무라지(尾張連) 등의 먼 조상이다. 황손(皇孫)인 호노니니기노미코토(火瓊瓊

---

25) 이 구지가(龜旨歌)를 흔히 영신군가(迎神君歌) 혹은 영신가(迎神歌)라고 한다. 하지만 신군(神君)을 맞이하기 위하여 이와 같은 위협적인 노래를 부른 예는 한국만이 아니라 외국에서도 찾아볼 수가 없다. 그래서 필자는 이 노래를 축귀요(逐鬼謠)로 해석한 바 있음을 밝혀둔다.
　　김화경, 「수로왕신화의 연구」『진단학보(67)』, 서울, 진단학회, 1989, 139~140쪽.
26) 金錫亨, 朝鮮史研究會 譯, 앞의 책, 136쪽.

杵尊)를 아시하라노나카쓰쿠니(葦原中國)에 하강시킴에 이르러, 다카미무스히노미코토는 많은 제신(諸神)들에게 칙령(勅令)을 내려, "아시하라노나카쓰쿠니는 큰 바위들과 나무줄기, 풀잎들도 능히 말을 하고, 밤에는 불꽃이 튀는 것같이 시끄럽고, 낮에는 오월의 파리같이 들끓는 곳이다." 라고 말하였다. 운운.

이때에 다카미무스히노미코토가 말하기를, "옛날에 아메와카히코(天稚彦)를 아시하라노나카쓰쿠니에 파견하였는데, 지금까지 오래도록 돌아오지 않는 이유는 대개 지신들이 강경하게 저항하기 때문인가?"라고 했다. 그래서 이름 없는 수꿩을 보내어, 가서 보고 오게 하였다. 이 꿩은 내려와서 조밭(粟田)과 콩밭을 보고, (먹을 것이 많다고 생각하여) 머물면서 돌아가지 않았다. 이것은 세상에서 말하는 꿩의 히타쓰카이(가면 돌아오지 않는 사자)라는 말의 유서이다. 그리하여 이번에는 다시 이름 없는 암꿩을 보냈다. 이 꿩은 지상에 내려왔다가, 아메와카히코의 화살을 맞고 하늘에 올라가서 보고를 하였다. 운운.

이때에 다카미무스히노미코토는 마토코오우후스마(眞床覆衾)를 가지고 황손인 아마쓰히코네호노니니기네노미코토를 싸서 하늘의 겹겹의 구름을 헤치며 (지상으로) 하강하게 하였다. 그래서 이 신을 아메쿠니니기시히코호노니니노미코토(天國饒石彦火瓊瓊杵尊)라고 한다. 그때에 강림한 곳을 히무카소(日香襲)의 다카치호노소호리노야먀노타케(高天穗添山峯)라고 이른다.」[27]

이 신화에서도 천손(天孫)인 니니기네노미코토가 마토코오우후스마

---

27)「天忍穗根尊 娶高皇産靈尊女子 栲幡千千姫萬幡姫命. 亦云 高皇産靈尊兒 火之戶幡姫兒 千千姫命. 而生兒天火明命 次生天津彦根火瓊瓊杵根尊. 其天火明命兒 天香山 是尾張連等遠祖也. 及至奉降皇孫火瓊瓊杵尊 於葦原中國也. 高皇産靈尊 勅八十諸神曰 葦原中國者 磐根木株草葉 猶能言語. 夜者若爐火而喧響之 晝者如五月蠅沸騰之 云云. 時高皇産靈尊勅曰 昔遣天稚彦於葦原中國 至今所以久不來者 蓋是國神 有强禦之者. 乃遣無名雄雉往候之. 此雉降來 因見粟田豆田 則留而不返. 此世所謂 雉頓使之緣也. 故復遣無名雌雉. 此鳥下來 爲天稚彦所射 中其矢而上報 云云. 是時 高皇産靈尊 乃用眞床覆衾 裹皇孫天津彦根火瓊瓊杵根尊 而排披天八重雲 以奉降之. 故稱此神曰 天國饒石彦火瓊瓊杵尊. 于是 降到之處者 呼曰 日向襲之高天穗添山峯.」井上光貞 共校注, 앞의 책, 160~161쪽.

(眞床覆衾)라는 일종의 이불에 싸여 내려온 것으로 기술되어 있다. 미시나 아키히데(三品彰英)는 이러한 천강 신화소를 "이것은 이불로써 쌀 정도로 천손이 어렸다는 것을 시사하고 있다."[28]는 해석을 하였다. 신화가 어떠한 사실을 직설적으로 표현하지 않는다는 점을 생각할 때에, 이것은 너무나 글자의 뜻에 구애된 해석이라고 하지 않을 수 없다.

이 <마토코오우후스마>에 대한 일본 사람들의 해석을 그대로 원용한다면, <마(眞)>는 미칭(美稱)이고 <토코오우(床追)>는 앉기도 하고 잠자리도 되는 대(台)를 덮는 것을 의미하며 <후스마(衾)>는 덮는 것, 곧 이불을 뜻한다고 한다.[29] <마토코오우후스마>를 이렇게 대를 덮는 이불로 해석한다면, 이것은 자료 5에서 밑줄을 친 곳에 나오는 보자기와 상당히 유사한 기능을 수행하는 물건이었음을 알 수 있다.

그런데 이 마토코오우후스마는 다이죠우사이(大嘗祭)[30] 때에 사용되는 이불의 원형을 상정되고 있다. 이 문제에 대해 오리구치 시노부(折口信夫)는 "다이죠우사이 때에 유키(悠紀), 스키(主基) 두 전각(殿閣)의 가운데에는 단정하게 침소가 설치되어 있고 자리와 이불이 마련된다. 요를 깔고, 까는 이불과 베개도 준비되어 있다. 이것은, 태양의 아들이 될 사람이 자격의 완성을 위해 이 침소에 틀어박혀 금기를 행하는 장소이다. 여기에 준비되어 있는 이불은, 혼이 몸에 들어가기까지 틀어박혀 있기 위한 것이다. (…중략…) 부활을 완전하게 하기 위해서이다.『일본기(日本紀)』의 신대편(神代篇)을 보면, 이 이불의 일을 마토코오우후스마라고 부르고 있다. 저 니니기노미코토가 하늘에서 내려올 때에는 이것을 덮어쓰고 있었다 이 마토코오우후스마야말로 다이죠우사이의 이불을 생

---

28) 三品彰英,『建國神話の諸問題』, 東京, 平凡社, 1971, 131쪽.
29) 井上光貞 共校注, 1967, 568~569쪽.
30) 다이죠우사이(大嘗祭)란 천황이 즉위한 후에 처음으로 거행하는 니이나메사이 (新嘗祭 : 11월 23일에 천황이 햇곡식을 천지(天地)의 신(神)에게 바치고 친히 이것을 먹기도 하는 궁중 행사)를 말한다.

각하는 단서가 되기도 하고 황태자의 금기의 생활을 생각하는 단서가 되기도 한다. 금기의 기간 중에 바깥의 태양을 피하기 위하여 덮어쓰는 것이 마토코오우후스마이다. 이것을 벗길 때에 완전한 천자가 되는 것이다."[31]라는 견해를 피력한 바 있다. 이와 같은 오리구치의 견해로부터 일본의 다이죠우사이 때에 사용된 이불은 위의 자료 4에서 연원된 것으로, 왕이 되기 전의 금기 기간에 일상생활과의 차단(遮斷)을 위해 여지고 있다는 것을 확인할 수 있다.

이상과 같은 고찰을 통해서 규슈 지방에 전해지는, 지배 계층의 천손 강림 신화가 가락국의 건국신화와 친연 관계(親緣關係)를 가진다는 것은 거의 확실하다고 보아도 좋지 않을까 한다.

4. 맺음말

이제까지 규슈 지방에 전해지는 신화 자료들이 한국의 그것들과 어떤 관계를 가지고 있는가 하는 문제를 살펴보았다. 이렇게 이루어진 논의의 결과를 간단하게 요약하면 다음과 같다.

첫째, 규슈 지방에는 한국의 동해안에 자리 잡고 있던 신라의 경역으로부터 이주해간 집단들이 먼저 살고 있었다. 이들에 관한 논의를 자세하게 하지는 않았으나, 이 집단은 신라로부터 이즈모(出雲) 지방으로 건너갔던 세력들과는 구별되는 다른 집단들이었을 것으로 상정된다.

둘째, 이러한 추정은 『부젠 풍토기(豊前風土記)』에 전해지는, 오늘날의 후쿠오카현(福岡縣) 다가와군(田川郡) 가와라정(香春町)에 해당되는 다가와군(田河郡)에 가하루 마을(鹿春鄕)에 좌정한 신(神)에 얽힌

---

31) 折口信夫, 『折口信夫全集(3)』, 東京, 中央公論社, 1975, 195~196쪽.

기록을 통해서도 그 타당성을 입증하였다. 그리고 가와라산의 첫 번째 봉우리 남쪽에 있는 다가와시(田川市) 가미이다(上伊田)의 쩐세이 공원(鎭西公園) 안에 있는 덴다이사(天台寺) 유적에서 발굴된 신라의 옛 기와들을 통해서도 그 정당성을 확인할 수 있었다.

셋째, 선주하고 있던 이들을 정복하고 지배계층으로 군림하였던 집단은 한국의 동남해안 일대에 위치하고 있던 가락국으로부터 건너간 사람들이었을 것으로 보았다. 이것은 『고사기』에 전해지는 천손 강림 신화에 천손이 다카마노하라(高天原)라는 하늘의 세계로부터 내려온 쓰쿠시(筑紫)의 히무카(日向)의 다카치호(高千穗)의 쿠시후타케(久士布流多氣)라는 지명과 가락국 건국신화의 배경이 된 구지봉이 관계가 있다는 선행 연구 성과에 바탕을 둔 것이다.

넷째, 그래서 일본의 천손 강림 신화가 가락국의 건국신화와 관계가 있을 것이라는 추정을 하였다. 이와 같은 추정에는 수로를 비롯한 6명의 가락국 건국 시조들이 알의 형태로 보자기에 싸여 내려온 것과 진무 천황(神武天皇)의 할아버지로 그려진 니니기노미코토(邇邇藝命)도 마토코오우후스마(眞床覆衾)에 싸여 내려왔다는 것이 우연의 일치로 볼 수가 없기 때문이었다.

이상과 같이 신화의 전파 관계를 논하면서, 이 규슈 지역에 대해서는 학제간의 연구가 시급하다는 것을 지적해둔다. 실제로 한국과 규슈 지역, 아니 일본 전체와의 역사적인 관계를 구명하기 위해서는 고고학과 인류학, 역사학을 전공하는 학자들의 공동 연구가 절실하게 요청되고 있다고 하겠다.

參 考 文 獻

김석형,『초기 조일관계사(하)』, 평양, 사회과학출판사, 1988.

김화경, 「수로왕신화의 연구」『진단학보(67)』, 서울, 진단학회, 1989.

_____,『일본의 신화』, 서울, 문학과지성사, 2002.

노성환 역주,『고사기(상)』, 서울, 예전사, 1987.

조희승,『초기조일관계사(상)』, 평양, 사회과학출판사, 1988.

_____,『일본에서 조선 소국의 형성과 발전』, 평양, 백과사전출판사, 1990.

최남선 편,『삼국유사』, 서울, 삼중당, 1946.

金錫亨(朝鮮史硏究會 譯),『古代朝日關係史』, 東京, 勁草書房, 1968.

嶋村初吉, 「倭と朝鮮」『九州のなかの朝鮮』, 東京, 明石書店, 2002.

末松保和,『任那興亡史』, 東京, 吉川弘文堂, 1949.

三品彰英,『建國神話の諸問題』, 東京, 平凡社, 1971.

上垣外憲一,『天孫降臨の道』, 東京, 福武書店, 1990.

西嶋定生, 「槪說 日本國家の起源について」『日本國家の起源』, 東京, 至文堂, 1964.

荻原淺男 共校注,『古事記, 上代歌謠』, 東京, 小學館, 1973.

折口信夫,『折口信夫全集(3)』, 東京, 中央公論社, 1975.

井上光貞 共校注,『日本書紀』, 東京, 岩波書店, 1967.

川添昭二 共編,『九州の風土と歷史』, 東京, 山川出版社, 1977.

秋本吉郎 校注,『風土記』, 東京, 岩波書店, 1958.

出羽弘明,『新羅の神神と古代日本』, 東京, 同成社, 2004.

九州 해안도서와 동아시아의 민속문화
-한·일 줄다리기를 통한 구주 민속의 접근-

정 형 호*

1. 줄다리기가 갖는 문화사적 의미

줄다리기는 도작문화권을 중심으로 널리 분포되어 있는 놀이문화이다. 일반적으로 이 놀이는 동남아시아, 중국의 남방, 한국과 일본의 남부 지방에 널리 분포되어 있다.

한·중·일의 용어를 보면, 한국에서는 문헌에 혈하희(絜河戲), 갈전(葛戰), 삭전(索戰), 예삭(曳索), 설하(挈河), 율예(繂曳), 인삭희(引索戲), 구전으로 줄다리기, 줄당기기, 당기기, 줄쌈 등으로[1] 사용하고 있다. 한편 중국은 구강(鉤强), 견구(牽鉤), 시구(施鉤), 발하(拔河), 발하혈(拔河絜), 타구지희(拖鉤之戲), 일본은 구인(鉤引), 강인(綱引)으로 쓰

* 중앙대학교 연구교수, 민속학 전공

1) 허용호, 「민속놀이의 전국적 분포와 농업적 기반-줄다리기와 씨름을 중심으로-」 『민족문화연구』 41호, 고려대학교 민족문화연구소, 2004.12, 43쪽.
   지춘상, 「줄다리기와 고싸움 놀이에 관한 연구」 『민속놀이와 민중의식』, 집문당, 1996.1, 298~299쪽.

고 있다. 한국에서는 정월보름의 대표적인 집단놀이며, 쌍줄의 형태로 널리 전승되지만 전라도 지역은 외줄 형태가 주류를 이루고 있다.

이미 줄다리기에 대해 다양한 논의가 있었는데, 이 글에서는 주로 한국과 일본의 문화적 관련성을 중심으로 접근해 나가겠다. 일본의 큐슈(九州)와 오끼나와, 그리고 한국의 중부 이남에 줄다리기가 널리 분포하고 있다는 사실은 이미 널리 알려졌지만, 이 글에서는 줄을 이용한 놀이 방식, 놀이의 종교주술적 의미를 중심으로 해서 논의를 전개하겠다.

줄의 형태에서 쌍줄과 외줄의 차이는 놀이의 인적 구성과 승부 방식에 영향을 준다. 또한 줄이 지역에 따라 용·뱀·말, 아니면 단순히 짚 자체로 인식되기도 하며, 이것은 지역의 공동체신앙과 밀접한 관련성을 지닌다.

줄다리기놀이의 이런 비교를 통해 한국과 큐슈 지역의 상호 문화적 영향 관계를 살펴볼 수 있으며, 이것은 두 지역의 전반적인 문화 교류사를 연구하는 데 일조를 할 것으로 판단된다.

2. 수도작과 줄다리기 전승지역의 관련성

벼농사는 대략 7~8천 년 전 인도, 동남아시아, 중국 남방 등에서 시원하여, 중국 양자강 이남을 거쳐 우리나라, 일본으로 전파되었다는 설이 일반적이다. 한반도에서는 3,000여 년 전 신석기 시대에 벼농사가 이루어졌을 것으로 보이지만, 최근에는 훨씬 이전으로 올라갈 수 있다는 학설도 제기되고 있다.[2)]

일본은 기원전 3세기경 한반도 남부로부터 농경문화의 영향을 받아

---

2) 이융조는 충북 청원군 옥산면 소라리에서 17,000~13,000년 전 토탄층을 발견하여, 한반도에 이미 구석기시대에 벼농사가 이루어졌다는 학설을 제기하였다.

북큐슈를 중심으로 야요이(彌生)문화가 형성되었다. 이 시기에 벼농사와 금속기를 사용하는 새로운 형태의 문화가 일어나 처음으로 농경사회가 성립하였다.[3] 이 문화는 일본열도와 한반도 지역의 활발한 해양교류에 의해 형성되었으며, 특히 계절풍[4]이 큰 영향을 주었다. 실제로 남해안의 김해 지역은 일본 열도로 가는 기점이며, 전라도 해안을 출발하면 일본 큐슈의 서북쪽에 닿게 된다.[5] 이런 계절풍이나 해류의 흐름은 도작문화 및 상호 문화적 교류를 가능하게 하였다.

줄다리기는 도작문화권과 밀접한 관련을 지니며, 지역에 따라 놀이 시기와 놀이 방식은 다른 양상을 보이고 있다. 이 놀이는 일찍이 중국의 기록에 나타난다. 6세기 양나라의 종름이 지은 『荊楚歲時記』에는 줄다리기가 양자강 중류 지방에서 數里에 걸친 대규모 정월 입춘 행사로 행해지며, 『수서』에는 견구(牽鉤)라 하여 이긴 쪽에 풍년이 든다고 하며, 그 연원은 초와 오의 전쟁에서 유래한다고 기록하고 있다. 당나라의 『封演聞見錄』을 보면, 줄다리기를 발하(拔河)라고 하여, 정월 보름에 두

---

3) 연민수 편저, 『일본역사』, 보고사, 2003, 22쪽.
4) 문화의 교류는 해류와 조류, 계절풍, 해안도서 등의 구조와 특성에 기반을 둔다. 동아시아의 해류는 쿠로시아(黑潮)의 범위대의 영향을 받는다. 한편 항해환경 중에 바람의 영향은 필수적이다. 봄에서 여름에 걸쳐 부는 남풍 계열의 바람은 중국 남부해안과 한반도 혹은 일본 열도와의 교류를 가능하게 한다. 반면에 가을에서 겨울에 걸쳐 부는 북풍 계열의 바람은 한반도 북부와 중국의 중부, 혹은 남부 해안과의 교류, 한반도에서 일본열도의 남부 및 서부해안과의 교류를 가능하게 한다. 윤명철, 「해안도서 지역과 동아시아의 역사와 문화」 『경기 해안도서의 역사문화와 동아시아』, 동아시아고대학회, 2006.6.2~3, 6~7쪽.
5) 남해안에서 가야의 중심인 김해지역은 일본 진출의 출항 기점으로, 교역망의 중계항, 물류체계의 핵심 거점이었다. 한편 전라도 해안을 출항해서 도착할 수 있는 곳은 일본의 큐슈의 서북쪽으로, 백제문화의 전파는 이 해로를 통해 이루어졌다. 한편 동해안의 중부인 삼척 · 강릉지방이나 남부인 포항 · 울산 등을 출항하면 혼슈우 남단의 이즈모(出雲)와 중부의 쓰루가(敦賀) 등에 도착할 수 있다. 윤명철, 위의 논문, 14~15쪽.

편으로 나누어 대나무 껍질을 이용해 쌍줄 형태로 잡아당기며 승부를 겨
루었는데, 역시 초와 오의 전쟁에서 유래한[6] 것임을 밝히고 있다.

중국 소수민족의 줄다리기를 보면, 광동성의 야오족에는 신년제의로, 귀
주성의 흑 묘족에는 5월 용배 축제 때에, 운남성의 타이류족은 4월 물
축제에 줄다리기를 하는데, 이 지역은 모두 수도작을 하는 지역이다. 동
남아시아의 벼농사 지역인 베트남, 라오스, 캄보디아, 타이, 버마, 필리
핀, 말레이시아, 인도네시아 자바와 발리섬에는 공통적으로 줄다리기가
전승[7]되고 있다. 이런 점에서 수도작 재배 지역과 줄다리기는 매우 밀접
한 관련성을 지닌다.

한국에서 줄다리기가 행해진 시기는 분명하지 않다. 19c에 와서 줄다
리기에 대한 기록들이 처음 나타난다. 19c 초에 나온 이규경의 『오주연
문장전산고』에는 충주 고을에서 정월대보름에 줄을 당겨 그 해의 풍흉
을 점쳤다고 기록하고 있다.

홍석모가 지은 『동국세시기』(1849년)에는 정월과 8월의 줄다리기에
대한 기록이 나온다. 대체로 정월대보름에 편을 갈라 줄을 당겨서 이긴
편이 풍년이 든다고 여겼으며, 이것은 중국의 풍속과 관련이 있다고 한
다. 8월 보름에는 조리지희(照里之戲)[8]라 하여 제주도에는 줄이 끊어질
때까지 당겼는데, 이것은 이전의 『탐라지』(1643년)[9]의 기록을 옮겨온 것

---

6) 拔河吉謂之牽鉤一作拖鉤襄漢風俗 常以正月望日爲之相傳 楚將伐吳
   以此敎戰 古用篾纜今民則用大麻 經長四五十丈 兩頭分繫數百條分二
   朋 兩相齊拖當大經之中立 大旗爲累震鼓叫噪 使相牽引以却者爲勝就
   者爲輸名曰拔河
7) 寒川恒夫, 이승수 역, 「동아시아의 줄 당기기」 『놀이의 역사민족학』, 민속원,
   2005.12, 160～162쪽.
8) 濟州俗 每歲八月望日 男女共聚歌舞 分作左右隊 曳大索兩端 以決勝
   負 索若中絶 兩隊付地 則觀者大笑以爲照里之戲 是日又作楸韆及捕
   鷄之戲(『동국세시기』, 팔월 추석)
9) 『탐라지』는 제주목사 이원진이 효종 4년(1653)에 『동국여지승람』과 김정(金淨)

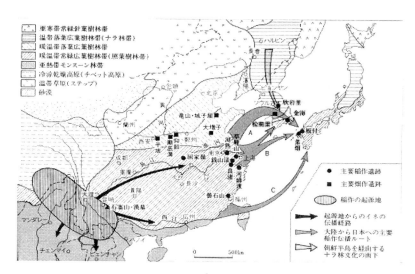

〈그림 1〉 아시아에서 도작문화권의 전파(樋口淳 논문 인용)

이다.[10] 그런 점에서 조선 중기에는 줄다리기가 이루어졌음을 알 수 있으나, 그 이전의 전승 시기는 명확하지 않다.

줄다리기는 수도작 중심의 벼농업 지역에 전승되고 있다. 일본의 히구찌(樋口淳)는 벼농사의 전파경로를 중국 남방의 운남성 지역에서 유래하여 중국 양자강 이남을 거쳐, 남부 지역에서는 오끼나와, 중부 지역에서는 규슈와 한국, 중북부 지역에서는 한국을 거쳐 일본에 전파된 것으로 보았다.[11] 줄다리기의 전파는 벼농사의 전파 경로와 밀접한 관련을 지니기 때문에, 벼농사의 원류가 어디인가는 중요한 문제이다.

의 『제주풍토록』을 참고하여 제주도 내의 상황을 수집 · 편찬한 것이다.

10) 편을 갈라 줄을 서로 잡아당기는데, 끌려가지 않는 편이 이기게 되며 그곳은 풍년이 든다. 이것은 곧 옛날의 혈하희(絜下戲)이다. 경기지방 풍속도 그렇고, 승려들도 이 놀이를 했다(『동국세시기』, 정월 상원조).

11) 樋口淳, 「照葉樹林문화권의 식물화」 『아시아 의식주 생활의 비교연구』, 2006 비교민속학회 동계학술대회, 비교민속학회, 2006.11.18, 183~185쪽.

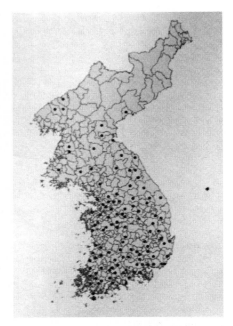

〈그림 2〉 한국의 줄다리기 분포도
(허용호 논문 인용)

우리나라의 줄다리기는 수도 작 지역과 남부의 추석문화권에서 성행하고 있다. 허용호는 기존의 자료를 중심으로 줄다리기와 수도작 지역을 데이터베이스화하여, 그 상관관계를 규명하였다. 곧 『조선의 향토오락』[12]에 나타난 줄다리기의 분포를 각 도 별로 통계화하여 제시하여, 전라·경상·충청 지역은 70% 이상, 경기·강원은 50% 내외, 황해·평안·함경은 20% 이내임을 밝히고 있다. 한편 『여지도서』(18c 중엽)를 중심으로 수전(水田)지역을 추출하였는데, 이것은 기존 줄다리기 분포지역과 유사하게 나타난다.[13] 곧 남부 지역의 수도작 지역에 대체로 줄다리기가 성행하고, 중부로 오면서 점차 약화되다가 한전(旱田)지역인 북쪽 지방은 그 비율이 현저히 줄어든다. 이것은 추석이 중심인 남쪽 지역과 단오가 중심인 북쪽 지역의 세시적 특성과 밀접한 관련성을 갖는다.

이런 점은 일본에서 벼농사 지역의 분포와 유사하다. 일본의 줄다리기

---

12) 村山智順, 『조선의 향토오락』, 조선총독부, 1941.
13) 줄다리기 분포 비율을 보면, 전라 78%, 경상 74%, 충청 79%, 경기 45%, 강원 52%, 황해 24%, 평안 15%, 함경 18%이며, 수도작 지역을 보면 전라 59%, 경상 42%, 충청 38%, 경기 41%, 강원 26%, 황해 18%, 평안 13%, 함경 6%로 나타난다. 허용호, 앞의 논문, 45∼47쪽.

가 일부 동북지방에도 나타나지만, 주요 분포 지역은 오끼나와부터 큐슈에 이른다. 이 지역은 도작이 성행한 지역이라 할 수 있다. 대체로 볏짚을 이용하지만, 지역적 특성에 따라 칡이나 큰 나뭇가지를 이용하는 경우도 있다.

한편 우리나라의 같은 지역에도 지형에 따른 차이를 나타난다. 전라남도 지역의 경우, 평야지대에 줄다리기가 성행하고, 오히려 동북부 산간지역에는 달집태우기가 더 성행하는 것으로 보아,[14] 줄다리기는 볏짚을 이용한 도작문화권에서 주로 전승되고 있음을 확인할 수 있다.

3. 놀이 방식과 세시적 의미

1) 쌍줄·외줄에 따른 승부 방식

줄이 쌍줄인가, 외줄인가의 놀이방식은 인적 구성과 승부에 영향을 준다. 일반적으로 쌍줄은 암수줄의 결합으로 이루어지며, 이것은 동서간, 남북간, 水上하간, 또는 이웃 마을 간으로 나뉜다. 각각 두 지역에서 줄을 엮어 중간에 비녀목을 끼어 당기는 형태이다. 대체로 줄다리기의 인적 구성은 두 지역 간의 출신지 별로 나뉘어 대립하는 경우가 많다.

우리나라는 쌍줄이 다수를 차지한다. 물을 기준으로 하여 물 윗마을과 아랫마을로 구분 하는 경우에는 충남 당진군 기지시 줄다리기, 경남 의령 큰줄당기기 등이 있다. 한편 고을의 동서로 구분하는 경우는 경남 창령군 영산줄다리기, 경남 밀양군 무안면 무안리의 줄다리기(앞놀이인 용

---

14) 나경수, 「전남지역의 당산제 일환으로서 줄다리기의 성격」 『고전희곡연구』 5 집, 고전희곡학회, 2002.8, 69쪽.

〈그림 3〉 정읍 원정마을 줄 엮기(전북 정읍군 산외면 정량리 원정마을, 1993.2.7)

호놀이의 본놀이 형태),[15] 강원도 삼척 읍내의 성벽 기준 동서 간 기줄다리기[16] 등이다. 단지 경북 울진 월송은 아랫마을과 윗마을로, 울진 후정줄다리기는 우물을 기준으로 남북으로 구분[17] 한다.

쌍줄의 경우에는 주민들이 암수줄의 성행위로 인식한다. 영산의 경우 비녀목을 꽂는 데만 2시간이 걸리며, 암줄과 수줄의 대장이 하는 말은 남녀의 성행위를 직접 묘사하며,[18] 이때에 불리는 노래는 매우 적나라한 성행위를 드러내고 있다.[19] 그리고 경남 의령의 줄다리기에도 비녀목을 꽂는 과정에서 지역민들이 하는 말은[20] 성 행위의 과정을 그대로 노출하고 있다. 따라서 지역민들은 줄다리기 자체를 남녀의 격렬한 성행위로 인식하고 있음을 알 수

---

15) 한양명, 『한국대동놀이연구』, 중앙대 대학원 박사학위논문, 54〜55쪽.

16) 이창식, 「술비통과 줄다리기에 대한 고찰」 『새국어교육』 39호, 한국국어교육학회, 1984, 174쪽.

17) 성병희·한양명, 『울진의 줄당기기』, 울진군·안동대박물관, 1994, 27〜44쪽.

18) 영산 줄다리기에서 암줄편인 서부의 대장과 숫줄편인 동부의 대장이 "여자가 먼저 갖다 대는 법이 어디 있느냐? 너희가 이리 오이라."하면, "요지음 세상이 어디 그러냐?," "어떤 남녀가 대낮부터 하느냐?"라고 주고받는다. 장주근, 「줄다리기에 대하여」 『한국문화인류학』 1호, 한국문화인류학회, 1968, 56쪽.

19) 영산의 줄다리기 민요는 매우 적나라한 성적 표현이 나오는데 "좆부터 들어오이소. 씹부터 벌려라. 암놈 물 다 쌌다, 빨리 들어온나. …" 대구의 민요는 "부왔네 부왔네 동물 조지 부왔네, 달았네 달았네 서쪽 씹이 달았네"로 불려진다.

20) 경남 의령 줄다리기의 경우, 고를 꽂아 박으면, '잘 걸었다.' '잘 박았다.' '찰쌉 궁합이다'라는 고함소리를 지르게 된다. 박성석, 「경남지역의 줄다리기에 대하여」 『경남문화연구』 18호, 경상대학교, 1998, 145쪽.

〈그림 4〉부안 돌모산의 줄 엮기
(전북 부안군 부안읍 내교리 돌모산,
1993.2.5)

〈그림 5〉큐슈 가고시마의 줄
엮기(큐슈 가고시마 佐多町 지역,
가고시마박물관, 2004.12.7)

있다. 이런 인식은 암수줄의 결합에 의한 유사행위와 접촉행위를 통해 풍요를 기원하는 유감주술이라 할 수 있다.

강원도 울진의 월송줄당기기는 줄을 당기기 전에 암줄인 아랫마(아랫마을)의 줄도감은 원삼 족두리의 신부 복장을, 수줄인 웃마(윗마을)의 줄도감은 사모관대의 신랑 복장을 갖추고 줄 위에서 지휘한다. 양쪽 줄도감의 지휘 아래 암줄과 숫줄은 결합을 시도하지만 줄이 무겁고 먼저 다가서려 하지 않기 때문에, 쉽게 이루어지지 않고 많은 시간이 소요된다. 이런 과정은 마치 첫날 밤의 신랑과 신부의 관계로 받아들여서 수많은 성적 비유가 오가기도 한다.[21] 이런 현상은 하회별신굿탈놀이에서 야간에 혼례신방마당을 하면서, 신랑과 신부의 모의 성행위를 통해 한 해의 풍요를 비는 것과 같은 주술적 의미를 지닌다.

일본의 경우도 암수줄의 결합은 풍요를 위한 성행위로 인식한다. 다카노(高野一宏)는 일본 줄다리기를 3가지로 구분하면서, 그 중의 하나인 성적인 줄다리기는 암줄, 수줄의 두 줄을 결합하여, 성교를 통해 다산과 풍요를 기원하는 것으로 보았다.[22]

---

21) 성병희·한양명, 앞의 책, 30쪽.
22) 일본의 줄다리기를 첫째, 풍작, 풍어를 점치는 줄다리기, 둘째, 치수를 위한 큰

〈그림 6〉 오끼나와의 쌍줄다리기
（小野重朗의 책 인용）

암수줄의 결합을 소우가와(寒川恒夫)는 천부·지모의 聖婚관념으로 풀이한다. 신년에 天父와 地母가 교합하여 임신함으로써 지모는 그 해의 풍작을 보장한다는 학설에 의거하며, 구체적 사례로 인도네시아 타님바르(Tanimbar)섬과 태국의 남녀 모의 성행위를 제시하고 있다.[23]

쌍줄에서는 승리하는 쪽이 풍년이 든다고 여기기 때문에 占豊의 의미를 지닌다. 어느 쪽이 승리하느냐에 따라 풍흉이 바뀌기 때문에 줄을 당기는 것은 격렬한 싸움의 형태를 지니게 된다.

이런 행위는 2가지 의미를 내포하는데, 하나는 암수줄의 결합을 통한 음양의 조화를 꾀하여 생산의 결실을 얻으려는 주술적 행위이고, 또 하나는 승부를 통해 이긴 쪽이 풍년이 든다고 생각하여 풍흉의 점을 치는 행위라고 볼 수 있다.

일본의 경우에도 큐슈를 중심으로 마을별로 나누어 줄을 당기는데, 쌍

뱀 퇴치 줄다리기, 셋째, 암숫줄의 성적인 줄다리기로 구분하였다. 高野一宏, 「야쿠지마(屋久島)의 보름밤 줄다리기」『중앙민속학』5호, 1993, 125쪽.

23) 동남아시아 타님바르 섬에서는 11월경에 몬순이 불기 시작하면 포레카 축제를 시작하는 데, 이것은 태양 남신과 대지 여신과의 교합을 축하하는 것이다. 성혼 재연으로 줄 당기기를 하는데, 몬순의 비가 오지 않으면, 남자, 여자들이 각각 줄에 달라붙어 성교를 흉내낸다. 곧 기우를 기원하며 남녀 대항 성교 모방 줄 당기기를 함하는데, 태국에서는 4월에 이와 유사하게 진행한다. 寒川恒夫, 이승수 역, 「동아시아의 줄 당기기」『놀이의 역사민족학』, 민속원, 2005.12, 164쪽.

줄이 주를 이룬다. 가고시마현 가
고야시(鹿屋市) 가미다카스미쵸
(上高隈町) 나카즈신사(中津神
社)에서는 웅구(雄鉤, 숫줄)와 자
구(雌鉤, 암줄)라 하여 두 개의
줄을 만들어서, 두 마을이 서로
당긴다. 한편 가고시마 남쪽섬인
야쿠지마(屋久島)의 경우에는
마을을 동서 또는 남북으로 나누
어 당기며 풍요를 기원한다.[24]

〈그림 7〉 기지시의 쌍줄다리기(충남
당진군 송악면 기지시, 2001.4.1)

 쌍줄이 마을간 대립보다는 남
녀간 대립으로 나타나는 경우도
있다. 가고시마현 건너편 오오스
미(大隅) 반도에서 행해지는 줄
다리기(鉤引)는 큰 나뭇가지를 이용해 쌍줄 형태로 당기는데, 남녀로 나
누어 당기는 것이 특징이다.[25] 그런데 한국에서도 쌍줄은 일반적으로 마
을별 대결 형태이지만, 호남 일부와 경기지역에는 한 마을 단위에서 주
민을 남녀로 구분하여 당기는 경우도 있다. 경기도 용인시 양지면 한터
마을의 경우, 줄은 비록 암수줄의 쌍줄 형태이지만, 남녀의 대립이고, 마
을에 풍년이 든다는 믿음에 여자 쪽이 승리하게 만든다.[26] 비록 쌍줄이

24) 高野一宏, 「야쿠지마(屋久島)의 보름밤 줄다리기」 『중앙민속학』 5호, 중앙대
　　한국민속학연구소, 1993, 127~128쪽.
25) 寒川恒夫, 「동아시아의 줄 당기기」, 앞의 책, 166~167쪽.
26) 암줄은 여성과 미성년자들이 당기고, 숫줄은 남자들이 당기는데, 암줄은 마을 아
　　래쪽에서 올라오고, 숫줄은 마을 위쪽에서 내려온다. 3번에 걸쳐 줄을 당기는데,
　　보통 첫판은 남자 쪽, 두 번째 판은 여자 쪽, 마지막 세 번째 판은 여자 쪽이 승
　　리한다. 여자가 이겨야 마을에 풍년이 든다는 속설에 의해 항상 여자가 이기게

지만 마을 단위로 전승하기 때문에 대립은 남녀간에 이루어지며, 여자 쪽의 승리로 귀결된다. 이런 양상은 일본의 오오스미 줄다리기와 동일하다고 볼 수 있다.

오키나와현 시마지리군 요나바루초(與那原町)에서는 쌍줄의 형태로 당기는데, 과거에는 요나바루 6구의 문중을 중심으로 나누었지만, 오늘날에는 동서의 지역 대항 방식으로 바뀌었다.[27]

경우에 따라 승부에 집착하지 않기 위해 양쪽 모두에게 각각의 의미를 부여하는 경우도 있다. 오키나와의 나오미(奄美)섬에서는 남녀로 나누어 당기는데, 남자가 이기면 고기가 많이 잡히고, 여자가 이기면 농사가 잘 된다고 여겼다. 그러나 여성 쪽이 이기는 경우는 드물어서[28] 대체로 풍어 기원에 초점을 맞추고 있다. 이런 것은 한국의 전북 정읍군 산외면 정량리 원정마을의 줄다리기에도 나타난다. 이곳은 쌍줄이 아니고 외줄의 형태에 남녀 대결 양상을 보이는데, 여자편이 이기면 풍년이 들고, 남자편이 이기면 아들을 많이 낳는다고 여겼다. 따라서 승패에 크게 연연하지 않음을 알 수 있다. 다만 줄다리기를 안 하면 흉년과 재앙이 온다고 여겼다.[29]

외줄인 경우에는 한 마을 단위로 전승되며, 줄이 하나이기 때문에 암수의 결합 형태는 나타나지 않는다. 한국에는 전라도 지역에 외줄과 쌍줄이 공존하며, 특히 이 지역에는 외줄이 두드러지게 많이 나타난다. 전라도 지역은 대체로 닫힌마을형[30]이 일반적인데, 이것은 마을 단위로 외

되어 있다. 따라서 마지막 판에는 남자들이 일부러 힘을 쓰지 않는다. 노창현 [남, 66세, 경기도 용인시 양지면 대대리 한터마을, 6대 거주], 1999.7.23, 마을 회관, 조사자 정형호.

27) 寒川恒夫, 이승수 역, 「요나바루 큰줄 당기기의 문화변화」『놀이의 역사민족학』, 민속원, 2005.12, 56~62쪽.

28) 김광언, 『동아시아의 놀이』, 2004.2, 민속원, 596쪽.

29) 박순호, 「전북의 줄다리기」『한국민속학』 17호, 민속학회, 1984.3, 67쪽.

30) 한양명은 마을과 읍치 단위에 따라 마을형, 고을형으로 구분하고, 또한 지연집단

줄을 엮어서 주민들이 남녀로 편을 나누어 당기는 형태이다.

승부는 여성을 생산의 주체로 인식하여 이기게 만든다. 따라서 외줄에서는 격렬한 승부는 나타나지 않는다. 곧 여자편이 이기게 되어 있기 때문이며, 이를 위해 여자 쪽에 미혼 남성들을 보내거나, 남성들이 전력을 다하지 않는 방식으로 진행한다.

전라도 지역에 외줄이 나타나는 이유는, 지역민들이 줄을 용으로 인식하고, 신목으로 이루어진 당산을 마을 수호신으로 모시고 있기 때문이다. 따라서 줄을 당긴

〈그림 8〉 부안 돌모산의 줄을 옮기는 모습(전북 부안군 부안읍 내교리 돌모산, 1993.2.5)

〈그림 9〉 큐슈 가고시마현에서 줄을 옮기는 모습(小野重朗의 책 인용)

다음에 당산 나무나 입석·솟대에 줄을 감는다. 이를 '당산신(당산할머니)에게 옷을 입힌다'라고 하는데, 이것은 신을 위하는 일종의 오신(娛神)행위라 할 수 있다.

일본의 경우, 우리와 비슷하게 쌍줄이 대세이지만, 외줄도 특수한 형

이나 관내집단에 대한 개방여부를 따져 열린형과 닫힌형을 구분하였다. 따라서 열린마을형(당진기지시줄당기기), 닫힌마을형(전국적, 정읍군원정마을줄당기기), 열린고을형(영산큰줄당기기), 닫힌고을형(장흥읍줄당기기)으로 세분하였다. 한양명, 앞의 논문, 31～75쪽.

〈그림 10〉 부안 돌모산의 남녀 대항
외줄다리기(전북 부안군 부안읍 내요리
돌모산, 1993.2.5)

태로 간혹 나타난다.[31] 특히 줄을 당긴 다음에 일부 지방에서는 전라도 지역 당산제와 마찬가지로 줄을 감는 경우도 있다. 큐슈 가고시마현의 高城村 지방에서는 길조라고 여겨 전답의 신에 감아두며, 대부분 동아줄을 신성한 것이라고 믿어 일정한 곳에 썩을 때까지 보관한다.[32] 그러나 우리나라의 전라도 지역처럼 외줄이 광범위하게 나타나지는 않는다.

한국의 영산에서는 암수가 결합된 부분의 짚이 길하다고 여겨, 잘라서 지붕이나 논밭에 두며, 남은 몸줄은 거름으로 사용한다. 당진 기지시줄다리기에서도 연결 부분을 잘라서 아들 낳게 해달라고 며느리에게 삶아 먹이거나, 행운이 온다고 여겨 집안에 걸어두기도 한다.[33] 특히 영산에서 비녀목 부러지면 남자의 성기가 부러진 것으로 간주해 남자의 패배로 보기도 하였다.[34]

따라서 암수줄의 결합은 성행위의 주술적 모방이며, 연결 부분은 풍요

---

31) 최인학, 「줄다리기에 관하여-한·일 비교연구의 일 고찰-」『한국민속학』6집, 민속학회, 1973.10, 73쪽.
32) 최인학, 위의 논문, 74쪽.
33) 충남 당진군 송악면 기지시리, 2001.4.1, 조사자 정형호.
34) 장주근, 앞의 논문, 57쪽.

를 증진시키는 효험이 있는 것으로 인식하여, 줄다리기가 끝나면 모두 잘라가게 된다. 곧 줄다리기는 놀이를 넘어서는 암수 결합의 성행위로서 풍요를 이끄는 주술적 의미를 지닌다.

2) 놀이 시기에 따른 세시적 의미

한일 줄다리기는 놀이 시기에 있어서 보름이란 점이 공통점이지만, 대체로 한국은 정월 보름이 중심인 반면, 일본은 팔월 보름이 중심을 이루고 있다. 정월 보름은 신년제의 성격을 지니는 반면에, 팔월 보름은 수확제와 밀접한 관련을 지닌다.

한국에서의 줄다리기는 전남, 경기도, 강원도, 충청도 지역은 예외 없이 정월 대보름이다. 경남이나 전북 일부 지역에서 정월 대보름과 2월 초하루 사이에 행하는 것으로 나타나는데,[35] 이것도 정월 보름 민속에서 벗어나지 않는다. 한국에서 정월대보름은 민속놀이가 집중된 시기이다. 따라서 줄다리기 지역에는 지신밟기와 동제, 달집태우기(동화제) 등이 연속선상에 나타난다. 예외적으로 단오와 8월 보름, 백중에도 줄을 당긴 적이 있다. 『동래읍지』(1834년)에 의하면 동래지방에서는 단오날에[36] 줄을 당겼다. 그리고 조선 후기의 제주도에서는 조리지희(照里之戲)라는 줄다리기가 팔월 보름에 실시한 적이 있었다.[37] 『조선의 향토오락』에 의하면, 경남 고성이나 충남 아산에 팔월 보름, 경남 양산은 정월과 백중

---

35) 전북에서 정월보름과 2월 초하루는 고창군 가평리, 부안군 부안읍 동중리이며, 1월 3일과 2월 3일에 행하는 곳에는 부안군 행안면 대벌리가 있다. 박순호, 앞의 글, 165쪽.
36) 天中節邑內男女 聚會分佯爲鞦韆之戲 又分東西部引大索以勝負 占吉凶 (『동래읍지』, 추석)
37) 『동국세시기』, 팔월 추석.

에 실시했다는 기록이 있을 뿐이다. 그러나 대체로 한국의 줄다리기는 정월 보름이 대세를 이루며, 신년제의 성격을 지닌다.

그런데 중국의 초기 기록에 의하면 줄다리기는 정월 입춘 행사로 나타난다. 『형초세시기』에 보면, 양자강 중류의 형초(荊楚)지역 연중행사에서 줄다리기는 정월 입춘 행사라고 기록하고 있다. 이런 정초의 신년제 형태는 광동지역이나 베트남에도 부분적으로 나타난다. 광동은 신년, 귀주는 5월 용선제, 운남은 4월, 베트남은 1월 3일, 태국은 4월의 물 신년, 인도네시아는 3월 말의 신년에 실시한다.[38] 여기서 주목되는 것은 태국이나 인도네시아는 농경을 중심으로 해서 3～4월을 신년으로 여기고 있다는 점이다.

소우가와(寒川恒夫)는 이런 신년제를 독일 뮬러의 학설을 인용하여 메소포타미아 고대 문명에서 출발하여 세계로 확산된 천부지모 성혼관념으로 해석하였다. 聖婚관념은 매년 해가 바뀔 때, 곧 신년에 天父와 地母가 교합하여 임신함으로써 지모는 그 해의 풍작을 보장한다는 학설에 의거해, 세계의 고대 문명과 그 영향권에 성교를 모티브로 한 다양한 형태의 의례가 나타나는 것으로 보았다.[39]

일본은 시기가 다양한데, 팔월 보름이 많으며, 일부 6월 26일, 7월 15일, 정월 보름, 정월 묘일, 봄철 등으로 나타난다. 다카노(高野一宏)는 일본의 줄다리기를 8.15줄다리기권, 7.15줄다리기권, 1.15줄다리기권으로 구분하기도 한다.[40] 그는 6월의 오키나와 줄다리기를 7.15줄다리기권에 포함시킨 것으로 보인다. 대체로 일본의 줄다리기는 6～8월이 중심을 이루고 있다.

주목되는 것은 한국에서 일반화된 정월 보름의 줄다리기가 일본에서

는 주로 동부나 동북쪽의 긴
키(近畿) 지방에서만 나타난
다는 점이다. 이에 대해 김광
언은 정치와 문화 중심지였
던 긴키 지방에서 대보름 줄
이 성행한 것은, 고대에 한반
도에서 이곳으로 건너간 한
국계 이민들이 끼친 영향이
라고 보았다.[41]

〈그림 11〉 큐슈의 시기에 따른 줄다리기
분포도(小野重朗의 책 인용)

큐슈의 줄다리기는 대부분
팔월 보름에 실시한다. 오노
쥬로오(小野重朗)는   일본
큐슈의 줄다리기를 시기에
따라 3가지 유형으로 나누는
데, 8월 15일의 줄다리기는
큐슈 중남부 지역이고, 정월 보름은 큐슈 북쪽의 사가현(佐賀縣), 후쿠
오카현(福岡縣) 지역이고, 정월 15일(小正月)은 구마모토현(熊本縣)
북부 지역이라고 제시하였다.[42] 특히 큐슈 중남부의 8월 15일(十五夜)
줄다리기 세밀히 조사하여, 크게 7개 지구로 구분하여 상세히 제시하고
있다.[43]

따라서 큐슈 중부 이남은 대부분 8월 보름의 줄다리기이고, 정월 대보
름 줄다리기는 드물다. 다카노(高野一宏)는 큐슈 남쪽 섬인 야쿠지마

---

41) 김광언, 『동아시아의 놀이』, 민속원, 2004.2, 595쪽.
42) 小野重朗, 『十五夜 綱引の 研究』, 慶友社, 1997 증보판, 183쪽.
43) 지역별로 크게 薩摩半島지구, 大隅半島지구, 薩摩북부지구, 大隅북부지구,
   肥後남부지구, 日向남부지구, 薩南諸島지구 등 7개 지구로 구분하여, 세밀한
   현지조사 자료를 제시하였다. 小野重朗, 앞의 책, 3～172쪽.

(屋久島)에 8월 15일 보름밤 줄다리기를 소개하며, 큐슈의 팔월 보름 줄다리기는 중부와 남부, 남서제도에 일반화되어 있다고 제시하여[44] 오노의 견해를 뒷받침하고 있다.

오키나와는 대부분 6월에 실시하는데, 6월 25일이 가장 많이 나타난다. 오노 쥬로오(小野重朗)는 오끼나와 섬에서 23곳의 줄다리기를 조사했는데, 20곳이 6월이고, 다만 3곳만이 8월 15일이다. 6월 중에도 6월 25일이 11곳으로 가장 많고, 나머지는 6월 중순~하순에 몰려 있다.[45]

오키나와현 시마지리군 요나바루초(與那原町) 줄다리기는 6월 26일로, 원래 이 날은 새로운 벼농사를 위해 비를 기원하는 제례를 지내는 날이었다.[46] 그런 점에서 기우제 및 수확제의 방편으로 줄다리기가 시작되었음을 알 수 있다. 그 외에 큐슈의 가고야시(鹿屋市) 가미다카스미쵸(上高隈町) 나카즈신사(中津神社)에서는 정월 토끼의 날을 축제일로 하고 있으며, 큐슈의 오오스미(大隅) 반도에서 행해지는 줄다리기는 농사의 시작을 알리는 봄철에 실시한다.[47]

오키나와에서 여름의 줄다리기는 기우제 및 수확제와 밀접한 관련을 지니고 있다. 소우가와(寒川恒夫)는 일본에서 성적 줄다리기가 기우제로서 행해지는 것은 오키나와에 집중적으로 나타난다고 보았다. 암줄과 수줄을 결합시키는 줄 당기기가 기우제로서 행해지는 곳은 오키나와 본도(本島) 서해상의 아마구니시마(栗國島), 미야코지마(宮古島의 城邊町, 平良市, 上野村, 下地町), 이라부지마(伊良部島), 다라마지마(多良間島)이다. 이라부지마(伊良部島)의 경우, 기우제는 우선 노로(무당)가 3일 동안 마을 뒷산의 신당인 우다키(御嶽)를 돌며 기우제를 지내는

---

44) 高野一宏, 「야쿠지마(屋久島)의 보름밤 줄다리기」, 앞의 책, 125쪽.
45) 小野重朗, 앞의 책, 249쪽.
46) 寒川恒夫, 「요나바루 큰줄 당기기의 문화변화」, 앞의 책, 62~63쪽.
47) 寒川恒夫, 「동아시아의 줄 당기기」, 앞의 책, 166~167쪽.

것으로 시작된다. 그러나 비가 오지 않으면 그 때부터 7일째에 다시 우다키에서 소원을 빈다. 그래도 비가 오지 않으면 마지막 방법으로 섬사람 전체가 줄 당기기를 한다. 이라부지마(伊良部島)가 수줄, 나가지(仲地)가 암줄을 준비해서 두 개를 결합시켜 홀수로 줄을 당긴다. 이 섬에서 줄 당기기를 하는 이유는 기우제 때문이다. 이러한 사정은 다라마지마(多良間島)도 마찬가지이다.[48] 오키나와현 시마지리군 요나바루초(與那原町) 줄다리기는 원래 6월 26일에 실시하는데, 이 날은 새로운 벼농사를 위해 비가 충분히 내리기를 기원하는 제례를 지내는 날에서 연유한다.[49]

　이런 기우를 위한 줄다리기는 한국에도 일부 나타난다. 경남 진주의 문산과 진양 지역에서는 여름철에 비가 오지 않으면 기우를 위한 줄다리기를 한다. 문산천이 바닥을 드러내고 가뭄이 심해지면 문산 주민들은 중의를 모아 줄다리기를 실시하였다. 따라서 정해진 날짜에 하는 것이 아니라 필요에 따라 실시하게 된다. 이것은 비를 내리도록 하는 것이 목적이기 때문에 승부에는 큰 관심이 없다.[50] 『조선의 향토오락』에는 경남 남해 지방의 줄다리기는 정월 보름과 여름 가뭄 때 실시한다고 기록한 점에서, 한국에서 기우를 위한 줄다리기는 경남 남해안 쪽에만 일부 분포하는 것을 알 수 있다. 다만 일본은 해마다 정기적이지만, 우리는 가뭄 때에만 부정기적으로 실시한다.

　기우를 위한 줄다리기는 인도네시아 티모르 옆의 타님바르(Tanimbar) 섬에도 나타난다. 11월경에 몬순이 불기 시작할 때에 태양의 남신과 대지의 여신의 교합을 축하하는 포레카 축제를 벌이는데, 비가 오지 않으면 남녀 모의 성행위와 남녀 대항 줄다리기를 한다.[51]

---

48) 寒川恒夫, 「동아시아의 줄 당기기」, 앞의 책, 158~159쪽.
49) 寒川恒夫, 「요나바루 큰줄 당기기의 문화변화」, 앞의 책, 62~63쪽.
50) 박성석, 앞의 논문, 148~151쪽.

결국 시기와 성격을 보면, 한국의 정월 보름 줄다리기는 신년제의 성격을 지니며, 풍요를 기원하는 祈豊과 占豊의 성격이 강하다. 그런 데에 비해 일본의 6∼8월 줄다리기는 기우제 및 수확제의 성격을 지닌다는 점에서 차이가 있다. 그러나 달을 중심으로 보름에 실시하는 풍요 기원의 행사라는 점에서는 동일하다.

4. 줄에 대한 인식과 종교적 의미

1) 줄에 대한 인식과 처리 방식

줄은 지역민들이 무엇으로 인식하느냐에 따라 그 처리 방식이 결정된다. 일반적으로 쌍줄인 경우에는 남녀의 성행위로 인식하며, 그 연결 부분은 주술적인 효험이 있는 것으로 받아들인다.

한국에서는 대체로 줄이 용으로 인식된다. 특히 전라도 지역은 외줄이 강하고, 줄을 나무나 입석에 감는 형태가 많기 때문에 용으로 인식하는 것이 널리 퍼져 있다. 이런 현상은 전라도 이외의 다른 지역에도 두루 나타난다.

줄을 용으로 인식하는 것은 전라남도의 서부지역에 두루 나타난다. 이런 인식은 서남부의 영산강문화권(장성, 영광, 나주, 함평, 무안지역)에 두루 나타나고, 동부의 섬진강문화권에서는 드물게 나타난다.[52] 곧 평야지대를 중심으로 용에 대한 인식이 일반화되어 있으며, 대부분 줄을 나무에 감는 형태이다.

---

51) 寒川恒夫, 「동아시아의 줄 당기기」, 앞의 책, 164쪽.
52) 나경수, 앞의 논문, 69∼74쪽.

전북 정읍군 산외면 정량리 원정마을은 외줄 형태로 주민들이 줄이 완성되면 주민들은 줄 머리 부분에서 빌손을 하면서 절을 한다. 주민들은 굵은 머리 부분은 용의 머리, 가는 꼬리 부분은 용의 꼬리로 인식한다. 이들은 줄다리기를 한 다음에 모

〈그림 12〉 정읍 원정마을의 나무에 줄감기(전북 정읍군 산외면 정량리 원정마을, 1993.2.6)

든 주민들이 줄을 들고 빈 논으로 가서 진쌓기라 하여 줄을 조였다가 푸는 동작을 반복하면서 놀며, 이것이 끝난 다음에 당산 나무에 줄을 감는다.[53] 부안의 돌모산이나 우동마을은 당산 나무가 아니고 돌로 된 솟대 형태의 입석(당산)에 줄을 감는다.

강원도 울진군 평해읍 죽변면 후정리에서도 줄은 용으로 인식된다. 따라서 명칭도 줄 앞의 머리는 '용머리', 이곳과 몸체를 이어주는 부분을 '용목'이라 한다. 또한 머리부터 꼬리까지 몸줄 부분을 '용'이라 하고, 옆줄을 '용발', 꼬리 부분을 '용꼬리'라 한다. 또한 울진군 평해읍 월송리의 줄도 용으로 인식된다. 양편은 각기 용과 범을 표방하며 당기지만, 주민들은 줄 자체를 용으로 받아들이고 있다.[54]

쌍줄인 경우에 각각 암룡과 수룡으로 인식하는 경우도 있다. 경기도 용인시 양지면 한터마을의 경우, 양쪽 줄에 남녀의 복색을 한 젊은 남자가 올라간다. 암룡 위에는 남자가 바지저고리에 붉은색 치마를 입고 여장을 하고 올라가며, 수룡 위에는 머리에 패랭이를 쓰고 바지저고리에

---

53) 전북 정읍군 산외면 정량리, 1993.2.7, 조사자 정형호.
54) 성병희·한양명, 앞의 책, 26~44쪽.

〈그림 13〉 부안 원우동마을의 당산나무 옆에 감은 줄(전북 부안군 보안면 우동리 원우동마을, 1993.2.6)

파란색 쾌자를 입은 젊은 이가 올라간다.[55]

충주 목계줄다리기는 줄을 강에 띄어 보내면서 '용 띄운다'고 한다. 이곳은 정월 보름부터 2월 초순까지 진행하는데, 동서로 나누어 당기다가 줄다리기가 끝나면 줄은 강변에 그대로 두었다가 장마가 질 때 띄워 보낸다.

위의 지역에서 줄은 용의 상징이며, 줄을 가지고 노는 진쌓기는 용의 놀이이다. 특히 나무에 감을 때에는 머리 부분이 위를 향하게 하여 마치 줄이 하늘을 향해 용트림을 하면서 올라가는 형상을 보인다. 따라서 나무에 줄을 감는 것은 용의 승천을 의미한다. 이때의 나무는 천지를 연결하는 매개체로서의 우주목의 성격을 지니며, 줄다리기와 마을 당산제는 일련의 연속선상에 있으면서 상호 밀접한 관련성을 지닌다.

일본에서는 줄을 주로 뱀으로 인식하지만, 용으로 보기도 한다. 소우가와(寒川恒夫)는 줄을 나무에 감는 행위를 강사체관(綱蛇體觀)이라 하면서, 이것은 줄을 뱀 또는 용으로 보는 신앙이라고 보았다. 강사체관에 나오는 뱀의 정액은 야마다노오로지(八岐大蛇)로 보는 야마다 퇴치 신화에 근거하며, 이것은 양자강 이남의 수도 경작민 문화로서 일본에 전해졌다고 제시한다.[56]

---

55) 노창현(남, 66세, 경기도 용인시 양지면 대대리 한터마을, 6대 거주), 1999.7.23, 마을회관, 조사자 정형호.
56) 寒川恒夫, 「동아시아의 줄 당기기」, 앞의 책, 168쪽.

이런 점은 일본 건국신화에 뱀
이 신체(神體)로 등장하는 것과
관련이 있다. 아마테라스 오미카
미(天照大神)의 남동생 스사노
오노미코토(素戔嗚尊)는 머리가
8개 달린 구렁이인 야마타노오로
치(八岐大蛇)를 죽였는데, 그
몸에서 소중한 보검이 나온다.
여기서 뱀은 신체이며, 고대 일
본인은 뱀을 조상으로 여기고 있
다.57) 이것은 중국 황제편에 복
희와 여와씨가 뱀의 몸뚱아리에
사람의 형상을 하며, 천지 개벽,
문화 창조의 신으로 여겨지는 것
과 관련이 있다. 따라서 중국에
서는 뱀이 숭배의 대상이며, 河
神의 성격을 지니게 된다. 오노

〈그림 14〉 부안 돌모산 솟대당산에 감은
줄(전북 부안군 부안읍 내요리 돌모산,
1993.2.5)

쥬로우(小野重朗)도 큐슈 중남부에 광범위하게 퍼져 있는 팔월 보름의
줄다리기에서 줄을 용신의 성격에서 접근하고 있다.58)

다카노(高野一宏)는 일본 전통줄다리기 중에, 큰 뱀을 퇴치하여 치수
(治水)를 도모하는 줄다리기가 있다고 제시한다. 곧 줄을 흔들어서 뱀의
출현을 나타내고, 이것을 바다나 강에 떠내려 보내거나, 칼로 잘라서 퇴
치하는 행위를 보여주기도 한다.59) 여기서 뱀을 퇴치하는 것은 뱀을 부

57) 차주환, 「뱀」『한국문화상징사전』 1, 동아출판사, 1992, 328쪽.
58) 小野重朗,『十五夜 綱引の 研究』, 慶友社, 1997 증보판, 229～230쪽.
59) 高野一宏, 「야쿠지마(屋久島)의 보름밤 줄다리기」앞의 책, 125～128쪽.

〈그림 15〉 줄머리에 절을 하는 원정마을 주민(전북 정읍군 산외면 정량리 원정마을, 1993.2.6)

정적 대상으로 인식했다기보다는 뱀이 죽어서 새로운 신체로 거듭나는 재생의 의미로 받아들인 것이라 볼 수 있다.

한국은 줄을 水神이면서 農神인 용으로 인식하여 신성시하는데, 일본은 줄을 신의 신체이면서 퇴치를 통해 기우와 풍요를 도모하며, 때에 따라 용으로 인식하기도 한다.

최인학도 일본에서 줄이 용신(蛇)의 상징이며, 15夜에 줄다리기를 하는 것은 뱀이 탈피갱생하는 것을 달의 영허(盈虛)와 관련지으면서, 이것을 용신왕래의 신앙적 의식이라고 제시하였다. 따라서 줄을 용의 형태를 따서 만들거나(天草), 줄을 당기기 전에 줄을 뱀 모양으로 감는 경우(甑島)도 있다.[60] 곧 용신이라 제시하면서 뱀으로 표기했다는 점에서 양자를 거의 동일시하고 있다는 점을 알 수 있다. 장주근은 이런 줄과 뱀·용과의 관련성을 동남아시아의 수도재배민의 일반적 현상으로 보고 있다.[61]

---

60) 최인학, 앞의 논문, 75쪽.

61) 줄과 뱀, 또는 용과의 관계, 여자편이 이기게 되어 있는 일반적인 의미들의 특징이 뚜렷한 것은 수도재배민, 특히 인도지나의 타이 계통의 제 민족의 지역이다. 라오스의 루앙푸라방 지방에서는 봄 파종 직전에 농경의례가 있다. 저녁에 남녀 별개의 줄(列)을 지어 춤을 추는데, 줄은 각기 한 마리의 뱀을 나타내며, 일방의 뱀이 타방의 뱀을 쫓으며 이것은 비가 가뭄에 이기는 것을 상징한다. 이것이 끝나면 줄다리기를 하는데, 이것도 남조와 여조로 나뉘고 여조가 이기면 금년은

나경수는 대보름의 용신 줄
다리기에 대해, 절기상 입춘과
인접한 대보름은 봄이 시작되
는 시점에서 농신인 용이 활동
하는 시기라 보고, 농경문화에
서 용사(龍蛇)가 달동물(lunar
animal)로 인식하여 줄다리기의
주술적 놀이가 형성[62]되었다고
보았다.

우리나라에서는 줄을 말로
인식하는 경우도 있다. 강원도
삼척의 기줄다리기는 쌍줄 형
태인데, 앞머리 부분을 馬頭라
지칭한다.[63] 이런 점은 울산에
서 줄다리기를 馬頭戱라 지칭

〈그림 16〉 큐슈 가고시마현의 줄다리기에
나타난 용의 형상(小野重朗의 책 인용)

한 것과[64] 상통한다. 동해안 지
역에서 줄을 말로 인식하는 것은 강원도에 널리 퍼져있는 말신앙과 밀접
한 관련이 있으며, 이것은 역사적으로 이 지역이 한때 말갈의 영향권 내
에 있다는 점과 관련이 있다고 볼 수 있다.

결국 일본은 용과 뱀을 같은 기능으로 보고 있으며, 한국에서는 용으
로 인식하지만 지역에 따라 말로 인식하는 경우도 나타난다. 그러나 한

행운이지만 남조가 이기면 재액이 온다고 믿는다. 실은 이 줄다리기의 줄도 뱀
을 상징하고 있으며, 여조가 이기면 비가 잘 내린다는 이치인 것이다. 장주근,
앞의 논문, 59쪽.
62) 나경수, 앞의 책, 81~91쪽.
63) 이창식, 앞의 논문, 175~176쪽.
64) 박순호, 앞의 논문, 164쪽.

국이나 일본은 줄을 신체 또는 신성한 대상으로 인식하며, 줄다리기를 통해 풍요를 기원하다는 점에서 근본적으로 같다고 볼 수 있다.

2) 마을 제의와의 관련성

줄다리기는 단독으로 전승되기 보다는 마을 공동제의의 연속선상으로 인식되어 동제당의 제의와 밀접한 관련을 지닌다. 대체로 줄을 갖고 동제당에 가서 의식을 거행하거나 마을 돌기의 형태로 나타난다.

한국에서는 정월 대보름 행사이기 때문에 이것은 시기적으로 정초의 지신밟기, 정월대보름의 동제와 연결되어 있다. 전북 고창군과 부안군,[65] 그리고 동해안 울진 지역에서는 2월 1일의 풍신을 위한 영등날까지 이어지기도 한다. 정월 보름은 1년의 첫 번째 만월에 해당되는 날이기 때문에, 달에 대한 기원 행사가 있고, 정화와 생명력을 상징하는 불(火)과 연관된 행사들이 복합적으로 나타난다. 따라서 전라도 지역에는 달집태우기와 줄다리기가 같이 이루어지며, 경기도 용인시 양지면 한터마을의 경우에도 정월 대보름달이 뜨면 대규모 나무단을 쌓아놓고 고사를 곁들인 동화제를 하고, 달밤에 줄다리기 한다는 점에서 유사하다.

강원도의 경우 삼척기줄다리기는 성황당에 제사를 올린 후에 실시한다. 이 성황당은 토지지신, 성황지신, 여역지신을 모신 제당이다. 이 지역에서는 기줄이 완성되면, 토지신에게 승리를 다짐하며 생산물이 번성하기를 축원하고, 성황신에게는 부락민의 무사와 안전을 기원하며, 여역신에게는 잡귀를 막고 복이 들어오기를 축원한다.[66]

---

65) 고창군 가평리, 부안군 부안읍 동중리, 행안면 대벌리 등에서는 줄다리기가 정월 대보름에서 2월 1일까지 연결된다. 박순호, 앞의 논문, 165쪽.
66) 이창식, 앞의 논문, 178쪽.

울진군 평해읍 죽변면 후정리 줄다리기는 정초에 줄을 엮어서, 정월 16일부터 2월 1일 영등날까지 3~4차례 줄을 당긴다. 2월 1일의 영등날이 되면 보관 장소에서 또아리를 튼 상태로 불사른다.[67] 바람의 신인 영등신에 대한 풍어와 안녕 기원이며, 불을 통한 정화와 생명력의 발현에 목적이 있다.

전라도 지역은 정월 보름에 줄다리기와 당산제가 일반화되어 있다. 줄다리기를 한 후에 마을 수호신인 당산나무에 가서 개인적 치성과 유교적 제사를 지낸다. 전북 정읍군 산외면 정량리 원정마을의 경우, 줄이 완성되면 당산에 가서 풍물을 치면서 고하고, 줄다리기를 한 다음에 이 줄을 당산나무에 감는다. 이런 진행은 전라도 지역에 거의 일반화되어 있다. 전라도 초도의 경우, 줄이 완성되면 전날인 정월 14일에 마을 주민들이 줄을 매고 상당과 하당을 돌며, 상당에서는 줄을 놓고 제당에 절을 한다.[68]

당산나무나 입석 형태의 솟대에 감는 행위는 당산제의 연속선상에서 이루어진다. 따라서 당산제의 앞놀이 형태로 진행되며, 이런 점에서 정월 대보름 마을제의가 일반화된 전라도 지역에 줄다리기가 가장 성행한 것과 관련이 있다.

일본의 경우에는 성소(聖所)돌기라 하여, 줄이 완성되면 마을의 수호신에게 소원을 비는 성소에 가서 기원을 한다. 큐슈 남쪽섬 요나바루(屋久島)는 줄이 완성되면 줄을 끌고 5곳의 마을 성소를 돌며 대표자가 성소 앞에서 소원을 비는데, 이곳은 마을의 시원과 관련되어 중요하게 숭배되는 신성한 장소이다.[69]

일본 가고시마(鹿兒島) 高城村 지방에서는 줄다리기를 한 후에 줄을

---

67) 성병회·한양명, 앞의 책, 45~47쪽.
68) 최인학, 앞의 논문, 76쪽.
69) 寒川恒夫, 「요나바루 큰줄 당기기의 문화변화」, 앞의 책, 62쪽.

〈그림 17〉 원정마을 당산제의 주민치성(전북
정읍군 산외군 정량리 원정마을, 1993.2.6)

원형으로 치고 씨름을 한
후에 전답의 신에게 감아
두면 길조가 온다고 여겼
다. 그리고 대부분의 줄은
신성한 것으로 여겨 일정
한 곳에 썩을 때까지 보
관한다.[70]

대체로 줄의 처리 방식
을 보면, 한국은 용으로
인식하기 때문에 방치하
지는 않는다. 따라서 당산으로 가져가 감는 방식이거나, 태우는 방식, 논
에 거름으로 두는 방식이 있다. 일본에서는 감는 경우는 드물고 대체로
논에 두어 썩히는 방식이 일반적이다.

줄이 완성되면 마을을 돌거나 당산에서 고사를 지내고, 줄 자체를 신
성하게 여기는 것은 한국이나 일본 모두 일반적인 현상이다. 주민들이
줄을 들고 마을을 도는 것은 마을 전체의 정화라는 측면이 강하다. 그런
점에서 마을의 수호신에게 가서 고하는 의식은 수순이다. 따라서 줄다리
기는 줄을 당기는 놀이라는 측면보다는 마을을 정화시키고, 풍요를 기원
하는 주술적 · 종교적 측면이 강하다는 점을 알 수 있다.

5. 줄다리기를 통한 한일 문화의 관련성

한국과 일본의 줄다리기는 많은 공통점을 지니고 있다. 대체로 수도작

---

70) 최인학, 앞의 논문, 74쪽.

지역에서 전승되며, 볏짚을 사용하여 줄을 당긴다. 그리고 줄을 엮는 방식이나 편을 나누어 당기는 싸움의 방식도 유사하다. 또한 줄을 대체로 용으로 인식하고, 놀이는 음과 양의 조화에 의해 풍요를 기원하는 주술적인 성격을 지니고 있다. 줄당기기를 성행위로 인식하고, 지역에 따라서 남녀 모의 성행위가 이루어지는 것은 천지聖婚관념에 의한 주술적 의례이다. 마을간 대립을 통해서는 이긴 편에 풍요가 온다는 占豊을 하며, 남녀 간 대립에서는 생산의 주체인 여성의 승리로 이끌어 마을의 풍요를 유도한다.

그에 비해 몇 가지 차이점도 드러난다. 양국이 모두 쌍줄이 주류이면서, 외줄도 나타나지만, 일본에 비해 한국에서는 외줄이 광범위하게 나타난다는 점이다. 이런 점은 전라도 지역이 외줄을 당산나무나 입석에 감는 당산 제의의 연속선상에서 진행되기 때문이다. 한편 줄다리기의 후속 놀이로 일본은 씨름을 많이 한지만, 한국은 풍물이 주도하면서 일부 지역에 달집태우기(동화제)가 이루어져 불을 통한 생명력 고양과 정화의 식을 거행한다.

놀이 시기로 보아서, 한국은 정월 보름의 만월의 시기에 이루어지는 기풍을 위한 신년제의의 성격이 두드러지며, 일부 바닷가에서는 2월 1일의 풍신을 위한 영등제와 연결된다. 반면에 일본은 6～8월의 기우제와 수확제의 성격을 지닌다. 대체로 큐슈 중부와 남부지역은 8월 보름제, 오키나와는 6월 25일제, 큐슈 북부는 7월 15일 백중제로 나타난다. 다만 큐슈 구마모토 북쪽 일부와 긴끼 지방에만 한국과 동일하게 정월 대보름의 줄다리기가 나타난다. 모두 풍요 기원의 의식이라는 점에서는 동일하다. 특히 6월의 줄다리기는 기우제의 성격이 강한데, 이것은 한국에는 남해안을 빼고 극히 드문 현상이다.

이런 점은 한국이 정월 보름에 불을 통한 풍요와 안녕 기원의 주요 세시로 자리 잡게 되면서, 신년제의 성격을 유지한 것으로 판단된다. 반면에 일본은 정월보름보다는 수확제로서 6~8월의 세시적 의미에 더 큰 비중을 두었으며, 8월 보름의 수확제와 기우와 마을의 시원과 관련된 6~7월의 세시로서 다양화 된 것으로 여겨진다.

줄에 대한 인식을 보아도, 한국에서는 대부분 용으로 인식하며, 일부 동해안 지역에서 말(馬)로 인식하기도 한다. 일본은 줄을 신의 몸체인 뱀으로 인식하여 퇴치한 후에 재생을 통해 거듭나게 한다. 보통 龍蛇라 하여, 용으로 수용하기도 한다. 뱀을 신의 몸체로 인식하여, 퇴치를 통해 재생을 이룬다는 점에서 궁극적인 풍요 기원의 생산의식과 동일하다.

동제와의 관련성을 보면, 한국은 정월대보름의 마을제의와 관련을 지니고 동제와 연속선상에서 이루어진다. 따라서 줄에 대한 처리도 당산나무나 입석에 감기도 하고, 논에 거름으로 주는 방식이 일반적이다. 때에 따라 물에 띄우거나, 태우는 방식도 있다. 일본에서는 신체에 감는 행위는 드물게 나타난다.

한국과 일본의 줄다리기를 보면, 전반적으로 줄의 형태, 줄다리기의 목적, 줄에 대한 인식, 동제당과의 관련성에서 유사하며, 농경 중심의 지역에서 풍요 기원에 궁극적 목적이 있다.

한국의 중부 이남과 일본 큐슈 지역은 도작문화권이면서 짚을 이용한 줄다리기가 대규모 세시놀이로 나타난다. 따라서 두 지역의 문화적 관련성은 매우 깊다고 할 것이다. 줄다리기를 통한 접근을 통해, 일본 큐슈 지역은 중국 양자강 이남과 한국 남부의 농경문화의 영향을 아울러 받았을 가능성이 있다. 그러나 구체적 양상을 보면, 한국과의 관련성이 더 밀접하다고 볼 수 있다.

두 지역 간 문화의 관련성은 여러 측면에서 복합적으로 접근할 필요가 있다. 그런 점에서 이 글은 줄다리기를 통해 한일 문화적 상호 관련성을 접근할 수 있는 가능성을 제시하는데 머무르며, 보다 심화된 연구가 뒤따라야 할 것이다.

參 考 文 獻

『동국세시기』
『동래읍지』
『수서』
『오주연문장전산고』
『한국문화상징사전』 1, 동아출판사, 1992.
『형초세시기』

김광언, 『동아시아의 놀이』, 민속원, 2004.2.
나경수, 「전남지역의 당산제 일환으로서 줄다리기의 성격」『고전희곡
　　　연구』 5집, 고전희곡학회, 2002.8.
박성석, 「경남지역의 줄다리기에 대하여」『경남문화연구』 18호, 경상
　　　대학교, 1998.
박순호, 「전북의 줄다리기」『한국민속학』 17호, 민속학회, 1984.3.
성병희 · 한양명, 『울진의 줄당기기』, 울진군 · 안동대학교 박물관,
　　　1994.
연민수 편저, 『일본역사』, 보고사, 2003.2.
윤명철, 「해안도서 지역과 동아시아의 역사와 문화」『경기 해안도서의
　　　역사문화와 동아시아』, 동아시아고대학회, 2006.6.2～6.3.
이창식, 「술비통과 줄다리기에 대한 고찰」『새국어교육』 39호, 한국국
　　　어교육학회, 1984.
장주근, 「줄다리기에 대하여」『한국문화인류학』 1호, 한국문화인류학
　　　회, 1968.
지춘상, 「줄다리기와 고싸움놀이에 관한 연구」『민속놀이와 민중의식』,
　　　집문당, 1996.
최상수, 『한국민속놀이의 연구』, 성문각, 1988.
최인학, 「줄다리기에 관하여 - 한 · 일비교연구의 일고찰 -」『한국민속
　　　학』 6집, 민속학회, 1973.

한양명, 『한국대동놀이연구』, 중앙대 대학원 박사학위논문, 1993.

허용호, 「민속놀이의 전국적 분포와 농업적 기반-줄다리기와 씨름을
중심으로-」『민족문화연구』 41권, 고려대학교 민족문화연구
소, 2004.12.

高野一宏, 「야쿠지마(屋久島)의 보름밤 줄다리기」『중앙민속학』 5호,
중앙대 한국민속학연구소, 1993.

小野重朗, 『十五夜 綱引の 硏究』, 慶友社, 1997 증보판.

村山智順, 『朝鮮の 鄕土娛樂』, 조선총독부, 1941.

樋口淳, 「照葉樹林문화권의 식문화」『아시아 의식주 생활의 비교연구』,
2006 비교민속학회 동계학술대회, 비교민속학회, 2006.11.18.

寒川恒夫, 이승수 역, 『놀이의 역사민족학』, 민속원, 2005.12.

고대 九州 海岸島嶼와 동아시아의 교류

이 재 석*

1. 머리말

　<교류>라는 말은 사실 인적, 물적 영역의 제반 交通을 포괄하는 개념이다. 따라서 이 교류 관계에는 다양한 측면의 관계를 함유하고 있다고 할 수 있을 것이다. 예를 들어 평화롭게 서로 교역을 행하는 관계, 서로 군사적으로 대립하는 관계, 또는 서로 공모 결탁하여 공동의 이익을 도모하는 관계 등의 諸경우도 모두 교류라는 관점에서 포괄적으로 이해할 있을 수 있다.

　종래 고대 단계의 일본열도와 한반도의 교류 관계를 생각할 때 대부분의 관심이 야마토 왕권과 한 제국의 왕권 상호간의 관계에 집중되어 왔던 것이 사실이다. 왜국과 韓 제국 간의 정치적·군사적 관계를 비롯하여 문화적 관계조차 한반도와 일본열도의 중심부와 중심부 사이의 관계에 초점을 맞추어 왔던 것이다. 그러나 일본 열도와 한반도의 교류는 중심부 지역에 한정되어 있던 것은 아니었다. 국가와 국가 사이의 공적인

* 동북아역사재단, 연구위원, 일본고대사 및 고대 동아시아 관계사 전공

관계와는 별개로, 주변부에 해당하는 각각의 개별 지역 간의 사적인 교류 관계도 존재하였음은 물론이다.

본고에서는 일본열도의 주변 지역 중에서도 가장 서쪽 변방의 주변부에 해당하는 九州(규슈)의 연안 도서 지역과 한반도를 위시한 동아시아 간의 교류의 諸양상을 살펴보고자 한다. 그 동안 관심거리에서 비교적 소외되어 왔던 구주의 연안 도서 지역도 후술하는 것처럼 결코 동아시아의 교류 관계에서 소외되어 있었던 것이 아니었음은 물론이며, 관점을 달리하여 보면 이들 지역은 오히려 그 동안 우리에게 익숙해져 있는 소위 國家와 中央이란 관점을 상대화시키면서 동아시아의 전체적 지역 세계에서 나름의 독자적 위치와 의미를 지니고 있는 지역이었음을 깨닫게 해 줄 것이다.

2. 九州 해안도서 지역의 지정학적 특성

주지하듯이 오늘날의 구주는 후쿠오카(福岡), 사가(佐賀), 나가사키(長崎), 오오이타(大分), 미야자키(宮崎), 구마모토(熊本), 카고시마(鹿兒島) 7개의 縣으로 구성되어 있으나 고대의 구주 지역은 모두 9개의 國[1]으로 편제되어 있었다. 즉 筑前(치쿠젠), 筑後(치쿠고), 肥前(히젠), 肥後(히고), 豊前(부젠), 豊後(붕고), 日向(휴가), 薩摩(사츠마), 大隅(오오스미)가 그것이다. 이른바 고대 일본의 五畿七道 중의 西海道(사이카이도)가 바로 오늘날의 구주 영역인 것이다.

이 구주 지역 주변에는 크게 세 방면의 해안도서 지역이 존재하는데, <지도 1>에서 알 수 있는 것처럼 구체적으로 다음과 같은 지역으로 구

---

1) 여기서의 國은 7세기 후반에 성립하는 율령체제 하의 지방 최고 행정 단위로서의 '쿠니'를 말한다.

성되어 있다. 먼저 북부 구주에서 한반도 방면을 향하여 북쪽에 위치하
고 있는 것이 對馬島(쓰시마)와 壹岐(이키) 섬이다. 그리고 구주의 서쪽
방면는 먼저 나가사키에서 서쪽으로 고토(五島) 列島를 중심으로 한 도
서 지역이 위치하고 있으며 구마모토현의 서쪽으로 天草(아마쿠사) 諸
島가, 카고시마 서쪽으로 甑島(코시키지마) 列島가 각각 자리하고 있
다. 그리고 구주의 남쪽 방면으로는 최남단인 가고시마현에서 남쪽 방면
으로는 大隅(오오스미) 諸島가 위치하고 있으며 또한 최남단에 種子
島(타네가시마), 屋久島(야쿠시마) 등의 도서 지역이 있다. 이 야쿠시마
에서 계속 남쪽으로 내려가면 주지하듯이 吐噶喇(도카라) 諸島 – 奄美
(아마미) 諸島 – 沖繩(오키나와) 諸島 – 宮古(미야코) 諸島로 이어진
다. 오늘날에는 이들 諸島는 통칭 南西(난세이) 諸島로 불리고 있지만
고대에는 7세기 말 이래로 타네가시마 이남의 諸島를 '南島'로 불리고
있었다.[2]

그런데 이러한 구주의 해안 도서지역들은 그 지정학적 조건 및 그로
인한 영향의 결과, 다음과 같은 특징을 가지고 있다.

첫째는 전근대 시기의 일본에게 있어 가장 변경에 위치하고 있다는 점
이다. 琉球(류큐, 지금의 오키나와)와 蝦夷地(에조치, 지금의 홋카이도)
의 일본 병합이 모두 明治維新 이후의 일이므로, 그 이전 단계의 일본
의 국경 특히 서쪽과 남쪽의 그것은 아마미 제도를 포함하여 바로 구주
의 해안도서 지역들이었던 것이다. 그런데 이 구주 해역의 변경은 예컨
대 북방 러시아와 인접한 변경 지역과는 달리 한반도와 중국이라는 선진
지역을 향해 가장 가까이 위치하고 있는 변경이었기 <지도 1 구주 해안
도서 지역> 때문에 그 지정학적 조건이 남다르다고 할 수 있다.

---

2) 南島라는 용어가 처음 보이는 것은 『續日本紀』 文武天皇 2년(698) 4월 壬
寅條부터이다.

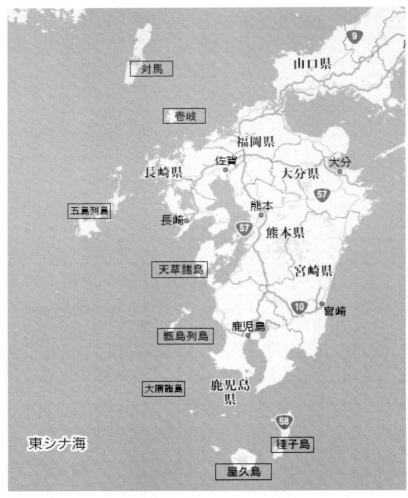

〈지도 1〉 구주 해안도서 지역

　둘째, 그렇기 때문에 이들 지역은 일본의 대외 관문으로서 일본열도의 역사 전개에 미친 영향이 적지 않다는 것이다. 주지하는 것처럼 구주의 가장 북단인 대마도는 예로부터 한반도와의 관계에서 정치·외교·군사·문화적으로 대단히 중요한 역할을 한 지역이었다. 고토 열도를 비롯한 서쪽 도서 지역과 야쿠시마에서 남방 아마미 諸島로 이어지는 루트는 예를 들어 8세기 이후 중국의 문물을 직접 일본열도로 실어 나른 遣唐使 일행의 주요 항해 루트였다는 사실에서 그 존재 의의를 가늠해 볼 수 있을 것이다. 16세기에 타네가시마를 통하여 포르투갈 선박으로부터 소위 鐵砲(뎃포)의 전래가 이루어졌다는 사실이 상징하는 것처럼, 서구 諸國의 동방 진출로 인한 서방 문물이 주로 남방으로부터 올라오는 것이었다는 점을 생각한다면 그 관문에 해당하는 이들 도서 지역의 지정학적 중요성은 충분히 인정받을 수 있을 것이다.

셋째는 일본열도의 중앙 권력과의 관계에서 본다면 이들 지역은 다음과 같은 <자율과 통제>라는 이중성을 지니고 있었다. 즉 하나는 가장 변경 영역인데다 해안 도서지역이라는 지리적 조건 때문에 일본열도 중심부(왕권)의 지배와 통제가 상대적으로 느슨할 수 있다는 점이다. 이것은 근래 村井章介가 특히 강조하고 있는 소위 'soft'한 國境論[3]과도 관련지어 설명할 수 있는 영역이며 국가 권력과의 관계에서 열도의 기타 내륙 지역에 비해 상대적으로 <지역적 자율성>이 어느 정도 확보될 수 있는 소지가 많았다. 이런 점은 예컨대 후술하는 신라인－唐人－구주 해안도서의 주민 사이에 형성된 私的 네트워크와 교류 관계의 존재에서 그 단면을 엿볼 수 있을 것이다.

그러나 국가 권력으로부터 상대적으로 자유로운 것처럼 보이는 이러한 지역적 자율성이 항상적으로 자유를 구가할 수만은 없었다. 예컨대 인접 국가 간의 긴장이 고조되거나 국제적 분쟁이 발생할 경우 이들 변경 지역은 그 어느 지역보다도 강하게 국가 권력의 통제와 감시라는 우산 속에 귀속될 가능성을 안고 있었다.

---

3) 예를 들어 村井章介, 『中世倭人傳』, 岩波新書, 1993, 동 『境界をまたぐ人びと』, 山川出版社, 2006.

　국가 권력으로부터 얼마나 자유로울 수 있었는가 하는 관점에서 보면 이들 변경 지역은 전자의 경우처럼 일상적인 국제 교류와 그 속에서 양성된 개방적인 국제 감각 속에서 비교적 자율성을 구가하는 시기도 있었겠지만 한편으로는 국가 권력의 솔하에서 국제적 긴장과 분쟁이 야기하는 배외 의식의 보유자로 전화될 여지도 존재하고 있었던 것이다. 그런 점에서 이들 변경 지역은 실로 국가 권력과의 거리 여하에 따라 <자율>과 <통제>라는 이중성 속에 노출되어 있는 존재였던 것이다. 그리고 이러한 국가와 변경 사이에 존재하는 이중성은 변경과 변경이 접하는 가운데 상호 배태되는 이른바 <친선>과 <증오>라는, 변경과 변경 사이에 존재하는 이중성에 각각 대응하는 것이었다고도 말할 수 있을 것이다.

　넷째, 이들 지역은 구주 지역의 해안도서 지역이었기 때문에 전체적인 맥락에서 보면 구주 지역의 지정학적 특성에 강한 영향을 받고 있었다는 점이다. 다시 말해 구주 지역의 동향과 밀접하게 관련되어 이들 연안 도서 지역의 지역사가 전개되고 있었다는 것이다. 일본 역사 속에서 구주 지역이 차지하는 최대의 지정학적 특징(역할)은 최근 연민수가 정리한 바와 같이 대외 군사·외교의 전진 기지와 대외 문화 수용의 관문이었다는 점을 들 수 있을 것이다.4) 이러한 구주의 역할에 비한다면 그 부속 연안 도서 지역은 한시적·제한적 내지 부수적인 역할이었다고 할 수 있을 지도 모르지만, 그러나 이들 연안 도서 지역의 역할도 기본적으로는 구주 지역 전체의 그것과 밀접하게 연관되어 있는 것이었다는 점에서는 이견이 있을 수 없을 것이다.

---

4) 연민수, 「日本史上에 있어서 九州의 위치」『古代韓日交流史』, 혜안, 2003.

3. 원시 - 야요이 단계의 교류

　지리적으로 한반도와 가장 지근거리에 있는 곳은 역시 대마도이다.[5] 그리고 대마도와 구주 사이에는 이키 섬이 있었기 때문에 한반도 남부와 일본 열도 사이의 왕래는 그렇게 어려웠을 것으로는 생각되지 않는다.[6] 따라서 상식적으로 한반도와 일본열도 사이의 교류가 이들 도서 지역을 매개체로 하여 일찍부터 이루어져 왔을 것으로 생각되는 것도 무리는 아닐 것이다. 실제로 선사 시대의 유물과 유적의 발굴을 통하여 양 지역 사이의 교류의 始原이원시 시대로까지 거슬러 올라간다는 것을 확인할 수가 있다.

　대마도가 한반도와 육지로 이어져 있었다고 하는 수 만 년 전까지의 구석기 시대 단계는 별도로 치더라도, 일본열도의 繩紋[7](죠오몬) 시대 단계는 한반도의 신석기 시대 단계에 해당하며 이 시기에 이미 대마도를 사이에 두고 양 문화의 교류가 이루어지고 있었다는 사실이 여러 측면에서 입증되고 있다. 예를 들어 죠오몬 시대 前期의 토기인 曾畑式土器의 제작에 한반도의 빗살무늬토기의 제작 기술이 도입되어 있었다고 생각되며 또 이 빗살무늬토기와 죠오몬 토기 자체가 각각 구주와 한반도 남부 지역에서 서로 발견되는 점, 또한 石器 문화와 漁撈 활동에 사용

---

5) 대마도는 부산에서 최단 거리로 약 49.5km 정도 떨어져 있으며 오늘날에도 맑은 날이면 부산에서 대마도를 볼 수가 있다.

6) 주지하는 바와 같이 『三國志』 위지 동이전 倭人條에 <狗邪韓國>에서 <對馬國>과 <一大國>을 거쳐 드디어 구주의 <末盧國>에 상륙하는 항해 루트가 소개되어 있다(후술).

7) 현재 일본에서는 '죠오몬'을 '繩文'으로 표기하고 있으나 원래 '죠오몬' 명칭의 유래가 '줄무늬'라는 의미에 있었던 만큼 繩紋'으로 표기하는 것이 우리의 한자 문화에 적합하다고 생각한다.

된 漁具에도 대마도와 한반도 남부 지역 사이에는 공통점이 확인된다는
사실 등은 이러한 양상을 잘 보여준다고 할 수 있을 것이다.[8] 이러한 교
류의 이면에는 당연히 인간의 이동과 왕래를 전제로 하고 있었다고 생각
된다.

그런데 반도와 열도 사이의 보다 본격적인 교류는 역시 彌生(야요이)
시대에 진입한 이후에 시작되었다고 해도 과언이 아닐 것이다. 주지하는
것처럼 이 시기의 한반도는 이미 청동기 시대를 거쳐 철기 단계로 접어
드는 단계였으며 이 단계의 문화적 제요소가 일본열도에 전해져 성립하
는 것이 바로 야요이 문화였다. 농경문화의 전래와 청동기·철기 문화의
이식으로 상징되는 일본열도의 야요이 문화는 기존의 죠오몬 문화에 기
반을 두고 있던 왜인 사회에 엄청난 변혁을 초래하였다. 거의 1만 년 동
안이나 채집 경제에 의존하고 있던 죠오몬 사회는 上記한 한반도 문화
의 대거 유입의 결과 정착생활이 가능해졌으며 또한 기존의 인간관계를
불평등 구조로 전환시켜 지배-피지배 관계에 기초한 <쿠니(國)>의 성
립을 가능하게 하였다. 일본열도의 왜인 사회로 하여금 이후 본격적인
國家의 성립을 향하여 질주해 갈 수 있는 기초적 성립 조건이 구비되는
시기가 바로 이 야요이 단계였던 것이다.

이러한 왜인 사회 변혁의 중심에 서 있었던 존재가 바로 일본에서 소
위 <渡來人>이라고 불리는 일련의 한반도 계통의 이주민 집단들이었
다. 현재 일본인의 원형은 죠오몬 단계의 원주민(죠오몬人)과 이들 도래
인(야요이人) 사이의 혼혈의 결과 형성된 것이며 이 혼혈은 지금도 계속
일어나고 있다고 하는 견해가 유력하다.[9]

---

8) 西谷正, 「對馬海峽をめぐる人と自然」 『日本文化と民族移動』, 思文
   閣出版, 1994.
9) 埴原和郞, 「日本人の形成」 『岩波講座日本通史 第1卷 日本列島と人
   類社會』, 岩波書店, 1993.

이렇듯 야요이 시대는 국가 형성의 토대를 마련하고 일본인의 원형이 형성되기 시작하였다는 점에서 일본 역사에서 차지하는 비중은 결코 적지 않다. 그리고 이러한 인간의 이동과 야요이 문화의 성립에 일차적 가교 역할을 하였던 것이 바로 대마도였다고 할 수 있으며 이것을 입증이라도 하듯이 실제 대마도에는 야요이 시대 全般에 걸쳐 많은 유적지가 발견되었다.[10)]

그런데 이상과 같은 죠몬－야요이 단계의 교류 관계에서 한 가지 유의해야 할 사항이 있다. 그것은 한반도의 문화 발전 단계가 즉각 일본열도에 전해지는 것은 아니라는 점이다. 특히 야요이 이전 단계에 교류 양상에서 그러한 점을 주목할 필요가 있다. 예를 들어 한반도에서는 농경사회의 단계에 들어가는 것이 이미 신석기 시대였으며 또한 대략 B.C 10세기 무렵부터 청동을 첨단 소재로 하는 발전 단계에 진입하였지만 그런 문화 요소들이 일본열도에 전달되는 것은 B.C 3세기 무렵이었으며 그것도 철기 문화와 더불어 동시적으로 유입된다는 점에 특징이 있었다. 다시 말해 농경과 청동기・철기 문명이 하나의 세트로서 일본열도에 전해져, 비로소 죠몬 시대에 종식을 고하고 바야흐로 야요이 시대로 진입할수가 있었던 것이다. 그렇다면 왜 한반도의 신석기 시대 단계에 신석기시대의 최대의 특징인 농경의 개시가 일본열도에 전해지지 않았을까? 그리고 청동기 단계에 들어간 뒤에는 왜 곧장 청동 문화가 일본열도에 전래되지 않았을까? 설령 전파에 일정한 시간이 소요되었다고 하더라도 특정 시기에 모든 것이 일거에 전래되는 방식은 쉽게 납득이 가지 않는 점이 있다. 다시 말해 왜 B.C 3세기라는 시점에 와서야 비로소 그 이전 단계까지의 문화 내용이 전해지게 되었는가 하는 점에 의문을 가지게 되는 것이다.

---

10) 대마도의 야요이 유적에 대해서는 永留久惠, 『古代日本と對馬』, 大和書房, 1985를 참고하기 바란다.

필자는 말해 문화와 문명의 전래는 마치 물 흐르듯이 높은 문화가 낮은 단계의 지역으로 자연적으로 전해지는 것이 아니라 그 과정에는 반드시 사람의 이동이 개재되어 있으며 또한 그것은 그러한 이동을 필요로 하는 특정의 조건이 갖추어 질 때 비로소 전래가 이루어지게 된다고 생각한다. 그리고 야요이 문화를 전래한 주된 계통은 한반도였으므로, 왜 B.C 3세기였는가에 대한 문제의 해답은 일차적으로 전해 주는 사람들에게서 찾아야 하는 것이지 그 문화들을 수용하는 사람들의 문제는[11] 아니었다고 생각한다.

이러한 관점에서 보면 철기 시대 단계에 가서야 비로소 일본열도와의 교류가 빈번하게 전개되기 시작하였다는 것은 역설적으로 철기 단계의 한반도는 일본열도 방면으로도 사람의 이동을 촉진시킬만한 다이나믹성을 가지고 있었음을 시사한다. 그리고 그러한 다이나믹성의 이면에는 이 단계의 각 지역 사회(혹은 小國) 간의 치열한 경쟁이 자리 잡고 있었던 것으로 생각된다. 필자는 사람의 이동과 본격적인 문화의 전파는 그러한 과정에서 생겨난 산물이 아니었을까 한다.

4. 일본 고대국가와 九州 연안일대

야요이 시대의 개막 이후 일본열도에는 본격적으로 한반도 및 중국계의 문물과 자원이 유입되기 시작하여 왜인 사회의 양상을 변모시켜 나갔으며 이윽고 국가 형성을 위한 諸단서들이 마련되기 시작하였다. 주지하는 것처럼 일본열도의 국가 형성은 대개 7세기 말 소위 율령체제를 국가

---

11) 수용하는 사람들의 문제로서는 오히려 그러한 선진의 문물이 유입되었을 때 그런 것들을 무난히 수용할 수 있는 조건과 능력·환경 등의 제반 요인이 구비되어 있었는지 여부에 있다고 말할 수 있을 것이다.

의 기본적 지배 시스템으로 하면서 천황을 정점으로 한 고대 천황제 국
가의 형태로 완성되었다고 보는 것이 일반적이다. 그리고 이 과정에서
왜국은 두 지역 세계로부터 결정적인 영향을 받았다. 하나는 가장 인접
한 한반도 諸國으로부터의 영향이며 또 하나는 중국 대륙으로부터의
직·간접적인 영향이다. 특히 후자로부터의 직접적 영향은 야요이 시대
단계의 직접 교역을 논외로 놓고 본다면 주로 隋의 등장 이후 왜국과 수
의 직접 통교 이후 가능해진 것이었다. 그 이전까지는 주로 한반도와의
교류가 주된 라인이었으며 또한 한반도와의 관계를 생략하고 일본열도
의 국가 형성을 논한다는 것은 생각할 수 없다.

그런데 앞에서도 언급하였듯이 九州는 일본열도의 대외 관문에 해당
하는 곳이었다. 그리고 구주 지역 세계 안에서도 주변 연안 도서 지역은
그 중에서도 가장 일차적인 관문에 해당하였다. 이러한 대외 관문으로서
의 구주 연안도서 지역은 그 지리적 조건으로 인하여 왜국의 대외 교류
가 어느 방면으로 향하고 있는가에 따라 지정학적 역할 면에서 차이를
노정하였다. 예를 들어 한반도와의 직접 교류 및 한반도를 경유하는 교
류 관계에서는 주로 대마도 - 이키, 혹은 五島列島 등을 중심으로 한
구주 북방 도서가 큰 역할을 수행할 수밖에 없었으며 반면 구주 남방의
도서 지역은 전적으로 중국 대륙과의 교류 관계에서 지리적 이점을 가지
고 있었던 것이다.[12) 따라서 구주 연안도서 지역의 대외 교류를 문제 삼
는 경우 지정학적 위치에 따라 그 주된 관계의 대상이 조금 다른 측면이
있으므로, 이하에서는 북방 도시 지역과 남방 도서 지역으로 나누어서
그 구체적 실태를 살펴보기로 하겠다.

---

12) 후술하는 소위 南路의 루트를 이용하는 경우가 여기에 해당한다.

1) 대마도 - 이키 라인을 매개로 한 교류

대마도와 이키는 한반도 방면에서 일본열도로 들어갈 때 일차적 기항지 역할을 하는 곳이었다. 그리고 왜국의 입장에서 보면 왜인들이 일본열도를 벗어나 한반도나 대륙 방면으로 향하고자 할 때 열도의 마지막 연결 지역이었다. 이러한 위치성은 이들 지역의 국제적 교류 문제를 생각할 때 가장 기초적인 조건을 이루는 것이기 때문에 먼저 이 점을 사료를 통해 확인해보자.

〈사료-1〉『三國志』 위지 동이전 倭人條
(전략) 從郡至倭, 循海岸水行. … 到其北岸狗邪韓國, 七千餘里, 始度一海, 千餘里至對馬國. … 又南渡一海千餘里, 名曰瀚海, 至<u>一大國</u>. … 又渡一海, 千餘里至末盧國. (후략)

〈사료-2〉『隋書』 동이전 倭國條
大業三年 … 明年, 上遣文林郎裴淸使於倭國. 度百濟, 行至竹島, 南望耽羅國, 經都斯麻國, 迥在大海中. 又東至<u>一支國</u>, 又至竹斯國, 又東至秦王國 … 又經十餘國, 達於海岸. 自竹斯國以東, 皆附庸於倭.

<사료-1>은 帶方郡에서 邪馬臺國에 이르는 행로를 기재한 부분 중에 나오는 것으로 구주의 末盧(마츠라[13])國에 도착하기 위해 대마도와 一大(=이키)國을 경유하여야 함을 보여주고 있으며 <사료-2>는 隋의 사신 裴世淸이 백제를 경유하여 왜국으로 들어가는 루트를 기재한 것인데 여기서도 역시 都斯麻(=대마도)와 一支(=이키) 루트를 이

---

13) 지금도 松浦(마츠우라)라는 지명이 남아 있으며 현해탄을 면하고 있는 唐津(가라츠) 평야 일대가 이 쿠니의 주된 중심지였던 것으로 생각되고 있다. 이에 대해서는 岡村秀典,「考古學からみた漢と倭」『日本の時代史 1 倭國誕生』, 吉川弘文館, 2002를 참조 바란다.

용하고 있었음을 알 수 있다.

이렇게 이들 도서 지역이 한반도와 일본열도의 연결 고리 역할을 하고 있었다고 한다면 설령 문헌사료에 이들 지역을 매개로 한 구체적 문물 교류 관계가 직접적으로 나타나지 않는다 하더라도 실제 현실에서는 많은 문물의 교류가 이 대마도와 이키를 매개로 하여 이루어지고 있었다고 보아도 무방할 것이다. 주지하듯이 『日本書紀』에는 많은 渡倭人의 이주와 문물의 전래 기사가 보이고 있는데,[14] 이러한 경우도 마찬가지였을 것으로 생각된다.

한편 이러한 사람의 이동과 문물의 교류 양상과는 별도로, 정치적인 측면에서는 이들 도서 지역은 그 지정학적 위치로 인하여 일찍부터 반도와 열도의 지역 세계로부터 많은 주목을 받아 왔다. 예를 들어 『三國史記』에 보이는 다음의 사료를 보자.

〈사료-3〉『三國史記』新羅本紀 實聖尼師今 7년 2월조
  王聞倭人於對馬島置營, 貯以兵革資粮, 以謀襲我, 我欲先其未發, 揀精兵擊破兵儲. 舒弗邯未斯品曰, 臣聞, 兵凶器, 戰危事. 況涉巨浸以伐人, 萬一失利, 則悔不可追, 不若依嶮設關, 來則禦之, 使不得侵猾, 便則出而禽之, 此所謂致人而不致於人, 策之上也. 王從之.

이 사료에서 신라는 대마도를 신라를 치려고 하는 왜적들의 전초기지로 인식하고 있었음을 알 수 있다. 『三國史記』에는 신라의 대마도 인식을 보여주는 이런 종류의 사료는 사실 이 기사가 유일하다고 할 수 있는데, 아마도 상당 건수의 왜인들의 신라 침범이 대마도를 발판으로 이루어졌을 개연성은 충분히 있다고 할 수 있다.

---

14) 『日本書紀』의 개개의 관련 기사에 대해서는 김현구 · 우재병 · 박현숙 · 이재석 공저, 『일본서기 한국관계기사연구(Ⅰ · Ⅱ · Ⅲ)』, 일지사, 2002 · 2003 · 2004를 참조하기 바란다.

그런데 신라의 이런 대마도 인식은 반대로 왜인들의 입장에서는 대마
도는 곧 한반도 진출의 최일선이었음을 보여준다고 할 수 있다. 실제로
일본 측 사료를 보면 대마도와 이키 등의 지역은 공격과 방어를 위한 일
본의 최전방으로 인식하고 있었음을 확인하기 어렵지 않다. 예컨대 다음
의 사료를 보자.

〈사료-4〉『日本書紀』敏達天皇 12년 是歲條
復遣吉備海部直羽嶋召日羅於百濟. … 復遣阿倍目臣物部贄子連, 大伴
糠手子連. 而問國政於日羅. 日羅對言, 天皇所以治天下政, 要須護養黎民.
… 然後多造船舶, 每津列置, 使觀客人, 令生恐懼. … 又奏言, 百濟人謀言,
有船三百, 欲請筑紫. 若其實請, 宜陽賜豫. 然則百濟欲新造國, 必先以女人
小子載船而至國家. 望於此時, 壹岐, 對馬多置伏兵, 候至而殺. 莫翻被詐. 每
於要害之所. 堅築壘塞矣. (후략)

〈사료-5〉『日本書紀』天智天皇 3년 是歲條
於對馬嶋, 壹岐嶋, 筑紫國等置防與烽.

〈사료-6〉『續日本紀』淳仁天皇 天平寶字 3년 3월 庚寅條
大宰府言, 府官所見, 方有不安者四. 據警固式. 於博多大津, 及壹岐, 對
馬等要害之處, 可置船一百隻以上以備不虞. 而今无船可用. 交關機要. 不安
一也. (후략)

<사료-4>에서는 백제의 구주 진출 음모를 분쇄하기 위한 방안의
하나로서 대마도와 이키에 복병을 배치해둔다는 것이며 <사료-5>는
663년 백촌강에서의 패배 직후 일본열도의 방어체제를 구축하는 과정에
서 대마도와 이키 등에 防人과 烽火를 설치하였다는 내용이다. 그리고
<사료-6>은 소위 신라 정토 계획의 실행 과정에서 나온 것으로 대마
도와 이키 등의 요해 지역은 警固式에 의거하여 항상 선박 100척 이상
을 배치하여 비상에 대비하고 있어야 한다는 점이 지적되어 있다. 특히

선박을 요해지역에 다수 배치해둔다는 발상은 <사료-4>에도 보이며 또한 『日本書紀』 孝德天皇 白雉 2년 是歲條에도[15] 유사한 내용이 신라를 굴복시키는 방법으로 언급되고 있어 섬나라 왜국의 전통적인 전략, 전술임을 알 수 있다.

이상과 같은 사례는 모두 왜국의 국가적 의지가 작용하는 경우인데, 한편 이러한 경우와는 별도로 대마도와 이키 등의 연안 도서 지역에는 그 지리적 조건상 한반도와 구주 지역민끼리의 독자적 교류도 전개되고 있었으며 또한 한반도의 국가가 일본열도로 진출해가고자 할 때 이러한 교류 관계가 활용되고 있었음도 간과할 수 없는 사실이다. 6세기 초반에 일어난 北九州(筑紫國) 지역의 실력자 磐井(이와이)과 신라·신라인의 결탁 사건은 이러한 양상을 보여주는 대표적인 예라고 할 수 있다.

〈사료-7〉『日本書紀』 繼體天皇 21년 6월 甲午條
近江毛野臣, 率衆六萬, 欲往任那, … 於是, 筑紫國造磐井, 陰謨叛逆, 猶預經年. 恐事難成, 恆伺間隙. 新羅知是, 密行貨賂于磐井所, 而勸防遏毛野臣軍. 於是, 磐井掩據火豊二國, 勿使修職. 外邀海路, 誘致高麗·百濟·新羅·任那等國年貢職船. (후략)

磐井의 난은 국가 형성을 지향하는 九州 세력이 야마토 정권의 畿內 세력과 무력 대결을 벌인 사건으로서[16] 이 난의 진압 결과 야마토 정권은 일본열도 내의 패권적 위치를 굳힐 수 있었고 또한 구주 지역에

---

15) "新羅貢調使知萬沙飡等, 着唐國服, 泊于筑紫. 朝庭惡恣移俗. 訶嘖追還. 于時, 巨勢大臣, 奏請之曰, 方今不伐新羅, 於後必當有悔. 其伐之狀, 不須擧力. 自難波津, 至于筑紫海裏, 相接浮盈艫舳, 徵召新羅, 問其罪者, 可易得焉."

16) 예를 들면 吉田晶, 「古代國家の形成」『岩波講座 日本歷史 第2卷』, 岩波書店, 1975. 山尾幸久, 「文獻から見た磐井の亂」『古代最大の內戰 磐井の亂』, 大和書房, 1986.

대한 지배도 비로소 확고히 할 수 있었다는 것이[17] 일반적인 해석이다. 그런데 이 磐井의 난에 신라가 관여되어 있었다. 위의 사료에서는 신라는 한반도로 출병하는 近江毛野臣의 군대를 사전에 저지하기 위해 磐井에게 뇌물을 주었다고 나오지만, 원래 磐井의 난과 近江毛野臣 전승이 아무런 관계가 없는 별개의 이야기이다.[18]

磐井의 對신라 커넥션은 그의 독자적 외교권을 상징적으로 보여주는 것이며[19] '反야마토'를 자립의 기치로 내건 이상, 야마토 정권과 대립적 관계에 있는 신라와 제휴하는 것은 磐井으로서는 합리적인 선택이었다고 할 수 있을 것이다. 그렇다면 신라의 對磐井 커넥션은 어떻게 이해해야 할 것인가? 필자는 최근의 논고에서 신라의 倭國分割論의 입장에서 볼 수 있는 개연성이 있음을 지적한 바 있다.[20] 즉 하나의 독자적 국가 형성을 지향하고 있던 磐井 세력에게 신라가 접근하였다면 아마도 신라는 궁극적으로 구주 지역에 親신라적 성격을 가진 정권의 성립을 기대하고서 그와 제휴하였을 가능성이 크다고 생각되며, 만약 구주 지역에 친신라 정권이 등장한다면 신라에 적대적인 야마토 정권을 견제할 수 있고 또한 야마토 정권과 연계되어 있는 백제에게도 많은 어려움을 줄 수 있다는 점에서 신라로서는 매우 매력적인 구도라고 할 수 있을 것이다. 이것은 거꾸로 야마토 정권의 입장에서 본다면 대외 창구를 봉쇄당하는 정도로 끝나는 것이 아니라 왜국 자체가 야마토 정권과 구주 정권으로 양분됨을 의미하는 것이기도 하였다. 이러한 점을 고려하여 필자는

---

17) 후대 大宰府의 전신이라고 할 수 있는 那津官家의 수조가 이와이와의 전쟁 이후 얼마 지나지 않아 이루어진다는 사실(『日本書紀』 宣化天皇 원년 5월 辛丑條)이 이러한 점을 상징적으로 보여준다.
18) 김현구 외, 주 14)의 앞의 책(Ⅱ), 72~73쪽.
19) 연민수, 주 4)의 앞의 논문, 377쪽.
20) 졸고, 「4~6세기 왜국의 대외 위기론과 그 실체」『문화사학』 23, 2005. 이하의 磐井의 난에 대한 평가 부분은 이 舊稿에 의거한 것이다.

신라의 궁극적 노림수를 일종의 倭國分割論이라고 불러도 좋지 않을
까 하는 提言을 하였던 것이며 결론적으로 磐井과 신라의 결탁은 구주
독립론과 왜국 분할론의 결탁이자 기존의 백제와 야마토 정권의 결탁에
대항하는 새로운 대립 구도의 모색이었다고 평가하였던 것이다. 그리고
여기서 한 가지 더 덧붙인다면 이러한 磐井과 신라의 결탁이 가능하였
던 배경에는 물론 양자의 이해관계의 일치라는 근본적인 이유도 있지만
현해탄을 사이에 두고 언제든지 빈번하게 이루어질 수 있는 양 지역의
海民들 간의 민간 교류의 존재도 무시할 수 없을 것 같다. 비록 사료에
는 나타나지 않지만, 그러한 항상적 교류 속에서 신라인과 磐井 사이에
신뢰 관계가 형성되어 간 것이 아니었을까 생각되는 것이다.

　사실 필자는 이러한 교류 관계는 전혀 이상한 것이 아니며 현실적으로
상존하고 있는 교류 사실이 단지 사료에 자주 안 보이는 것에 불과하다
고 생각한다. 후대의 사료이기는 하지만 예를 들어 다음의 사료를 보자.

〈사료-8〉『日本三代實錄』清和天皇 貞觀 12년 2월 12일 甲午條
　先是, 大宰府言, 對馬嶋下縣郡人卜部乙屎麻呂, 爲捕鳥, 向新羅境. 乙屎
麿爲新羅國所執, 囚禁土獄. 乙屎麿見彼國挽運材木, 搆作大船, 擊鼓吹角,
簡士習兵. 乙屎麿竊問防援人. 曰, 爲伐取對馬嶋也. 乙屎麿脫禁出獄. 纔得
逃歸. 是日. 勅, 彼府去年夏言, 大鳥集于兵庫樓上. 決之卜筮, 當夏隣兵. 因,
頒幣轉經, 豫攘. 如聞. 新羅商船時々到彼. 縱託事賈販, 來爲侵暴. 若無其,
恐同慢藏. 況新羅凶賊心懷覬覦. 不收尾. 將行毒螫. 須令緣海諸郡特愼警固.
又下知因幡, 伯耆, 出雲, 石見, 隱岐等國, 修守禦之具焉.

〈사료-9〉『日本三代實錄』清和天皇 貞觀 8년 7월 15일 丁巳條
　大宰府馳驛奏言, 肥前國基肆郡人川邊豐穗告, 同郡擬大領山春永語豐穗
云, 与新羅人珎賓長, 共渡入新羅國, 教造兵弩器械之術, 還來將擊取對馬嶋.
藤津郡領葛津貞津, 高來郡擬大領大刀主, 彼杵郡人永岡藤津等, 是同謀者
也. 仍副射手卌五人名薄進之.

〈사료-10〉『日本三代實錄』淸和天皇 貞觀 11년 10월 26일 庚戌條
太政官論奏曰, 刑部省斷罪文云, 貞觀八年隱岐國浪人安曇福雄密告, 前
守正六位上越智宿禰貞厚 与新羅人同謀反逆. 遣使推之. 福雄所告事是誣
也. 至是法官覆奏. (하략)

먼저 <사료-9>에 의하면 진위야 어떠하든 신라가 대마도를 정벌하
기 위해 군사적 훈련과 준비를 하고 있었다는 사실이 卜部乙屎麻呂의
전언 형태로 大宰府의 보고에 언급되어 있으며 일본 조정도 신라의
'凶賊'에 대한 경계를 강화하는 지시를 내리고 있다. 이러한 면만 본다
면 9세기 후반기인 정관 12년(870) 단계의 신라와 일본의 관계가 얼마나
긴장되어 있었는가를 알 수 있지만,[21] 시각을 바꾸어보면 별도의 사실이
엿보이기도 한다. 예를 들어 山內晋次는 이 사료를 통하여 오히려 신라
인과 대마도인의 민간 교류를 보여주고 있다는 측면에 주목하여 당시의
교류 관계의 일면을 제기하였다.[22] 즉 그는 대마도 사람이 새를 포획하
기 위해 신라로 도항하였다는 점, 신라병에 사로잡혀 투옥되었을 때 그
는 신라인과 언어 소통이 가능하였다는 점 등의 이유에서 신라인과 대마
도인 사이의 일상적인 교류 관계의 존재를 추정하였던 것이다. 필자는
타당한 지적이라고 생각한다.

그리고 <사료-9>는 구주 肥前(히젠)國의 郡司(군지)級 지배층 일
부가 신라인과 통모하여 대마도를 습격하려고 한 사건이 발각되어 대재
부가 중앙 조정에 그 사실을 보고하는 내용이며 <사료-10>은 구주

21) 비단 이 시기뿐만이 아니라 실제 9세기 단계의 육국사 및 『日本紀略』,『類聚
三大格』등의 사료에는 신라 해적의 활동 및 이에 대한 일본의 방비에 관련된
내용의 사료가 일일이 소개하기 어려울 정도로 많이 보인다. 이들 사료에 대해
서는 김기섭 외,『일본 고중세 문헌 속의 한일관계사료 집성』, 혜안, 2005에 일
목요연하게 잘 정리되어 있다. 참고 바란다.
22) 山內晋次,「九世紀東アジアにおける民衆の移動と交流」『歷史評論』
555, 1996.

해역과는 좀 떨어진 隱岐(오키)國의 경우인데, 貞觀 8년(866)에 전임 國司(고쿠시)가 신라인과 통모하여 반역을 꾀하였다고 현지 사람이 밀고하였는바 조사 결과 무고(誣告)였음이 드러났다는 내용이다. 이 두 사례는 일반 백성 레벨의 접촉이 아니라 현지의 지배층까지도 사적으로 신라・신라인과 연계되어 서로 접촉하고 있었음을 보여주는 것으로서 특히 오키국의 경우처럼 거짓 밀고까지 가능하였던 것을 보면 역설적으로 실제 현실에서도 그런 일이 발생할 개연성이 농후하였음을 반증하는 것으로 볼 수 있을 것이다. 일본 조정의 입장에서는 이러한 구주의 관인층과 신라의 결탁을 가장 두려워하고 있었음에 틀림없으며[23] 이러한 결탁이 나타났던 이면에는 이미 9세기 전반에 신라의 장보고 등의 활약으로 인하여 당−신라−일본을 하나의 네트워크로 연결하는 교역권이 형성되어 있었다는 점이 그 배경으로 지적할 수 있을 것이다.[24] 이러한 사례들을 보면 구주 및 그 해안 도서지역들은 고대 동아시아의 교역 네트워크의 형성과 더불어 한반도와의 교류도 상당히 활발하게 전개되고 있었음을 짐작하게 한다.

한편 비슷한 시기의 五島列島의 상황에서도 이러한 민간의 교류를 확인할 수 있다. 五島列島는 뒤에 제시하는 <지도 2>에서도 알 수 있듯이 일본의 대중국 교류 관계에 있어서 중요한 교통상의 요지였으며 南路를 이용하는 일본 견당사의 배들이 이 오도열도를 일본 국내의 마지막 기항지로 하여 동중국해로 진입하였던 것은 유명하다. 그러나 오도열도는 중국과의 관계에서만 중요한 역할을 하였던 것이 아니라 신라와의 교류 관계에서도 매우 중요한 위치에 있었다는 점은 이미 기존의 연

---

23) 구주 지배층과 신라의 결탁이 초래할 수 있는 가공할 위력은 혹자에 따라서는 고대 일본 최대의 內戰이라고도 평가받는 6세기 전반 磐井의 난 사건에 이미 나타난 바 있다.
24) 佐伯弘次,「海賊論」『アジアのなかの日本史 Ⅲ 海上の道』, 東京大學出版會, 1992.

구에서 지적된 바 있다.[25] 당시 오도열도의 대외적 교류 상황을 잘 보여
주는 사료로 자주 언급되어 왔던 것이 예컨대 다음의 기사이다.

〈사료-11〉『日本三代實錄』淸和天皇 貞觀18년 3월 9일 丁亥條.
　　參議大宰權帥從三位在原朝臣行平起請二事. 其一事, … (중략) … 其二
事, 請合肥前國松浦郡庇羅値嘉兩更建二郡號上近下近置値嘉嶋曰, … (중
략) … 今件二, 地勢曠遠. 戶口殷阜又土産所出. 物多奇異. 而徒委郡司, 恣
令聚歛. … (중략) … 加之地居海中境隣異俗. 大唐新羅人來者, 本朝入唐
使等, 莫不經歷此嶋. 府頭人民申云, 去貞觀十一年, 新羅人掠奪貢船絹綿等
曰, 其賊同經件嶋來. 以此觀之, 此地是當國樞轄之地. 宜擇令長以愼防禦.
又去年或人民等申云, 唐人等必先到件嶋. 多採香藥, 以加貨物. (하략)

일찍이 戶田芳實은 이 사료를 통하여 당시 많은 당·신라 선박들의
寄港地 역할을 하고 있던 오도열도에는 唐人과 신라인, 그리고 섬 주
민들 사이에 일상적인 교류가 이루어지고 있었음을 지적하면서 특히 위
의 "去貞觀十一年, 新羅人掠奪貢船絹綿等曰, 其賊同經件嶋來"
라는 기사를 근거로 오도열도 내에 신라선의 정박 기지가 존재하였을 가
능성을 지적한 바 있다.[26]

　위의 9세기대의 諸사료에서는 구주 및 그 연안 도서 지역과 신라, 당
사이에 전개되는 국가의 통제를 넘나드는 비교적 자유로운 일반 민중 레
벨의 교류 관계를 엿볼 수도 있지만 한편에서는 국가 권력이 끊임없이
그러한 지역을 통제하려고 하는 자세를 취하고 있음도 간취할 수 있을
것이다. 다시 말해 당시의 도서 지역에는 이 두 가지 측면이 공존하고 있
었던 것이다. 그리고 국경 지역에 살고 있는 지역민의 경우도 위와 같은
우호적 교류만이 있었던 것이 아니라, 국경 지역이었기 때문에 생겨날

---

25) 戶田芳實, 「平安初期の五島列島と東アジア」『初期中世社會史の硏
　　究』, 東京大學出版會, 1991.
26) 戶田芳實, 주 25)의 앞의 논문.

수 있는 상대방에 대한 증오감도 아울러 양성되고 있었다는 측면도[27] 간 과해서는 안 될 것이다. 필자는 이 중에서 어느 한쪽만을 강조하는 것은 편향적인 태도라고 생각한다. 구주의 해안도서 지역의 교류 문화를 이해 하기 위해서는 이러한 복합적인 요소들을 모두 당시의 엄연한 현실로서 받아들이는 것이 무엇보다 중요하다고 생각한다.

2) 九州 남방 도서지역의 교류 관계

한편 남도 지역과 일본열도 중앙의 야마토 정권과의 교섭은 『日本書 紀』推古天皇 24년(616) 3월조에 보이는 '掖玖(야쿠)' 人의 귀화 기사 가[28] 최초이지만 아마도 이들 지역의 존재 자체는 그 이전에 이미 야마 토 지역에도 알려져 있었다고 보는 것이 타당할 것이다. 이 추고 24년조 의 기사를 시발로 同年 5월조와 7월조, 동 28년(620) 8월조에도 야쿠인 의 기사가[29] 보인다. 그리고 舒明天皇 원년(629)에는 처음으로 야마토 조정에서 야쿠시마로 사신을 파견하는 기사가 보이며[30] 동 3년(630)에도 야쿠인의 귀화 기사[31]가 보인다. 한편 서명천황 3년조의 단계까지는 남 도에 관한 기사는 모두 야쿠(시마)를 중심으로 등장하고 있는데, 이것이 남도 중에서도 실제 야쿠시마의 사람만이 야마토 조정에 왔기 때문에 이

---

27) 예를 들어 『續日本後紀』仁明天皇 承和 원년(834) 2월 癸未條에 "<u>新羅人 等, 遠涉滄波, 泊着大宰海涯. 而百姓惡之, 彎弓射傷</u>. 由是, 太政官譴 責府司, 其射傷者, 隨犯科罪. 被傷痍者, 遣醫療治, 給糧放還."이라고 나오는 경우는 변경 지역의 주민이었기 때문에 더욱 신라에 대한 적대감이 컸을 수도 있었음을 보여준다.
28) 『日本書紀』推古天皇 24년 3월조에 "掖玖人三口歸化"라고 나온다.
29) 『日本書紀』推古天皇 24년 7월조에는 야쿠 사람 20명이 왔다고 하며 앞에 온 사람을 합쳐 모두 30명을 朴井(에노이)에 안치하였다고 하는 내용이 전한다.
30) 『日本書紀』舒明天皇 원년 4월 辛未朔條.
31) 『日本書紀』舒明天皇 3년 2월 庚子條.

렇게 표기된 것인지,[32] 아니면 당시에는 남도 전체를 '야쿠'로 총칭하고
있었음을[33] 보여주는 것인지에 대해서는 좀 더 검토의 여지가 있는 것
같다. 필자의 생각으로는 뒤에 나오는 남도 관련 사료에 多禰人·掖玖
人·阿麻彌(아마미)人 등으로 표기가 세분화되어 있음을 근거로 볼 때
7세기 초기에는 이들 지역인 전체가 掖玖人으로 총칭되고 있었다기보
다는 역시 掖玖人만이 야마토 조정과 관계를 가졌다고 하는 것이 당시
의 실상이지 않았을까 한다.

한편 推古·舒明朝 이후에도 남도 관련 기사는 이어진다. 天武天
皇 6년(677)에는 多禰(타네)島의 사람들을 飛鳥寺 서쪽에서 향응하였
다고[34]하여 처음으로 타네가시마 사람이 모습을 드러내며 동 11년(683)
에는 아마미 사람이 처음 사료에 등장한다.[35] 남도에 대한 야마토 조정
의 본격적인 간섭과 경영이 시작되는 것은 천무천황 8년 타네가시마에
大使·小使를 파견한[36] 이후부터라고 보아도 좋을 것 같다. 이들은 천
무천황 10년에 귀국하여 "多禰國圖"를 조정에 바치며 조사 보고를 하
였다고 한다.[37] 이후 구주 최남단의 사츠마 지역에 대한 통제 심화와 함
께 남도 지역에 대한 통제도 본격적으로 전개되어 간 것으로 보인다.

예를 들어 文武天皇 2년(698) 4월에는 文忌寸博士 등을 위시한 8
명을 覓國使로서 남도에 파견하였으며[38] 이 무력을 수반한 남도 변경
지역에 대한 招撫 행위가 일정한 성과를 거둔 탓인지 동 3년(699)에는

---

32) 예를 들어 日本古典文學大系, 『日本書紀 下』, 岩波書店, 1965, 200쪽의
   頭注는 이러한 입장을 취하고 있다.
33) 松本雅明, 「南島の世界」 『古代の日本3 九州』, 角川書店, 1970는 7세기
   초반에는 남도가 '야쿠'의 이름으로 총칭되고 있었다는 견해를 취하고 있다.
34) 『日本書紀』 天武天皇 6년 2월 是月條.
35) 『日本書紀』 天武天皇 11년 7월 丙辰條.
36) 『日本書紀』 天武天皇 8년 11월 己亥條.
37) 『日本書紀』 天武天皇 10년 8월 丙戌條.
38) 『續日本紀』 문무천황 2년 4월 壬寅條.

多褹(타네) · 夜久(야쿠) · 菴美(아마미) · 度感(도캉)[39] 등의 사람이
"朝宰(＝覓國使를 말함)"를 따라 와서 方物을 바쳤다고 한다.[40] 그리
고 문무천황 大寶 2년(702)에는 사츠마와 타네가 순종하지 않는다 하여
정토를 단행하고 이윽고 호구 수를 조사하고 상주 관리를 설치하였다고
한다.[41] 薩摩國의 전신으로서 동 10월조에[42] 나오는 唱更國司[43]가
이 정벌의 결과 설치된 지방관으로 보이며 이후 元明天皇 和銅 2년
(709)에 "薩摩 · 多褹兩國司"라고 나오며[44] 또한 동 7년에는 타네가
시마에 印을 수여하였다고 한다.[45] 多褹國司라는 표현이나 일본열도
내부의 諸國에 배포하는 國印을 타네가시마에게도 주었다는 것은 비록
타네가시마가 정규의 國(쿠니)은 아니지만 國에 준하는 지위를 부여받
고 있었음을 시사한다.[46]

이와 같이 남도 지역은 7세기 이후 야마토 정권과 인적 접촉을 가지게
되면서 일본열도의 중앙 권력에 예속되어 갔다. 특히 7세기 후반에서 8
세기 초기에 이르는 시기에 야마토 정권이 율령 체제에 입각한 고대 천
황제 국가로 변모해 나갈 때 남도 지역도 이런 상황과 병행하여 일본 고
대 율령국가의 지방 지배 체계 속으로 급속히 재편되어 갔다. 이러한 남
도 지역 세계의 변모는 야마토 왕권에게 적어도 두 가지 측면에서 의미
가 있었다고 생각된다.

---

39) 度感이 어디를 가리키는 지에 대해서는 아마미 제도의 德之島를 지칭한다는
   설과 도카라 제도를 지칭한다는 두 가지 견해가 있다.
40) 『續日本紀』 문무천황 3년 7월 辛未條.
41) 『續日本紀』 문무천황 대보 2년 8월 丙申條.
42) 『續日本紀』 문무천황 대보 2년 10월 丁酉條.
43) 唱更國司(쇼우코노고쿠시)라는 용어 자체는 '변경을 지키는 國司'라는 의미이
   며 특정 지명을 지칭하는 말은 아니다.
44) 『續日本紀』 원명천황 화동 2년 6월 癸丑條.
45) 『續日本紀』 원명천황 화동 7년 4월 辛巳條.
46) 新日本古典文學大系, 『續日本紀 一』, 岩波書店, 1989, 212쪽의 주석. 이
   와 유사한 대우를 받고 있는 섬이 對馬島와 壹岐島였다.

하나는 관념적인 측면으로서, 일본 고대국가의 자기중심적인 통치 이
데올로기적 지배 구조의 충실화를 위해 남도 지역의 복속은 필요하였다
는 것이며 또 하나는 현실적인 측면으로서, 일본 고대국가의 對중국 통
교 루트의 확보라는 점에서 남도 지역에 대한 지배력 확보는 필요하였다
는 것이다.

먼저 남도 지역 복속의 관념적 의미에 대해서 잠시 살펴보자. 주지하
는 것처럼 華夷思想과 王化思想을 근간으로 하는 중국(隋唐)의 율령
을[47] 모방한 일본의 율령국가 체제는 천황을 정점으로 하여 그 지배(천
황의 德)가 미치는 범위를 化內, 지배가 미치지 않는 지역을 化外로 규
정하고, 化外에는 신라와 고구려・백제 등으로 구성된 蕃國과, 蝦夷
(에미시)・隼人(하야토) 등으로 구성된 夷狄 집단을 각각 배치하고 있
었다.[48] 여기서 남도 지역은 구주 최남단의 이적 집단으로 규정된 하야
토와 연계된 지역으로서, 남도인 역시 이적 집단의 범주에 포함되어 있
었다.[49]

그렇지만 남도 지역의 중요성은 관념적 영역에서보다는 현실적인 영
역에서 더욱 빛을 발하였다. 남도 지역은 그 지리적 위치 조건으로 인하
여 한반도와 직접적으로 긴밀한 관계에 있었던 것은 아니었다. 오히려
이 지역은 일본열도와 중국대륙과의 관계에서 중요한 지정학적 의미를
지니고 있었으며 일본 조정이 남도 지역에 관심을 가지고 주목하였던 실

---

47) 吉田孝,「隋唐帝國と日本の律令國家」『隋唐帝國と東アジア』, 汲古
書店, 1979.
48) 이러한 고대국가 일본의 자화상을 가장 잘 표상하고 있는 용어로서 현재 일본
학계 일반에 유포되어 있는 것이 바로 石母田正(이시모다 쇼)가 주창한 <東
夷의 小帝國>에 다름 아니다.
49) 伊藤循,「古代王權と異民族」「歷史學研究」665, 1994은 夷狄은 化外
人을 의미하는 것이므로 에미시와 南島人이야말로 夷狄에 속하며 하야토는
오히려 이적 범주에서 제외해야 한다는 견해를 피력하고 있다.

제 이유도 바로 이러한 사정에 있었다. 주지하는 것처럼 일본의 對중국 통교는 遣唐使의 파견을 통하여 이루어지고 있었는데, 당시 일본이 이용할 수 있는 교통로는 <지도 2>에서 알 수 있듯이 크게 南路와 北路 두 가지였다. 북로는 신라의 연안을 따라 북상하다 황해를 거쳐 당으로 들어가는 루트이며 비교적 안전한 항해를 제공받을 수 있었다. 그러나 이 북로는 신라와 우호관계일 때에만 이용할 수 있는 한계가 있었다. 그래서 개발된 루트가 南路이다. 남로는 구주의 五島列島를 거쳐 동중국해를 횡단하여 당으로 가는 경우와 구주의 남단으로 남하하여 타네가시마—야쿠시마—아마미 제도를 거쳐 동중국해를 횡단하는 소위 南島路를 이용하는 경우가 있었다. 그러나 이 남로는 안전을 보장 못하는 험한 항로였다.

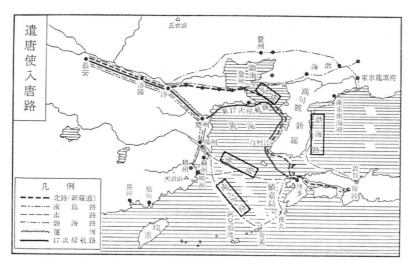

〈지도 2〉 일본 견당사의 입당 루트[50]

---

50) 이 지도는 茂在寅男,「遣唐使槪觀」『遣唐使硏究と史料』所收, 東海大學出版會, 1987에 나오는 지도에 일부 첨삭을 가한 것이다.

7세기 對중국 통교가 재개된 이후 초기의 遣隋使·遣唐使는 대부분 북로를 이용하였으나 8세기 이후에는 거의 대부분이 남로를 이용하고 있었다. 게다가 항해 중에 使命을 다하지 못하고 조난당하는 경우도 적지 않았다. 사정이 이러하다 보니 남도 지역은 일본의 對唐 통교상 어쩔 수 없이 의존할 수밖에 없는 일종의 생명선이었다고 해도 과언이 아니며, 그런 의미에서 남도 지역은 일본과 당의 교류 관계에 중요한 역할을 수행하고 있었다고 할 수 있을 것이다.

5. 맺음말

이상의 검토에서 알 수 있듯이 구주의 해안도서 지역이 일본의 대외 통교와 문화 교류에 기여한 공로는 지대하였다.

대마도를 위시한 구주 북쪽의 도서 지역은 중세 이후에도 한반도와의 관계에서 매우 긴밀한 역할을 담당하였다. 이점은 모두가 공유하고 있는 주지의 사실이며 여기서 새삼 거론할 필요는 없을 것이다.

그러나 남도 지역의 경우는 구주 북쪽의 도서 지역과 사정이 달랐다. 894년 菅原道眞(스가하라노미치자네)의 건의로 견당사의 파견이 중지된 이후 중국과의 공적 교류가 단절되면서 교토의 지배층 사이에는 남도 지역에 대한 관심이 점차 엷어져 간 것이다. 그렇지만 이들 지역민을 이적시하는 관념만은 이후의 시대에도 계승되어 갔다. 예컨대 10세기 말 구주 해안 일대를 침범하였던 奄美島 사람들을 당시 지배층은 '南蠻賊徒'라고 표현하고 있는 점에서[51] 그러한 사정이 잘 드러난다.

그러나 이것은 어디까지나 중앙 조정의 정치적 시각이지 해당 지역민

---

51) 『權記』 長德 3년(997) 10월 1일조.

의 시각은 아니라는 점에 주의할 필요가 있을 것이다. 헤이안 시대 후기에 본격적으로 전개되는 송과 일본과의 교역 관계를 생각한다면 남도 지역의 나름의 역할은 지역민들에게나 기타 지역의 교역 당사자들에게나 모두 의미가 있었다고 평가할 수 있을 것이다.

위의 9세기대의 諸사료에서는 구주 및 그 연안 도서 지역과 신라, 당 사이에 전개되는 국가의 통제를 넘나드는 비교적 자유로운 일반 민중 레벨의 교류 관계를 엿볼 수도 있지만 한편에서는 국가 권력이 끊임없이 그러한 지역을 통제하려고 하는 자세를 취하고 있음도 간취할 수 있을 것이다. 다시 말해 당시의 도서 지역에는 이 두 가지 측면이 공존하고 있었던 것이다. 그리고 국경 지역에 살고 있는 지역민의 경우도 위와 같은 우호적 교류만이 있었던 것이 아니라, 국경 지역이었기 때문에 생겨날 수 있는 상대방에 대한 증오감도 아울러 양성되고 있었다는 측면도[52] 간과해서는 안 될 것이다. 필자는 이 중에서 어느 한쪽만을 강조하는 것은 편향적인 태도라고 생각한다. 구주의 해안도서 지역의 교류 문화를 이해하기 위해서는 이러한 복합적인 요소들을 모두 당시의 엄연한 현실로서 받아들이는 것이 무엇보다 중요하다고 생각한다.

參 考 文 獻

이재석, 「4~6세기 왜국의 대외 위기론과 그 실체」『문화사학』 23,

---

52) 예를 들어 『續日本後紀』仁明天皇 承和 원년(834) 2월 癸未條에 "新羅人等, 遠涉滄波, 泊着大宰海涯. 而百姓惡之, 彎弓射傷. 由是, 太政官譴責府司, 其射傷者, 隨犯科罪. 被傷痍者, 遣醫療治, 給糧放還."이라고 나오는 경우는 변경 지역의 주민이었기 때문에 더욱 신라에 대한 적대감이 컸을 수도 있었음을 보여준다.

2005.

김현구·우재병·박현숙·이재석 공저, 『일본서기 한국관계기사연구(Ⅰ)』, 일지사, 2002.

_____, 『일본서기 한국관계기사연구(Ⅱ)』, 일지사, 2003.

_____, 『일본서기 한국관계기사연구(Ⅲ)』, 일지사, 2004.

연민수, 「日本史上에 있어서 九州의 위치」 『古代韓日交流史』, 혜안, 2003.

村井章介, 『中世倭人傳』, 岩波新書, 1993.

_____, 『境界をまたぐ人びと』, 山川出版社, 2006.

西谷正, 「對馬海峽をめぐる人と自然」 『日本文化と民族移動』, 思文閣出版, 1994.

埴原和郎, 「日本人の形成」 『岩波講座日本通史 第1卷 日本列島と人類社會』, 岩波書店, 1993.

永留久惠, 『古代日本と對馬』, 大和書房, 1985.

岡村秀典, 「考古學からみた漢と倭」 『日本の時代史1 倭國誕生』, 吉川弘文館, 2002.

吉田晶, 「古代國家の形成」 『岩波講座 日本歷史 第2卷』, 岩波書店, 1975.

山尾幸久, 「文獻から見た磐井の亂」 『古代最大の內戰磐井の亂』, 大和書房, 1986.

山內普次, 「九世紀東アジアにおける民衆の移動と交流」 『歷史評論』 555, 1996.

佐伯弘次, 「海賊論」 『アジアのなかの日本史 Ⅲ海上の道』, 東京大學出版會, 1992.

戶田芳實, 「平安初期の五島列島と東アジア」 『初期中世社會史の研究』, 東京大學出版會, 1991.

松本雅明, 「南島の世界」 『古代の日本3 九州』, 角川書店, 1970.

吉田孝, 「隋唐帝國と日本の律令國家」 『隋唐帝國と東アジア』, 汲古書店, 1979.

伊藤循, 「古代王權と異民族」 『歷史學研究』 665, 1994.

茂在寅男, 「遺唐使概觀」 『遺唐使研究と史料』 所收, 東海大學出版會, 1987.

九州 海岸島嶼와 東아시아의 遺民

이 근 우*

1. 들어가며

九州 지역이 지리적인 위치 때문에 일본열도에 있어서 대륙을 향한 관문 역할을 수행해 왔다. 그렇기 때문에 다양한 사람들과 물품, 문화들이 九州 지역을 통해서 일본열도로 퍼져나가기도 하였고, 반대로 열도의 그것들이 한반도와 대륙으로 전해지기도 하였다. 그리고 그러한 전파는 평화적인 때에 외교나 교역과 같은 방식으로만 이루어진 것이 아니라, 전쟁이나 기근, 질병이 만연하는 등으로 조성된 위기 때에 거주지를 벗어나고자 하는 사람들을 즉 유민의 탈출이나 이동으로 이루어지기도 하였을 것이다. 이 글에서는 바로 그러한 위기 때 주로 한반도에서 발생한 유민들이 九州 지역에 건너온 양상을 추적해 보고자 한다. 위기상황은 전시대를 통해서 적잖이 발생하였을 것이고, 가깝게는 6·25전쟁이나 남북한의 갈등고조 등의 시기에도 한반도로부터 다양한 사람들이 일본열도를 향했다. 그렇지만 이 글에서는 주로 필자의 역량이 미치는 고대

* 부경대학교 사학과 교수, 일본고대사 전공

를 중심으로 우선 다루고자 한다. 기회가 된다면 시대를 좀 더 넓혀서 다루어 보고 싶다.

2. 벼농사 문화인의 도래

　기원전 3~4세기 혹은 그보다 좀 더 이른 시기에 주로 한반도에서 벼농사와 청동기 문화를 가진 사람들이 대거 일본열도로 건너왔으며, 이러한 문화를 가진 사람들이 일본열도에 확산되면서 종래의 죠오몬 문화를 대신하는 야요이 문화가 성립된 사실은 너무나 잘 알려져 있다. 그렇지만 특정시기에 왜 이들이 일본열도에 건너왔는지 그 이유에 대해서는 아직 구체적으로 밝혀진 바가 없다. 그렇지만 다수의 사람들이 바다 건너 미지의 땅으로 이주를 결정하게 된 데는 분명히 납득할 만한 이유가 있을 것이다. 기원전 4세기경이라는 시대에 대한 문헌 자료는 현재로서는 알려져 있지 않은 만큼, 그 배경을 짐작하기란 용이하지 않지만, 기후변동과 이에 따른 정치변동이라는 관점에서 벼농사 문화 전래의 양상에 접근해 보고자 한다.

1) 양자강 하류역 벼농사문화의 확산

　長江(양자강과 혼용) 유역의 벼농사 문화는 이미 지금부터 10,000년 전부터 시작되었다는 주장도 있고, 적어도 8,000년 전에는 성립된 것으로 보고 있다. 良渚 유적에서는 이미 5,000년 전에 반월형 석도가 쓰였으며, 벼농사와 반월형석도는 중국 북쪽으로 이른 시기부터 전파된 것으로 알려져 있다. 그리고 이러한 양자강 유역의 벼농사문화는 여러 시기

에 여러 경로를 통해서 일본 九州의 해안에 도달하였다. 그 대표적인 유
적이 板付 유적일 것이다.

이 유적은 福岡 평야의 중앙에 위치하며 1951년부터 조사가 이루어
져 야요이시대 유적 가운데 가장 이른 시기로 비정되는 板付式 토기가
출토되었다. 특히 1977∼78년의 조사에서 일본에서 가장 오래된 논이
발견되었는데, 야요이시대 초두인 板付 1式 토기 단계에 해당한다고 한
다. 그리고 그 하부에서 刻目突帶文 토기 단계의 논이 검출된 것이다.
일본에서 이른바 죠오몬 토기 형식의 최종 단계인 夜臼式의 突帶紋土
器가 출토되는 층위에 속하는 논이며, 논바닥에서는 당시 사람들의 발자
국이 발견되기도 하였다.[1]

1980년에는 唐津市 菜畑 유적이 발견되었는데, 이곳에서는 板付
유적과 같은 연대의 논이 확인되었을 뿐만 아니라, 이보다 오래된 죠오
몬시대 만기 중엽에 해당되는 논도 발견되었다고 한다. 이 유적은 唐津
평야의 서쪽에 위치하며, 衣干山에서 뻗은 구릉으로 둘러싸인 계곡의
선단에 형성되어 있다. 이 유적에서는 논과 함께 석도, 목제 괭이, 괽개
등의 목제 농구와 탄화미, 마제석부, 방추차 등 야요이시대를 특징짓는
문물이 함께 출토됨에 따라 야요이시대의 개시기를 소급시켜 보려는 의
견이 대두되었다. 이곳에서는 板付 2식 단계의 논에서 한반도계 마제석
기가 출토되었다.[2]

근년에 들어 죠오몬시대의 벼농사에 대한 논의나 열대형 인디카 볍씨
에 대한 논의가 활발해지고 있다. 그리고 죠오몬시대의 벼농사나 볍씨는
한반도를 경유한 것이 아니라 중국의 양자강 유역 혹은 그 이남에서 직
접 일본열도로 전래된 것으로 보는 견해가 봇물처럼 쏟아져 나오고 있

1) 조현종, 「日本의 稻作農耕硏究」 『호남고고학보』 11, 2000, 188쪽.
2) 위의 논문, 189쪽.

다. 물론 죠오몬시대에 볍씨나 벼를 재배하는 기술이 전래되었을 가능성은 충분히 있다. 이미 10,000년 전부터 늦어도 8,000년 전에는 시작되었다고 하는 양자강 유역의 벼농사 문화는 여러 계기를 통해서 얼마든지 주변지역으로 확산될 수 있기 때문이다. 이 지역의 벼농사 문화는 마치 팽창과 수축을 반복하는 脈動星처럼 중국 대륙의 각지뿐만 아니라 한반도나 일본열도를 향해 발신되었을 것이다.

즉 한반도나 일본열도에 벼농사가 전래된 과정은 결코 한 번으로 끝난 것이 아니며, 또한 여러 루트를 상정할 수 있다는 것이다. 예를 들어 일본열도의 경우에도 죠오몬시대 후기 후반에서 만기에 걸친 볍씨의 흔적이 확인되고 있으며, 한반도에서 신석기시대의 볍씨가 보고되고 있다.

그러나 볍씨의 존재가 확인된다고 하는 것과 현재까지도 지속되고 있는 벼농사의 출발점이 언제인가는 또 다른 논의라고 하지 않을 수 없다. 양자강 하류역의 벼농사이든 동남아시아 지역의 벼농사가 끊임없이 주변지역을 향해서 그 문화를 발신하였을 것은 분명하기 때문이다. 어떤 계기로 벼를 재배하거나 아니면 야생종 벼를 수확하는 문화가 전래되었다고 하더라도, 그것이 사회 전체에 수용되어 기존의 문화양식을 바꿀 정도의 영향력을 행사하였는가가 문제이다. 벼가 전래되었다고 하더라도 그 사회는 여전히 채집을 위주로 하는 사회였다고 한다면, 그것이 벼농사의 정착을 의미하는 것은 아니라고 해야 할 것이다. 죠오몬시대에도 여러 차례에 걸쳐 볍씨나 벼농사의 문화요소가 전래되었다고 하더라도, 그것이 사회의 기본적인 생활방식을 바꾸지 못하였다고 한다면, 그러한 볍씨나 벼농사를 일본열도의 벼농사의 기원으로 단정하기 어렵다. 그러한 점에서 조현종이 벼농사를 하나의 사회체계로 보는 지적은 타당하다.[3]

---

3) 조현종, 「일본의 稻作農耕硏究－彌生時代 水田을 중심으로」『호남고고학보』 11, 2000.

따라서 일본열도의 경우는 볍씨의 존재가 아니라, 벼농사와 관련된 다양한 문화요소의 출현과 그러한 문화요소가 사회에 끼친 영향, 그리고 현재까지의 지속성 등을 논의의 핵심에 두어야 할 것이다. 그리고 진정한 벼농사의 출발점은 죠오몬시대 말기에서 야요이 초기에 걸쳐서 나타나는 벼농사의 다양한 문화요소에서 찾아야 할 것이다. 이미 廣瀬和雄이 분류해 보았던 것처럼, 야요이 先1期에서 1期 무렵에 반월형 석도와 함께 출현하는 벼농사에서 일본열도 벼농사의 출발점을 찾아야 할 것이다. 이 시기에는 반월형 석도만이 아니라, 가래, 호미, 고무래, 절구공이와 같은 농경도구와 논, 둑, 수로 등의 벼농사 문화요소가 모두 확인된다. 볍씨가 발견되었다고 해서 그 사회가 바로 벼농사를 시작한 것은 아니다. 학계의 일각에서 주장하는 것처럼, 죠오몬시대부터 벼가 재배되었다고 한다면, 죠오몬시대의 벼농사가 독자적으로 발전하여, 중국이나 한반도에서 나타나는 각종 농기구와 똑같은 도구나 벼농사 기술에 도달하였다고 말할 수 있을 것인가?

한편 우리 학계에서는 한반도의 벼농사가 양자강 유역에서 건너왔을 가능성은 희박하다고 판단하고 있다.[4] 그렇지만 이미 일본열도에서 죠오몬시대에도 볍씨 등이 발견되고 있다는 사실에 주목한다면, 한반도 벼농사의 루트도 그리 단순하지 않은 것으로 보아야하지 않을까?

안승모는 일본의 벼농사 문화는 황하 하류역에서 산동반도에 걸친 화북 잡곡문화가 화남도작문화와 융합한 낙엽광엽수림형 도작의 형태로 九州에 유입되었다는 寺澤薫의 견해에 적극 동조한다고 하면서, "수도적인 도작이 華北으로 북상하는 과정에서 입지에 따라서는 화중형의 논농사가 계속되면서 화북형 잡곡 田作 기술체계에 적응된 벼의 밭 또는 화전농사가 발생하였을 가능성이 높다. 비약하면 한반도에 처음 들어온

---

4) 안승모, 「한국과 일본의 초기도작－미완의 과제들」 『호남고고학보』 13, 2001.

도작은 밭농사, 화전농사와 더불어 천수답을 비롯한 논농사도 존재하였으며, 유적의 입지조건에 따라 다양한 형태의 도작이 이루어졌을 것이다. 물론 수로와 논둑을 갖춘 완비된 관개형 논은 송국리형 문화단계로부터 시작되었을 가능성이 크다는 사실 자체는 부정하지 않는다."고 하였다.[5]

이러한 논의는 양자강 유역의 논에서 영위되던 벼농사 문화가 중국대륙을 북상하면서 점차 그 경작방법이 밭이나 화전에서 이루어지는 밭농사로 변화되었다가, 다시 송국리에 와서 관개형의 논농사로 환원되었다는 이야기가 된다. 전혀 불가능한 일은 아니나, 양자강 유역의 벼농사 문화의 실상을 좀 더 밝혀진다며 논의는 다른 방향으로 전개될 수 있지 않을까? 우리의 벼농사 문화에서 근래까지 볼 수 있었던 절구나 맷돌, 디딜방아 등을 양자강의 상류지역 등에서 확인할 수 있다고 한다. 양 지역의 동일한 문화가 백제와 남조, 혹은 고려와 송 등 그 이후의 교류에서 출현한 것인지, 그 이전부터 존재한 것인지를 좀 더 확인해 볼 필요가 있다고 하겠다.

한편, 또 하나 문제가 되는 것은 양자강 유역의 벼농사문화가 어떤 계기로 주변 지역으로 확산되었는가 하는 점이고, 이와 관련하여 한반도와 일본열도에 벼농사가 전래된 시기는 어떤 계기로 맞물려 있는가 하는 점이다. 이를 알아보기 위해서 중국대륙 및 주변 지역의 기후변동과 정치변동에 대해서 알아보고자 한다.

2) 기원전 20세기 이후의 기후 변동과 정치 변동

지금부터 4,000년 전부터 기후이변이 良渚文化가 번영한 장강 하류

---

5) 안승모, 앞의 논문.

역을 엄습하여 수백 년에 걸쳐서 평균기온이 약 5℃나 낮아졌으며, 이와
더불어 차가운 비가 계속 내려서 홍수가 빈번하게 발생하였다.[6] 한편 이
보다 늦게 殷王朝가 성립된 것은 기원전 1,550년경이라고 하며, 周가
건국된 것은 1122년에서 1018년 사이라는 설이 있다. 周도 역시 서방의
유목민족에 기원을 두고 있던 것으로 보고 있다. 은대 후기에는 이미 長
江의 남쪽까지 그 문화가 남진하였다. 殷 계통 문화는 북위 25도까지
도달하였다고 한다.

한편, 기원전 1,000년대에 일어난 역사적인 대 사건의 하나는 유라시
아 대륙의 초원지대에, 스키타이, 匈奴, 烏孫 등 많은 유목기마민족이
출현하여 그들 자신이 창안한 기마술을 이용하여 남방의 농경사회에 진
출한 것이다. 또 기원전 7~5세기에 서쪽으로는 카르파티아산맥(북위 50
도, 동경 20도)에서 동쪽으로는 몽골고원(북위 45도, 동경 105도)에 이르
는 광대한 유라시아 스텝 지역에서 종래 방목적 · 농경적 경제로부터 유
목경제로 이행하기 시작하였다. 특히 西周(기원전 1027~771) 말기에
서북 초원지대에서 섬서(북위 35도, 동경 110도), 산서(북위 38도, 동경
112도)에 걸쳐 기후가 건조해지고 旱害가 속출하였기 때문인지, 이 지
방의 원주민들이 동방 이동이 시작되었다.

그 기간 중에서도 특히 기원전 7~8세기는 고대 중국사에서 하나의
대전환기였으며, 유라시아 초원지대를 본거지로 한 유목기마민족의 에너
지가 거대한 소용돌이를 이루며 남방의 정주농경지대까지 진출하게 되
었다. 기원전 771년에 유목민의 침입으로 鎬京(북위 34도, 동경 109도)
이 함락되어 西周가 멸망하고 도읍을 洛陽(북위 35도, 동경 113도)으로
옮겨 東周라 불리게 되었고, 이로써 春秋時代가 열렸다. 이동거리는
경도와 위도로 볼 때 적게 보일지도 모르지만, 두 곳 사이에는 태행산맥

---

6) 伊藤 · 淸司, 「江南の洪水傳承」 『しにか』 5-8, 1994.

과 진령산맥이 놓여 있으며, 호경은 황토고원의 남단에 있고, 낙양은 화북평원이 시작되고 있는 곳이다.

중국의 春秋(기원전 770∼403) 및 戰國時代(기원전 403∼221)에는 "대동란의 결과 다량의 난민이 발생하였음에 틀림없다. 그들은 벼와 벼농사 기술을 가지고 사방으로 흩어져갔을 것이다. 동쪽으로 간 일부는 바다를 건너가 혹은 한반도를 경유하여 일본에 이르렀다. 그들은 야요이 도래인으로서 일본에 논농사를 전래하고 정착하였다."7) 한편 "吳는 기원전 473년에 越에 의해서 멸망하였다. 그러자 멸망한 오나라의 여러 가지 기술을 가진 사람들은 노예로 월나라에 끌려가게 되었다. 이를 꺼렸던 오나라 사람들의 일부는 배를 타고 일본에 건너와 신무천황이 되었다는 전설이 있다.", "이러한 전설은 아무런 근거가 없는 것은 아닐 것이다."8)

이상에서 언급한 중국대륙에서의 기후 변동과 정치적 변동이 양자강 유역의 벼농사 문화가 확산되는 계기를 조성한 것으로 볼 수 있지 않을까? 기원전 2,000년경의 기후 하강이나, 기원전 1,500년경의 은의 성립, 그리고 다시 기원전 1,100년경의 은주의 교체, 기원전 1,000년경의 북방 유목민족의 남하 등이 양자강 유역의 벼농사 문화가 주변으로 확산되는 계기를 볼 수 있을 것이다. 특히 기원전 2,000년경부터 기원전 700년경 사이에는 기후 변동이 정치 변동을 촉발하였을 가능성이 큰 것으로 보인다. 아울러 기후변동과 정치변동이 동시에 나타났을 경우, 그 영향력을 더욱 커져서 벼농사가 문화가 주변지역으로 보다 널리 확산되었을 수 있다.

이러한 점에서 죠오몬시대에 볍씨가 출현하는 현상은 여러 차례의 파동 중에서 한두 차례의 파동이 일본열도까지 미친 사례로 보아도 좋지

---

7) 佐藤洋一郎,「ジャポニカ長江起源說」『農耕と文明』, 朝昌書店, 1995.
8) 福永光司, 『馬の文化と船の文化』, 人文書院, 1996.

않을까? 그러나 죠오몬시대의 볍씨 전래가 채집 수렵 등의 채집경제체제를 결정적으로 바꾼 것으로 보이지는 않는다. 역시 벼농사가 사회의 중심이 된 것은 죠오몬시대의 말기로 보아야 하지 않을까? 그렇다면 기원전 400년을 중심으로 한 시기에 어떤 변동을 확인할 수 있을까? 일부에서는 오나라의 멸망을 양자강 벼농사 문화의 전래 계기로 파악하고 있는 견해를 제기하고 있으나, 그러한 국지적인 사건이 아니라, 기후변동이라는 요소도 아울러 생각해야 할 것이다. 또한 일본열도의 벼농사문화가 양자강 유역 문화가 직접 전파된 것이라고 주장하기 위해서는 양자강 유역의 다른 문화요소들과의 연관도 증명할 수 있어야 한다. 그러나 현재까지 일본열도의 벼농사문화는 그와 수반된 다른 문화요소들이 한반도와 밀접한 관련을 갖고 있는 것으로 밝혀져 있다. 현시점에서는 야요이시대를 연 벼농사문화의 전래는 양자강 유역의 벼농사문화가 일단 한반도로 전래된 다음, 다시 기후변동이나 정치적인 변동을 계기로 일본열도로 2차적으로 파급되어 간 것으로 보아야 하지 않을까?

일본의 도작문화는 기원전 500년경 한반도에서 북부 九州에 도래해 온 사람들에 의하여 시작되었다. 도작이 전래된 시기는 기원전 4~5세기, 吳越의 동란과 더불어 도래해 온 것으로 생각된다. 그러나 이 시기에 중국은 이미 금속기가 사용되고 있어서, 여러 요소에서 봐서 吳越의 문화가 金石竝用의 야요이문화의 직접적인 祖形이라고 생각할 수 없다. 중국의 신석기시대의 어느 시기에 장강 하류역의 도작문화가 확산되는 과정에서 여러 가지 요소를 상실해가면서 한반도에 전해지고, 마지막으로 일본에 전해진 것으로 생각하는 것이 타당할 것이다.[9]

아직 기원전 1,000년 이후의 기후변동을 정밀하게 추적할 수는 없는 상황이지만, 춘추전국시대를 불러온 기후변동과 정치변동은 중국대륙에

---

9) 西谷大, 「日本の稲と稲作の系譜を探る」 『新視點 日本の歷史 1 – 原始編』, 新人物往來社, 1993.

만 영향을 끼친 것이 아니라, 한반도에서 영향을 미쳤을 것이다. 전국시대 燕의 성장, 그리고 중원을 중심으로 빈번한 전란은 적지 않은 인구의 이동을 초래하였을 것이고, 그 여파가 한반도에 미쳤을 것이다.[10] 한반도 북부에 미친 정치적 압력이나 인구이동으로 말미암아, 청동기문화를 가진 한반도 북부의 주민들이 남하하고, 그러한 남하의 결과 한반도 남부에서 벼농사를 영위하던 사람들이 다시 일본열도로 향했을 가능성을 생각할 수 있다.[11] 일본열도의 야요이문화가 벼농사는 양자강 문화의 직접적인 영향 하에 있었고, 청동기문화만을 따로 한반도에서 받아들였다는 입론은 재검토되어야 할 것이다.

한편 한반도의 경우에는 양자강 하류역의 벼농사 문화가 직접 한반도 남부지역으로 유입되었을 가능성을 상정하고 연구를 진행할 필요가 있을 것으로 생각된다. 한반도 남부 남단은 植生의 측면에서 양자강 하류역과 공통될 뿐만 아니라, 해류를 따라서 북상할 수 있는 위치에 있기 때문에 산동반도나 요동반도를 우회하는 벼농사 전래 루트가 아니라 두 지역을 직결하는 루트를 주목할 필요가 있을 것이다.

어느 시기에 어떤 루트를 통하였던 간에 벼농사 문화를 일본열도에 전래한 사람들은 기후변동에 의한 기근이나 정치변동으로 인한 사회적인 위협으로부터 벗어나기 위해서 배에 몸을 실었을 가능성이 크다. 오늘날 우리가 목격했던 보트 피플과 별로 다르지 않은 모습이 아니었을까? 그

---

10) 조진선, 『세형동검문화의 전개과정 연구』, 전남대박사학위논문, 2004. 이 논문은 한반도 북부의 비파형 동검문화가 연나라의 세력에 밀려 일부는 요동 내륙으로 들어가고 일부는 서해를 건너 남양만 일대로 유입되면서 세형동검문화가 성립된 것으로 보고 있다. 그리고 그 성립 시기는 기원전 300년경 무렵으로 파악하였다. 바로 이러한 세형동검문화 성립 과정이야말로 한반도 벼농사문화가 일본에 전파되는 계기를 만든 것으로 보고자 한다.

11) 庄田愼矢, 「호서지역 출토 비파형 동검과 미생시대 개시연대」『호서고고학』 12. 이 논문에는 야요이시대 개시기에 대한 다양한 논의가 정리되어 있다. 또한 그 개시년대는 8세기 중엽에서 7세기 중엽 사이로 잡고 있다.

들이 상륙한 九州의 해안은 평화와 풍요를 가져다 줄 신천지로 보였을 것이다.

3. 가야인들의 도래

九州 지역은 야요이문화의 전파라는 큰 물결이 지나간 이후에도 한반도의 남부 지역 특히 가야지역이나 현재의 전라남도 지역과도 밀접한 관련을 유지하고 있었다. 그 중에서도 4세기 말에서 5세기 대 그리고 가야의 여러 나라들이 멸망한 6세기 전반에 활발한 교류가 이루어지고 있었음을 알 수 있다. 九州 지역으로 다시 다수의 도래인이 몰려온 것은 바로 이 시기일 것이다. 한반도의 기근이나 전쟁, 나라의 소멸 등을 계기로 빈번하게 유민들이 九州 지역으로 건너왔을 것이지만, 역시 중요한 획기를 들자면 가야 여러 나라의 멸망을 전후한 시기일 것이다. 火國造阿利斯等의 예에서 볼 수 있듯이, 九州 지역과 가야 지역 사이에는 활발한 인적 교류가 이루어지고 있었다. 심지어 가야지역에는 왜인과 가야인 사이의 혼혈인 韓子들이 존재하고 있을 정도로, 왜인들이 가야 지역에 오랫동안 머무는 것도 드문 일이 아니었다. 가야 여러 나라의 멸망과정에서 많은 왜인들이 활동하고 있는 것도 그 증거라고 할 수 있다.

그런데 웅진으로 남천한 百濟와 본격적인 영토 확장에 나선 新羅 두 나라의 협공 앞에 가야의 여러 나라들은 하나씩 소멸되어 갔다. 김해의 이른바 금관가야(정확하게는 加羅 혹은 南加羅)를 비롯한 卓淳·啄己吞과 같은 나라들이 530년경에, 한때 거창·산청·합천 등까지 영역을 확장한 고령의 大加羅도 562년에 멸망하였다. 그 과정에서 신라나 백제의 침공에 반기를 들었던 가야인의 대부분은 한반도를 떠날 수밖에 없었을 것이다. 그리고 그들은 九州의 여러 지역에 그들의 흔적을 남겼다. 물론 가야 멸망 이전에도 활발한 인적 물적 교류의 양상을 추측할 수 있다. 가야 여러 나라의 멸망이 정치적인 변동이었다면 그러한 정치적인 변동을 초래한 또 다른 원인들은 이미 그 이전부터 작용하고 있었기 때문이다.

1) 새로운 문화의 전래

그렇다면 가야계 유민들의 흔적은 어떻게 확인할 수 있을까? 일본열도의 가야인의 존재를 짐작케 하는 대표적인 요소로는 토기, 화덕, 대벽 유적의 3가지를 들 수 있을 것이다. 먼저 토기의 경우는 還元焰으로 燒成되는 회청색 경질토기의 보급과 일본열도에서의 제작 과정에 가야인들이 개입되어 있다고 보고 있다. 이러한 사실을 잘 보여주고 있는 유적이 바로 朝倉窯跡群이다.[12] 회청색 경질토기 이른바 일본에서는 須惠器로 불리는 토기가 생산된 중심지 중 한 곳이 九州 福岡縣 朝倉郡에서 조사된 朝倉窯跡群이다. 이 유적은 유명한 陶邑窯跡群과 거의 동시기이면서도 토기의 형식에 있어서는 분명하게 구분되는 것으로 알려져 있다. 그리고 이 朝倉窯跡群은 한반도에서 건너온 사람들이 일본열도에 정착하여, 北九州에서 須惠器 생산을 개시한 유적으로 최근 판명되었다. 아울러, 北九州의 早良・福岡・早倉・筑後・佐賀 등지에 이곳에서 생산된 토기들이 공급되었음을 알 수 있다.

그런데 이 토기들이 甘木市의 池の上墳墓群과 古寺墳墓群에 다수 매장되어 있는 사실이 확인되었다. 5세기가 되면, 일본열도 고분의 부장품 중에 가야계 도질토기 등이 다량으로 나타나며, 더욱이 이러한 토기 등은 가야의 풍속을 그대로 답습하는 형태로 토광묘 속에 부장된다.

---

12) 이하의 내용은 http://inoues.net/museum/ama_jyosetu.html에서 발췌 요약한 것임.

池の上墳墓에 묻힌 사람들도 아마도 가야에서 건너와서, 須惠器 생산
에 종사하였던 사람들의 무덤일 가능성이 지적되고 있다.

왜냐하면, 이 고분군에서는 한반도 남부 지역의 女性墓와 공통되는
장례풍습이 보인다. 주산알 형태의 陶製 紡錘車가 매납되어 있었던 것
이다. 池の上 D 1호분과 19호분은 石蓋土壙墓인데, 전자에서는 방추
차가 피장자의 발 근처에서, 후자에서는 오른쪽 어깨 부근에서 출토되었
다. 또한 土壙墓인 26호분에서도 피장자의 발 근처에서 방추차가 부장
되어 있었다. 古寺 2호분과 3호분에서도 토광묘 내에 방추차가 부장되
어 있었다. 이들 분묘의 토기 구성으로 미루어, 피장자들은 가야지역에
서 일본열도로 건너와서 아직 가야의 풍습을 유지하고 있었던, 이른바
도래인 1세에 해당하는 여성들로 판단하고 있다.

뿐만 아니라, 池の上·古寺墳墓群의 경우에는 초기의 須惠器가
다량으로 출토되었는데, 함께 출토된 토기 중에는 일본열도의 전통적인
토기인 토사기는 적고, 須惠器의 형태도 가야토기의 형태에 가깝다. 또
한 이 시기에 일본열도의 매장습관을 보면 須惠器를 분구의 위에 두거
나 깨트린 경우가 많은 데 대하여, 이곳에서는 토광묘 안에 부장한 경우
가 상당히 많다. 또한 가야의 토광묘나 수혈식 석실에서 그런 것처럼, 토
기를 발 아래쪽이나 머리 위에 부장하였다. 그래서 이 고분군은 가야계
도래인이 상당수 포함되어 있는 집단의 무덤으로 판단하고 있다. 그런데
이들은 그 사회의 지배층은 아니었으며, 현지의 호족의 통솔 하에 토기
나 마구 등을 생산하는 기술자 집단일 가능성이 크다고 한다.[13]

그밖에도 福岡縣 浮羽市의 月岡古墳[14] 및 塚堂古墳[15]에서는 한

---

13) 武末純一, 「朝鮮半島南部の土器と九州の土器」 『伽耶および日本の
    古墳出土遺物の比較研究』, 國立歷史民俗博物館, 1994, 11~12쪽.
14) 月岡古墳은 若宮八幡宮境內의 북서쪽에 있으며, 古墳時代의 中期에 축조
    된 길이 약 80m의 前方後円墳이다. 三重의 周濠가 있으며, 江戶時代에
    發掘되었는데, 後円部에는 竪穴式石室이 있었으나 지금은 없어졌다. 길이

반도에서 제작된 것으로 보이는 마구가 출토되었다. 月岡古墳의 石棺
에서는 鏡·玉·劍·刀·화살촉·투구·갑옷·帶金具 등 막대한
수의 副葬品이 확인되었다. 투구도 챙이 달린 이른바 眉庇付 투구로
한반도 계통이다.

이와 인접하는 집락유적에서는 제사용 토제 모조경, 철부, 도질토기,
초기 수혜기 등이 출토되었다. 5세기 전반이라는 이른 시기임에도 불구
하고 20여 기의 수혈주거의 반 수 이상에서 화덕을 설치하였다는 사실도
확인되었다.[16]

한편, 福岡縣 宗像郡 津屋崎町 在自の下の原 유적에서도 5세기
후반의 수혈식 주거군이 발굴되었는데, 화덕에서 煙道를 주거지의 床
面 속에 점토로 구축한 온돌이 발견되었다. 또한 福岡縣 遠賀郡 岡崎
町의 墓尾에서도 5세기 후반의 온돌 시설을 갖춘 수혈주거가 발견되었
다. 이러한 화덕과 온돌 시설은 일본열도로 건너간 가야인들이 남긴 유
구로 보인다.[17]

문헌사료에서도 『日本書紀』應神 41년 2월조에서는 縫工女를 찾
아서 吳에 파견되었던 倭漢氏의 조상 阿知使主가 돌아오는 길에 筑
紫에 이르렀을 때 그곳의 胸形大神의 요구에 따라 工女 중에서 兄媛
을 바쳤다는 이야기가 전한다. 이러한 전승은 衣縫의 기술이 宗像 신사
의 제사와 관련을 가지고 있음을 반영하는 것이라고 한다. 이와 관련하

5.5m×폭2.7m 정도의 長持形石棺은 현재는 神体로서 모시고 있다. 또한 출
　토품은 浮羽市 吉井歷史民俗資料館 特別收藏室에 전시되어 있다.
15) 塚堂古墳은 浮羽市 井町 德丸의 국도 210호선 浮羽 톨게이트 주변에 있
　으며, 古墳時代의 中期에 축조된 全長 약 70m의 古式 橫穴式石室을 주
　체로 한 前方後円墳이다. 二重의 周濠가 있으며, 2곳의 매장시설이 확인되
　었다.
16) 田中史生, 『倭國と渡來人』, 吉川弘文館, 2005, 64쪽.
17) 大塚初重, 「古墳文化と渡來人の役割」『巨大古墳と伽耶文化』, 角川
　書店, 1992, 65~66쪽.

여 宗像 지역에서는 한반도에서 유래한 것으로 보이는 5세기 대의 온돌 형태 유구를 동반하는 주거유적이 확인되었다. 이러한 온돌형태 유구의 존재는 도래인과 관련이 있는 것으로 여겨진다.

그러나 이러한 도래인의 존재가 흔히 이야기되는 것처럼 한반도의 선 진문물을 확보하려는 왜 정권의 정치적인 의도에서 비롯된 것만으로 치부할 수 있을까? 이 또한 한반도의 정치적인 정세의 변화만이 아니라, 정치적 정세의 변화를 초래한 기후변동도 일조하였을 가능성을 생각해 보기로 하자.

2) 5~6세기의 기후 환경

5~6세기는 전세계적으로 한랭한 기후가 엄습한 시기이다. 중국의 요녕성, 황하 이북, 양자강 유역, 일본의 尾瀬 등에서 광범위하게 5~6세기의 기후 하강을 확인할 수 있다.[18] 이러한 사실을 반영하는 역사적인 기록으로는 南北朝時代(기원 420~589)에 南朝는 南京의 覆舟山(북위 32도, 동경 119도)에 氷藏室를 설치하였다는 사실을 들 수 있다. 周 이래로 역대 왕조는 빙장실을 설치하고 음식물을 저장하였으나, 도읍은 항상 화북지역에 있었기 때문에 겨울철의 눈이나 얼음을 이용할 수 있었다. 그러나 南京(建業)에서도 빙장실을 만들었다는 것은 이 시기에 겨울철이 결빙될 정도로 기온이 하강하였음을 반영하는 것이라고 할 수 있다. 근년(1906~1961) 남경의 1월 평균기운은 2.3℃이며, 0℃ 이하로 내려간 해는 3회밖에 없었다고 한다. 이러한 사실로 미루어 이 지역의 5~6세기 기온은 현재보다 2.0℃ 이상 낮았던 것으로 볼 수 있다. 연평균 기온으로는 약 1℃ 낮아진 것으로 생각된다.[19]

---

18) 鈴木秀夫, 『氣候變化と人間――萬年の歷史』, 大明堂.

〈그림 1〉 月岡古墳 출토 투구

동아시아지역에서는 고구려가 기원 427년에 압록강 유역(북위 41도, 동경 125도)에서 남쪽의 平壤으로 천도하였다. 그 배경에는 고구려의 생산력 저하라는 상황이 있었던 것으로 보고 있다.[20] 그리고 고구려는 455년 이후 거듭 백제를 침공하였고, 마침내 475년에는 한성을 함락시켰다. 그 결과 백제는 남방의 熊津(현재의 공주)으로 천도할 수밖에 없었다.

『삼국사기』에서도 4세기 대에는 홍수의 수가 비교적 적은데 대하여, 5세기에는 홍수의 수가 급증한다. 일본에서도 5~6세기에 활발한 河成作用이 반복되어, 京都 산록분지의 서쪽 일부에서 인간이 거주할 수 없

---

19) 앞의 책, 176쪽.
20) 東潮·田中俊明, 『韓國の古代遺蹟-高句麗編』, 中央公論社, 1995.

게 되었다는 보고가 있다.[21]

　일본에서는 "기원 400년 전후의 시기는, 일본열도 각지에서 고분시대 수장의 계보가 단절되거나 이동하는 현상이 현저해지며", "古墳時代 중기인 5세기에는 畿內 지방을 중심으로 하여 서일본의 선진지대에서 화덕이 출현한다." "화로를 대신하여 화덕이 채용된 것은 생활양식의 커다란 변화를 의미한다." "화덕의 채용은 한반도계 도래집단의 생활양식의 영향으로 생각된다."[22] 그래서 일본에서는 이 시기를 '고분한랭기'라고 부른다.

　한반도로부터 다수의 사람들이 유입된 사실에 대하여, "北魏의 太武帝는 기원 440년 이제까지 중국의 서북변경에서 할거하고 있던 五胡諸國을 평정·통일하여 강력한 기마민족국가를 확립하였다. 그러나 그 전후한 시기에 北魏와의 전투에서 패배하였거나 혹은 北魏의 지배에 굴복하는 것을 용납할 수 없었던 다른 기마민족들 중 그 일부가 동쪽으로 이동하여, 이전부터 요하 주변에 근거를 두고 있었던 夫餘와 결합하였고 다시 남쪽으로 대이동을 시작하였다. 이들이 한반도에서 최종적으로 거점으로 삼은 곳이 가야지역(북위 36도, 동경 128도)이다. 그리고 이 가야지역에서 다시 바다를 건너 상륙한 곳이 바로 북부 九州의 해안지역 그 중에서도 가야와 같은 지명을 가진 可也 즉 糸島半島(福岡縣 서부)의 가야산록 지역 혹은 그 동쪽의 遠賀川[23] 하구지역일 것으로 추측된다. 糸島半島에 상륙한 도래집단의 일부 혹은 대부분은 다시 筑後

---

21) 宮本眞二,「京都盆地西緣·小泉川沖積低地における地形環境の變遷と人類の居住」『歷史地理學』37-5, 1995.

22) 都出比呂志,「前方後圓墳體制と民族形成」『大衆山論叢』27, 1993.

23) 福岡縣을 흐르는 遠賀川 주변이, 日本에서 最初의 稻作된 곳으로 보고 있다. 이곳을 중심으로 나타는 야요이 토기를 遠賀川式土器라고 한다. 일본학계에서는 日本列島에 稻作이 전해지는 推移를 이 遠賀川式土器의 分布로 판단하고 있다.

川 유역에 정주하였고, 다시 그 일부는 남하하여 菊池川 유역(웅본현 북부)로 이동한 것으로 생각된다."[24]고 해석하는 견해가 있다.

6세기에 들어서도 이러한 한랭한 기후는 크게 변화하지 않았던 것으로 생각된다.『삼국사기』에 의하면 큰 눈이 내리거나 한랭한 기후를 나타내는 기사의 수가 6세기에 급격하게 늘어났다. 중국에서는 淮水가 225년에 이어 515년에 거의 300년 만에 다시 얼어붙었다고 한다. 이해에는 화북평원에서 大乘敎의 난이 일어난 해이기도 한데, 512년에는 "이 무렵 수해와 한해가 많아서 기근이 확산되었으며, 513년에는 봄의 기근이 일어났다. 516년에는 瀛州에 기근이 일어났다. 517년에는 華北 일대에 대기근이 일어났다고 하는 등 해마다 기근이 일어나고 있음을 알 수 있는데, 기근의 한 원인은 한랭한 기후였을 것으로 보인다.

남조의 梁에 있어서도 양무제의 시기(502~549)에 인민이 流亡하는 일이 많았으며, 또한 각지에서 농민의 반란이 빈발하였다고 한다.

이처럼 5~6세기는 동아시아 전역에 한랭한 기후가 내습한 시기였다. 고구려가 평양으로 천도한 사실, 북위의 화북 통일, 한성백제의 멸망과 南遷, 뒤이은 호남지역으로의 진출, 가야의 멸망 등은 사실 기후변동과 정치변동의 연쇄반응을 일으킨 결과임을 알 수 있다. 이러한 복합된 변동의 최종적인 결과 중 하나가 가야지역의 주민들의 일본열도 이주였다고 볼 수 있다.

특히 가야인들이 일본열도로 건너가서 화덕과 온돌을 만든 것은 이들의 이주시기가 한랭했던 사실을 반영하는 것으로 볼 수 있을 것이다. 화덕이나 온돌을 만드는 것이 단순히 가야인들의 습속에서 비롯된 것만은 아닐 것이다. 왜냐하면 화덕이나 온돌, 그리고 온돌을 만드는 과정에서

---

24) 福永光司,『馬の文化と船の文化』, 人文書院, 1996.

흙벽을 쌓는 건축(흔히 大壁 유구) 등은 점차 자취를 감추는 것은, 6세기 이후 일본열도의 기후가 온화해졌음을 반영한 것은 아닐까?

그리고 이들은 평화로운 상태에서 일본열도로 이주한 것이 아니라, 기후 변동으로 초래된 기근이나 정치 변동으로 인한 사회 혼란의 결과 이미 5세기 전반부터 일본열도로 이주한 경우가 적지 않았을 것이다. 그러므로 이들을 넓은 의미에서 유민의 범주에 넣어도 틀리지 않을 것이다. 과연 그들은 자신들이 경험한 기근이나 정치적인 위기가 기후변동이라는 지구적인 소용돌이가 낳은 결과라는 것을 자각할 수 있었을까?

4. 백제 유민의 도래

1) 백제 멸망

660년 7월 신라와 당 연합군의 공격을 받아, 백제의 도성 사비성은 함락되고, 의자왕을 비롯한 여러 대신들은 포로가 되어 당으로 끌려갔다. 우선 백제의 멸망을 전하고 있는 자료로는 『일본서기』를 들 수 있다. 경신년 즉 660년에 신라와 당이 힘을 합쳐 백제를 치고 드디어 의자왕과 왕후, 태자를 포로로 잡아갔으며, 남은 병사들이 백제의 서북쪽에 진을 치고 柵을 쌓고 城을 수리하고 있다는 사실을 기록하고 있다.[25] 백제가 멸망한 원인에 대해서도 김춘추가 唐과 결탁하여 백제를 멸했다는 이야기부터, 백제가 스스로 멸망했다는 이야기까지 여러 가지 기록들이 혼재

---

25) 『日本書紀』齊明 4年 시세조. 或本云, 至庚申年七月, 百濟遣使奏言, 大唐·新羅, 并力伐我. 既以義慈王·王后·太子, 爲虜而去. 由是, 國家, 以兵士甲卒, 陣西北畔. 繕修城柵, 斷塞山川之兆也.

하고 있다.26)

도성이 함락되고 왕이 포로가 되었지만, 백제가 바로 멸망하였다고 할수 없다. 곳곳에서 백제의 부흥을 위한 저항이 일어났고, 이듬해인 661년에는 백제 유민들이 백제 왕자 풍을 귀환시켜 줄 것을 요구하고 있다.27) 일본열도에 머물고 있던 부여풍이 귀국하여, 왕위에 올랐다. 그러한 부흥운동도 663년의 백강구전투를 전환점으로 쇠퇴한다. 왜는 27,000명의 병력을 파견하여 신라를 공격하고 백제를 구원하고자 하였다.28) 신라의 步騎兵과 당의 水軍, 그리고 부여풍이 이끄는 백제 부흥군과 왜의 수군이 백강구에서 치열한 전투를 치른 결과,29) 왜의 수군은 거의 궤멸되고, 백제 부흥군의 주력도 큰 타격을 입었다. 이 전투 이후 백제 부흥군을 이끌던 부여풍의 행적도 묘연해지고 만다.30)

---

26) 『日本書紀』 齊明 6年. 秋七月 庚子朔 乙卯. 高麗沙門道顯日本世記曰. 七月云云. 春秋智借大將軍蘇定方之手. 使擊百濟亡之. 或曰. 百濟自亡. 由君大夫人妖女之無道. 擅奪國柄. 誅殺賢良故. 召斯禍矣. 可不愼歟. 可不愼歟. 其注云. 新羅春秋智. 不得願於內臣蓋金. 故亦使於唐. 捨俗衣冠. 請媚於天子. 投禍於鄰國. 而構斯意行者也.

27) 『日本書紀』 齊明 7年(661) 夏4月條. 百濟福信遣使上表. 乞迎其王子糺解. 釋道顯日本世記曰. 百濟福信獻書. 祈其君糺解於東朝.

28) 『日本書紀』 天智 2년 三月, 遣前將軍上毛野君稚子・間人連大蓋, 中將軍巨勢神前臣譯語・三輪君根麻呂, 後將軍阿倍引田臣比邏夫・大宅臣鎌柄, 率二萬七千人, 打新羅.

29) 『日本書紀』 天智 2년 秋八月 戊戌, 賊將至於州柔, 繞其王城. 大唐軍將, 率戰船一百七十艘, 陣烈於白村江.
戊戌, 賊將至於州柔, 繞其王城. 大唐軍將, 率戰船一百七十艘, 陣烈於白村江.
戊申, 日本船師初至者, 與大唐船師合戰. 日本不利而退. 大唐堅陣而守.

30) 상동, 己酉, 日本諸將, 與百濟王, 不觀氣象, 而相謂之曰, 我等爭先, 彼應自退. 更率日本亂伍, 中軍之卒, 進打大唐堅陣之軍. 大唐便自左右夾船繞戰. 須臾之際, 官軍敗續. 赴水溺死者衆. 艫舳不得廻旋. 朴市田來津, 仰天而誓, 切齒而嗔, 殺數十人. 於焉戰死. 是時, 百濟王豊璋, 與

　　왜의 원군에 큰 기대를 걸었던 백제의 유민들은, 왜가 참패하자 백제의 부흥이 어렵게 되었다는 것을 인정하고, 일본열도로 건너가게 된다.[31) 이때 일본으로 건너간 백제인의 전체 수를 짐작하기 어렵지만, 단편적으로는 여러 가지 기록들이 남아있다.

　　먼저 백제인 400명으로 하여금 近江國 神前郡에 정착토록 하고 이들에게 토지를 지급하였다는 기사가 보인다.[32) 이어서 東國에 2,000명의 백제인을 이주토록 한 기사도 보인다.[33) 685년에는 백제의 승려들도 동국 쪽에 안치하고 있다.[34) 이들 백제인 중에서 탁월한 능력을 가진 경우는 일본 조정에서도 중용되었다. 沙宅昭明이 그 대표적인 예라고 할 수 있다.[35)

數人乘船, 逃去高麗.

31)『日本書紀』天智 2년 九月 辛亥朔 丁巳, 百濟州柔城, 始降於唐. 是時, 國人相謂之曰, 州柔降矣. 事无奈何. 百濟之名, 絶于今日. 丘墓之所, 豈能復往. 但可往於弖禮城, 會日本軍將等, 相謀事機所要. 遂敎本在枕服岐城之妻子等, 令知去國之心.
辛酉, 發途於牟弖.
癸亥, 至弖禮.
甲戌, 日本船師, 及佐平餘自信・達率木素貴子・谷那晋首・憶禮福留, 并國民等, 至於弖禮城. 明日, 發船始向日本.

32)『日本書紀』天智 4년 二月 是月條, 勘校百濟國官位階級. 仍以佐平福信之功, 授鬼室集斯小錦下. <其本位達率.> 復以百濟百姓男女四百餘人, 居于近江國神前郡. 동 3月 是月, 給神前郡百濟人田.

33)『日本書紀』天智 5년 是冬, 京都之鼠, 向近江移. 以百濟男女二千餘人, 居于東國.

34)『日本書紀』天武 13년 五月 辛亥朔 甲子, 化來百濟僧尼及俗, 男女并廿三人, 皆安置于武藏國.

35)『日本書紀』天武 2년 閏六月乙酉朔庚寅, 大錦下百濟沙宅昭明卒. 爲人聰明叡智, 時稱秀才. 於是, 天皇驚之, 降恩以贈外小紫位. 重賜本國大佐平位.

2) 구주지역의 백제식 산성 축성

백강구 전투에서 패전한 이후, 왜는 국내 체제의 정비와 近江으로의 천도를 단행하고, 아울러 신라와 당의 연합군이 침공해 올 것에 대비하여 일본열도 각지에 백제인 기술자들을 동원하여 築城하고 있다. 664년에 答㶱春初와 憶禮福留, 四比福夫 등이 각각 長門國과 筑紫國에서 성을 쌓았는가 하면, 대재부에는 水城을 쌓았다.[36] 또한 667년에는 야마토의 고안성, 찬길국의 옥도성, 대마국의 금전성을 쌓았다.[37]

水城은, 博多灣 방면에서 大宰府를 공격해 오는 것을 막기 위해서 만든 直線 형태의 土壘와 濠를 말한다. 土壘는 높이 10m 이상, 폭 80m, 길이 1.2km이며, 博多 쪽에 파놓은 濠는 폭 60m, 깊이 4m로 물을 저장해 두었다. 土壘에는 2곳에 開口部가 있다. 土壘의 안쪽에는 御笠川에서 물을 끌어들이기 위한 木樋이 설치되어 있었다.

水城의 용도에 대해서는 단순한 성벽이 아니라, 御笠川의 물을 막아두었다가, 바깥쪽에 파놓은 濠까지 적이 쳐들어오면, 물길을 열어 水攻하기 위한 시설이라는 주장도 있으나, 구조상으로는 이러한 용도로 보기어려운 점이 있다. 기본적으로는 博多灣에서 상륙해서 대재부 쪽으로 오는 적을 저지하기 위한 성벽의 기능을 가지고 있다.

---

36) 『日本書紀』 天智 3年 秋八月, 遣達率答㶱春初, 築城於長門國. 遣達率憶禮福留・達率四比福夫於筑紫國, 築大野及椽二城.
　　『日本書紀』 天智 3년, 是歲, 於對馬島・壹岐島・筑紫國等, 置防與烽. 又於筑紫, 築大堤貯水. 名曰水城.
　　『日本書紀』 天智 八年 二月, 造戶籍. 斷盜賊與浮浪. 于時, 天皇幸蒲生郡匱迮野, 而觀宮地. 又修高安城, 積穀與鹽. 又築長門城一・筑紫城二.
37) 『日本書紀』 天智 6年 十一月 是月, 築倭國高安城・讚吉國山田郡屋島城・對馬國金田城.

대야성은 665년에 쌓은 성으로 위치는 大宰府의 四王寺山으로 비정되고 있다. 四王寺山에는 수km에 이르는 土壘가 산허리를 두르고 있으며, 建物礎石과 水門, 城門의 흔적이 현존하고 있다. 이러한 성곽의 모습은 백제의 築城形式을 남기고 있으므로, 朝鮮式山城이라고 한다. 大宰府 후방에 위치하고 있으므로 수성과 마찬가지로 大宰府의 방어를 목적으로 한 성으로 생각되며, 성내에는 다수의 건물 초석이 남아있는 점으로 보아, 유사시에는 大宰府의 機能을 수행할 수 있도록 한 것으로 보인다. 산성의 기능 자체에서도 백제 등 한반도의 山城과 동일함을 알 수 있다.

한편 對馬島에는 금전성을 쌓았는데, 天智代에 쌓은 백제식 산성 중에서 가장 원형을 잘 남기고 있다. 현존하는 유구는 해발 375m의 城山을 에워싸듯이, 높이 약 수 m, 길이 2,860m가 남아있으며, 전체 길이는 5.4km에 달한다고 한다. 곡간에는 수문을 설치하였고, 성문의 흔적도 확인되고 있다.

이때 水城과 大野城 등의 백제식 산성을 쌓는 데 참여했던 백제인들 중 일부는 九州 지역에 정착하였을 것이다. 왜는 九州 지역의 방어를 위해서 防人을 파견하여 이곳에 주둔하게 하였는데, 특히 山城의 방어를 비롯하여, 유지・보수를 위해서도 백제 출신 장군이나 백제인 기술자가 산성에 상주할 필요성도 있었을 것이다.

다만 백제인들이 九州 지역에 정착한 흔적들은 많이 발견되지 않는다. 오히려 백제계 유민들은 近江國을 비롯한 畿內와 武藏國을 비롯한 東國에 정착한 경우가 많았고, 백제왕씨의 경우도 주로 河內 지역을 거점으로 하고 있었다. 이처럼 九州 지역에 백제인들이 정착하지 않은 것은, 이 지역을 당시로서는 최전선으로 간주되었으므로, 안정적인 거주가 힘들다고 판단하기도 하였을 것이고, 한편으로는 백제 유민들이 신라인과 내통하는 것을 우려하였을 가능성도 상정할 수 있을 것이다

5. 맺음말을 대신하여

구주 지역과 밀접한 연관을 맺고 있었던 것은 가야와 백제만이 아니었다. 최근에는 영산강유역의 문화와 구주 지역의 관련성이 활발하게 논의되고 있다. 영산강 유역에서 발견된 前方後圓墳은 九州 지역의 묘제와 밀접한 연관을 가지고 있으며, 역으로 九州 지역의 토기 중에는 영산강 유역 토기의 영향을 받은 것이 보고되고 있다. 종래에 생각해 왔던 것과 달리, 영산강 유역이 백제의 직접적인 지배를 받게 된 것은 5세기 말에서 6세기 초에 이르는 시기이며, 이 무렵 백제의 지배력이 영산강 유역까지 미치면서 이 지역의 주민들이 구주 지역으로 이주한 경우도 있었던 것으로 보인다.

이처럼 구주지역은 한반도 거의 모든 지역과 밀접한 연관을 주고받는 지역이었으며, 그러한 지리적인 조건은 근대에 이르기까지 크게 변화하지 않은 것으로 생각할 수 있다. 왜구와 왜관의 존재도 구주 지역과 한반도 남부 지역의 밀접한 연관성 속에서 비로소 이해될 수 있는 역사적 현상이라고 할 것이다.

九州 海岸島嶼와 東아시아의 戰爭
-고대 韓·日지역세계의 대외적 교섭을 중심으로-

정 효 운*

1. 서 론

한국의 남해안 지역과 일본 九州의 북부 연안지역은 바다를 사이에
두고 떨어져 있다. 그러나 이들 양 지역의 사이에는 對馬島와 壹岐島
와 같은 도서를 징검다리로 하여 해상교통로를 통해 선사시대 이래 문화
적, 경제적, 정치적 교류를 맺어왔다. 대한해협을 사이에 둔 이들 양 지
역 즉, '한·일해역세계'는 고대에 있어서는 삼한인과 삼국인 그리고 왜
인들의 활동 무대이기도 하였으며, '고대 한·일지역세계'[1] 정치집단의
활동 영역이었던 것이다. 또한 고대 국가 형성기에 있어서는 한반도의
고구려, 백제, 신라, 가야 등의 국가와 왜국으로 대표되는 일본열도의 九
州와 大和 정권 등의 정치세력이 역사를 영위해 나가는 장이기도 하였

---

* 동의대학교 일어일문학과 교수, 고대한일관계사 전공
1) 이들 바다를 낀 양안 지역을 본고에서는 '고대 한·일해역세계'로 명명하기로
한다. 또한, '고대 한·일지역세계'란 표현은 정치권력이 포함된 국가 단위의 개
념으로 사용하고자 한다.

다. 이들 고대국가의 성장과 발전에 따라 영토 확장이나 전략적 요충지, 교역권의 확보 등의 문제로 인해 야기되는 갈등은 각 지역 정치 지배층의 利害관계나 정치 의지에 의한 군사적 충돌로 표출되어 전쟁으로 발전하는 경우가 많았다고 생각한다.

본시 전쟁과 같은 무력 충돌은 인접한 지역 사이에 발생하는 경우가 많다고 본다. 특히 교통수단이 미발달한 전 근대 사회에 있어서의 전쟁은 이러한 지리적인 요인의 영향을 많이 받을 수밖에 없었을 것이다. 이런 점에서 본다면 고대 한국과 일본의 정치집단의 충돌은 발생하기 어려움에도 불구하고 역사상에 흔적을 남기고 있다. 문헌상의 기록에 남아있는 이들 지역의 전쟁을 예로 들어보면, 포상팔국의 전쟁, 5세기 초반의 백제와 고구려 전쟁에의 왜군 참가 전쟁, 6세기 중반의 이와이 전쟁, 7세기 중반의 백제 멸망에 따른 백강전투에의 왜군의 참가에 따른 전쟁 등을 들 수가 있다. 종래 이들 각 전쟁에 대한 선행 연구자들의 개별적 검토는 많이 있어 왔다고 할 수 있다. 그 결과 전쟁의 발생과 원인, 성격 등에 대해서는 상당부분 밝혀졌지만, 이들 전쟁이 갖는 전체적인 성격 고찰이라든지 그 의미에 대해서는 그다지 명확하지 않다고 생각한다. 따라서 본고에는 대한해협을 사이에 둔 이들 양 지역에서 전개된 전쟁을 해양사적 시점에서 동아시아 정세와 연관하여 살펴보고 어떠한 역사적 의미가 있는가에 대해 살펴보고자 한다.

2. 浦上八國의 전쟁과 동아시아 정세

『三國史記』新羅本紀 奈解尼師今條에 따르면 포상팔국의 전쟁에 대한 기록을 보이고 있다. 관련 사료를 인용하면 다음과 같다.

[1] 14년 가을 7월에 浦上八國이 모의하여 加羅를 침략하므로 加羅王
子가 와서 救援을 청하니 王이 太子 于老와 伊伐湌 利音으로 하여
금 六部의 兵을 이끌고 가서 구원하게 하였다. 八國將軍을 쳐서 죽
이고 사로잡혔던 6천인을 빼앗아 가지고 돌아왔다.2)

이 기사에 따르면 내해이사금 14년(209)에 포상팔국이 가라를 침략함
에 신라가 6부의 병사를 거느리고 가서 8국 장군을 죽이고 포로가 되었
던 백성을 데리고 왔다고 한다. 이 포상팔국과 신라의 전쟁은 『三國史
記』의 물계자전과 『三國遺事』 물계자전에도 관련 기록이 보이고 있다.

[2] 勿稽子는 奈解尼師今 때의 사람이다. 집안은 대대로 微微하였으나
사람됨이 활달하고 젊어서 壯한 뜻이 있었다. 때에 八浦上國이 함
께 모의하여 阿羅國을 치니, 阿羅의 사신이 와서 구원을 청하였다.
尼師今이 王孫 㮈音으로 하여금 近郡 및 六部軍을 거느리고 가서
구원하게 하니 드디어 八國 兵이 패하였다. …… 그 후 3년에 骨
浦·柒浦·古史浦의 3국의 사람들이 와서 竭火城을 공격하니 王이
군사를 거느리고 나가 구원하니 3국의 군사가 크게 패하였다.3) (『三
國遺事』 列傳 8, 勿稽子條)

[3] 제10대 奈解王 卽位 17년(212) 壬辰에 保羅國, 古自國[지금의 固
城], 史勿國[지금의 泗州] 등 8국이 힘을 합하여 邊境을 침략하였
다. 王이 太子 捺音과 將軍 一伐 등에게 명하여 군사를 거느리고 이
를 막게 하니 8국이 모두 항복하였다. …… 10년 乙未에 骨浦國[지
금의 合浦이다]등 三國王이 각기 군사를 이끌고 와서 竭火를 공격
하였다[屈弗인 듯하다. 지금의 蔚州]. 王이 친히 이끌고 이를 방어
하니 三國이 모두 패하였다.4) (『三國遺事』 5卷 8避隱, 勿稽子傳)

2) 十四年, 秋七月, 浦上八國謀侵加羅, 加羅王子來請救. 王命大子于老
與伊伐湌利音, 將六部兵往救之. 擊殺八國將軍, 奪所虜六千人, 還之.
3) 勿稽子, 奈解尼師今時人也. 家世平微, 爲人倜儻, 少有壯志. 時八浦上
國同謀伐阿羅國, 阿羅使來, 請救. 尼師今使王孫㮈音, 率近郡及六部
軍往救, 遂敗八國兵. 是役也, …… 後三年, 骨浦·柒浦·古史浦三國
人, 來攻竭火城, 王率兵出救, 大敗三國之師.
4) <二>十年乙未, 骨浦國 [今合浦也.] 等三國王各率兵來攻竭火. [疑屈

이들 사료의 내용은 신라본기의 내용과 같이 포상팔국과 신라의 전쟁
에 대해 이야기하고 있으나, 양국의 전쟁의 원인이 포상팔국의 가라 침
략의 신라 구원이란 형태로 진행되었다던 것이다. 그런데, 이들 기사에
는 3년 후에 골포 등의 3국의 군사들이 갈화성을 공격하여 옴에 이를 패
퇴시켰다는 기사가 덧붙여져 있다. 차이점은 포상팔국이 모의하여 침범
한 국가가 신라본기에서는 '加羅'라고 표기(사료 [1])한 데 비해, 열전
에서는 '阿羅'로 표기(사료 [2])하고 있는 점이고, 전쟁의 시기도 사료
[1]에서는 내해이사금 14년으로 되어있는데 비해, 사료 [3]에는 17년
(212)의 사건으로 되어 있다는 점이다.

이러한 문제점 때문에 종래에는 포상팔국과 신라의 전쟁에 대해서는
역사적 사실로서 인정하는 경향을 보이지만, 포상팔국이 침략한 국가와
발생한 시기 등에 대해서는 견해를 달리하는 주장들이 제기되었던 것이
다. 우선 포상팔국의 전쟁의 대상은 김해지역의 '加羅'설과 함안지역의
'阿羅'설로 나뉘어져 있다. 전자의 논거는 樂浪과의 통교를 통한 선진
문물의 유력 교역지로서의 狗邪國의 위상을 염두에 두고 낙랑의 일시
적 쇠퇴기[5]나 소멸 시기[6]와 연동하고 있는 점에 있다고 할 수 있다. 즉,
포상팔국의 김해 구야국 침공은 낙랑의 세력 약화로 인해 교역을 통한
재분배 기능의 상실이 한반도 남해안 지역의 해상교역권의 항쟁으로 나
타났다고 이해하고 있는 것이다.

이 전쟁의 시기에 대해서는 『三國史記』의 紀年 문제와 연관되어 3
세기 초반설[7]에서부터 3세기 후반~4세기 전반설,[8] 4세기 전반설,[9] 6세

弗也, 今蔚州.] 王親率禦之, 三國皆敗. 원문에는 10년으로 되어 있으나 20
　　년의 일로 보아야 한다.
5) 백승충, 「1~3세기 가야세력의 성격과 추이－수로집단의 등장과 포상팔국의 난
　　을 중심으로－」『부대사학』13, 1986, 31~32쪽.
6) 김태식, 「함안 안라국의 성장과 변천」『한국사연구』86, 1994, 51~52쪽.
7) 천관우, 『가야사연구』, 일조각, 1991, 16쪽. 이종욱, 『신라국가형성사연구』, 일

기 중엽설,[10] 7세기 초반설[11] 등으로 다양하게 주장되어 있다. 이러한 다
양한 시기 설정은『삼국사기』초기 기록의 불신론과 수정론, 긍정론의
입장[12]에서 가야와 신라의 국가 형성과 발전 과정을 어떻게 인식하고 있
는가에 따라 달리 해석한 결과라고 생각한다.『삼국사기』초기기록에 대
한 비판적 검토는『後漢書』東夷傳과『三國志』魏書東夷傳 등과
같은 당시 기록을 엿볼 수 있는 중국사서들과 비교 검토할 필요가 있다.
그러나 초기기록을 전적으로 인정한다든지 중국인의 기록을 주변국가에
대한 무지로만 이해하려는 접근법은 지양되어야 할 것이다.『삼국사기』
上古 기년 수정의 경우에도『삼국사기』편년 시에 활용된 자료가 왕 중
심의 편년 기사였는지 혹은 干支에 의한 기록이었는지 하는 점도 고려한
위에 이해되어야 할 것이다. 뿐만 아니라 기년 수정 후의 주변의 정세라
든지 다른 역사적 사실과의 연계성도 함께 검토되어야 한다고 생각한다.

　이런 측면에서 볼 때, 이 전쟁 기사의 기년 수정 문제는 보다 신중을
기해야 할 것으로 본다. 기록을 남기고 있는『삼국사기』와『삼국유사』
의 내용이 8국과 신라의 전쟁과 참가 인물을 공히 전하고 있고, 3년 후
의 골포 등의 3국의 갈화성 공격도 내용을 같이 하고 있기 때문에 역사
적 사실로 보아도 좋을 것이다. 또한 6년(201) 2월의 가야국과 신라국의

　　조각, 1982, 89쪽. 이현혜,「4세기 가야사회의 교역체계의 변천」『한국고대사연
　　구』1, 1987, 165～167쪽. 백승충, 앞의 논문, 27～28쪽. 권주현,「아라가야의
　　성립과 발전」『계명사학』4, 1993, 23쪽. 남재우,『안라국사』, 혜안, 2003, 92～
　　99쪽.
　8) 백승옥,「고성 고자국의 형성과 변천」『한국 고대사회의 지방지배』, 신서원,
　　1997, 174쪽.
　9) 김태식, 앞의 논문, 51～61쪽.
10) 김정학,『任那と日本』, 小學館, 1977, 57～58쪽. 선석열,『『삼국사기』신라
　　본기 초기기록 문제와 신라국가의 성립』, 부산대학교 박사학위논문, 1996, 60쪽.
11) 三品彰英,『日本書紀朝鮮關係記事考證』上卷, 1962, 174쪽.
12)『삼국사기』초기 기록의 신빙성 문제에 대해서는 선석열, 앞의 책, 1～11쪽을
　　참고할 것.

화친 내용13)이나 17년 3월의 가야국이 왕자를 인질로 보내었다는 기사14)로 보아 이들 역사적 내용은 상호 관련성을 가진다고 볼 수 있기 때문에 기년 수정의 필요성은 느끼지 않는다.15)

포상팔국의 전쟁을 3세기 초반의 사건으로 본다면 왜 당시의 한반도 남해안 지역에 이러한 긴장관계가 조성되었는가에 대해 살펴보기로 한다.『後漢書』東夷傳 韓傳에 의하면

> [4] 桓 · 靈帝 말에 韓과 濊가 강성하여 郡縣이 능히 제어하지 못하여 백성들이 韓國에 많이 流入되었다.16)

桓 · 靈帝(146~189) 말의 중국사회의 혼란으로 인해 한반도 북부의 백성들이 三韓사회로 유입되었다고 한다(사료 [4]). 桓 · 靈帝 시기에 시작된 後漢사회의 혼란은 184년의 황건의 난을 계기로 後漢사회를 멸망으로 이르게 하고 遼東지역에 公孫氏의 정권을 들어서게 하였다. 이와 같은 요동지역의 혼란한 정세는 濊人들의 남하를 야기하고 한반도 남부 삼한사회에까지 혼란을 가져왔던 것이다. 또한 이러한 혼란은 九州 북부 연안 지역을 포함한 왜국사회에까지 그 영향을 미쳐 각 정치 집단이 서로 전쟁을 한 결과 卑彌呼를 공립하게 되었다고 한다(사료 [5]).

---

13) 六年, 春二月, 加耶國請和.
14) 十七年, 春三月, 加耶送王子爲質.
15) 포상팔국 전쟁의 발생 시기를 나해이사금대로 볼 경우, 14년인가 17년인가의 문제는 추정하기 어려우나 상기 관련 가야국 사료로 보아 14년이 가능성이 높다고 생각한다.『삼국유사』의 17년이란 것은 3년 후에 전개된 골포 등의 3국 침략기사의 3년 차이가 영향을 준 듯하고, 10년 乙未는 20년으로 수정되어야 할 것이다. 또한『삼국유사』의 신라변경 침입이란 서술은 후대 신라 중심의 역사인식이 영향을 주었다고 추측된다.
16) 靈帝末, 韓 · 濊並盛, 郡縣不能制. 百姓苦亂, 多流亡入韓者.

[5] 桓·靈 사이에 倭國이 크게 혼란하여 다시 서로 攻伐하여 해가 지 나도록 주인이 없었다. 한 여자가 있어 이름을 卑彌呼라 하였다. 나이가 들었으나 시집을 가지 않고 鬼神道를 섬겨 능히 무리들을 미혹하였기 때문에 함께 세워서 왕으로 삼았다.[17]

204년 공손씨가 낙랑군의 남쪽에 대방군을 설치[18]하게 되자 대방군이 낙랑군을 대신하여 삼한과 왜 지역에 정치적 영향력을 미침과 동시에 해상교역을 담당하게 되었다고 생각한다. 이처럼 공손씨의 대방군의 설치는 기존의 낙랑군과 구야국을 연결하는 해상루트의 일시적 혼란을 초래하였다고 보아진다. 이러한 동아시아의 혼란한 정세가 209년의 포상팔국의 가야국 침입의 명분을 제공하였던 것이다. 그러나 가야가 신라의 도움으로 이들 세력을 격퇴함으로서 해상교역권을 유지할 수 있게 되었다고 추측된다. 이후 이 해상 네트워크는 238년 魏가 공손씨를 멸망시키고 낙랑·대방 2郡을 영위하게 됨으로서 이어받았다. 대방군과 왜와의 통교에 대해서는 『삼국지』 위서 왜인전의 景初 3년(239), 正始 元年(240)과 4년(243), 6년(245), 8년(247)조에 잘 나타나 있다.

3. 광개토왕비와 고구려·왜의 전쟁

3세기대 魏에 의해 형성된 대방군－마한－변한－왜의 해상교역 루트는 4세기 초 고구려의 낙랑군(313년)과 대방군(314년)의 병합으로 새로운 질서의 재편을 가져올 수밖에 없었다. 이는 중국대륙에서 5胡16國 시대가 전개되어 불안정한 정세가 유지되었고, 한반도 지역에서는 고구

---

17) 桓·靈間, 倭國大亂, 更相攻伐, 歷年無主. 有一女子名曰卑彌呼, 年長 不嫁, 事鬼神道, 能以妖惑衆. 於是共立爲王. (『後漢書』 東夷傳 倭人傳)
18) 建安中, 公孫康分屯有縣以南荒地, 爲帶方郡.

려, 백제, 신라, 가야의 고대국가가 성장, 발전하던 시기였기 때문에 각국
은 영토 확장과 교통 요충지의 확보에 따른 충돌을 야기하였다. 고구려
의 2郡 점령은 이 지역 병합을 둘러싼 백제와의 투쟁에서 우위를 차지
할 수 있게 되었다. 이후 고구려는 한반도 남부지역 전선에서 백제와의
공방전에서 우위를 유지하기 위해 신라와의 관계를 강화하는 방향으로
나아갔다고 생각된다. 그 결과 4세기 중엽 이후의 고대 한반도지역 정세
는 백제－가야－왜의 세력과 고구려－신라의 세력으로 양분하는 방향
으로 진행하게 되었던 것이다.[19)

　　고구려의 한반도 중서부 지역의 장악은 영토 확장의 의미뿐만이 아니
라 남해안 연안과 북부 九州지역의 해상세력에게 있어서는 對中 해상
권 교통로의 통제로 작용하게 되었던 것이다. 그 결과 양안 지역의 가야,
왜의 해상세력을 결집하는 계기가 되어 4세기말에서 5세기 초에 걸쳐서
는 백제의 대고구려 전쟁에 참여하게 되었다고 생각한다. <광개토왕릉
비문>에서 관련 기사를 추출하면 다음과 같다.

[6] 永樂五年歲在乙未 …… 百殘新羅舊是屬民由來朝貢而倭以辛卯年來
　　渡□破百殘□□[新]羅以爲臣民以六年丙申 王躬率□軍討伐殘國 ……
　　王威赫怒渡阿利水遣刺迫城橫□□□□便[圍]城而殘主困逼獻出男女
　　生口一千人細布千匹歸王自誓從今以後永爲奴客太王恩赦□迷之愆錄
　　其後順之誠於是得五十八城村七百將殘主弟并大臣十人旋師還都.
[7] 九年己亥百殘違誓與倭和通王巡下平穰而新羅遣使白王云倭人滿其國
　　境潰破城池以奴客爲民歸王請命太王[恩慈] 矜其忠[誠]特遣使還 告
　　以□計
[8] 十年庚子敎遣步騎五萬往救新羅從男居城至新羅城倭滿其中官軍方至
　　倭賊退□□背急追至任那加羅從拔城城卽歸服安羅人戍兵拔新[羅]
　　城□農城倭[寇大]潰城□□□盡□□□安羅人戍兵[新]□□□□
　　[其]□□□□□□□言□□□□□□□□□□□□□□□□□□
　　□□□□□□辭□□□□□□□□□□□□□潰□□□□安羅人

19) 졸고, 「고구려・왜의 전쟁과 외교」『고구려연구』24집, 2006, 172쪽.

成兵昔新羅寐錦未有身來[論事] □□[國罡上廣]開土境好太王□□□
□寐[錦]□□□[僕]勾□□□□朝貢
[9] 十四年甲辰而倭不軌侵入帶方界□□□□□石城□連船□□□[王躬]
率□□[從]平穰□□□鋒相遇王幢要截盪刺倭寇潰敗斬煞無數

왜의 해상세력이 참여한 전쟁의 기록은 永樂 5년(391) 辛卯年과 9년
(399) 己亥, 10년(400) 庚子, 14년(404) 甲辰條에 각각 보이고 있는데,
사료 [6]의 경우, 결자로 인하여 석독에 있어 한·일 간의 논쟁의 대상
이 되어왔다. 즉, 초기 일본학자들은 "百殘과 新羅는 원래 屬民으로서
조공해 왔다. 그러나 倭가 辛卯年에 바다를 건너와서 百殘, □□, 新
羅를 파하고 臣民으로 삼았다"라고 해석하여, 왜왕권(大和정권)의 南
鮮經營論의 사료적 근거로 이용[20]하였던 것이다. 그러나 신묘년(사료
[6])조는 기해년(사료 [7])조에서 알 수 있는 바와 같이 고구려의 입장
에서 본 왜와 백제는 '신민(臣民)'의 관계가 아니라 상호 '화통(和通)'의
대상이란 것을 알 수 있다. 이 조에 대한 다양한 해석은 고구려 입장에서
의 서술이란 점과 한·일 연구자의 역사적 인식의 차이에 더하여 결자
의 존재와 관련 사료의 부족이 있었기 때문에 가능하였다고 생각된다.
이러한 해석의 차이에도 불구하고 신묘년조의 기사는 독립된 편년기사
가 아니라 영락 5년 을미년(395)조와 6년 병신년의 백제 토벌의 이유를
설명하는 중간에 끼어 있기 때문에 고구려와 왜의 전쟁을 직접 설명하는
것으로 보기에는 문제가 있다.

기해년(사료 [7])조는 "백제가 맹서를 어기고 倭와 화통하였다. 왕이
평양으로 순행하여 내려갔다. 신라가 사신을 보내어 왕에게 아뢰어 말하

---

20) 이후 '渡海破'의 주체를 왜가 아니라 고구려로 보는 설과 변조설, 영락 6년조의
광개토왕의 백제 토벌의 전치문으로 보는 설이나 총괄문으로 이해하려는 설 등
으로 발전하였고, 현재로서는 이 기사는 시기적으로 보아 역사적 사실이 아니라
고구려 남하책의 대전제로서 만들어진 허구적 구문으로 보는 경향이 강한 것으
로 이해하고 있다.

기를 '倭人이 그 국경에 가득 차고 城池를 부수고 奴客으로서 民을 삼으려 하니 왕에게 와서 命을 청합니다'라고 하였다. 대왕께서 은혜롭고 자애로워 충성을 갸륵하게 여겨 신라사신을 보내면서 돌아가 계책을 고하게 하였다."라는 내용이다. 여기서 문제가 되는 것은 백제와 왜가 화통한 시점인데,『삼국사기』<백제본기>와『일본서기』등의 관련 사료에는 양국의 화통이 377년의 사실로 기록되어 있다. 이 점은 전후 관계로 보아 백제와 왜의 동맹은 397년에 이루어졌고, 고구려가 이 사실을 인식하게 된 것이 399년[21]이었다고 해석할 수 있을 것이다.

경자년(사료 [8])조는 신라 영토 내의 고구려와 왜의 전쟁의 내용을 설명하고 있는 것으로, 영락 9년(399)에 백제가 이전의 맹세를 어기고 왜와 화통을 하였을 뿐만 아니라 왜를 끌어들여 신라를 위협하였기 때문에, 광개토왕이 평양에 내려왔을 때 신라왕이 사신을 보내어 구원을 요청하고 조공하기로 한 密計에 따라, 영락 10년에 步騎 5만을 보내어 任那加羅까지 가서 왜를 토멸하였다는 것이다. 이 해의 비문 내용은 "10년 경자에 步騎 5만을 파견하여 가서 신라를 구하게 하였다. 男居城으로부터 신라성에 이르기까지 왜가 그 가운데 가득하였다. 관군이 바야흐로 이르자 왜적은 퇴각하였다. 배후를 추격하여 任那加羅의 從拔城에 이르자 성이 즉시 항복함에 羅人을 안치하여 戍兵하게 하였다." 라고 파악할 수 있다. 여기에 보이는 '任那加羅 從拔城'은 대가야설이 있으나 김해 지역인 금관가야로 보는 것이 타당하다고 본다.[22] 이 점은

---

21) 9년 을해 조에서 알 수 있는 사실은 왜병이 가야지역으로 들어와 신라를 위협하고 있었다는 점이며, 신라가 이를 계기로 고구려에 군사를 요청하여 양국의 군사동맹이 맺어졌다는 점이다. 이로 인해 다음 해인 10년(400) 경자년의 신라 구원의 명분 즉, 고구려가 신라와 왜병 사이의 전쟁에 개입할 수 있게 되었던 것이다.

22) 그 밖의 주요한 논점은 '安羅人戍兵'의 해석 문제인데, 여기에 대해서는 안라인 술병이라 하여 '安羅'를 명사로 보는 설과, '安'을 동사로 보는 설이 있고, 이 경우에도 '羅人'을 '신라인' 혹은 '고구려 순라병' 등으로 해석하는 주장으로

왜병이 주로 해상세력이기 때문에 고령과 같은 내지에서 활동하기는 부
적합하였다고 생각되기 때문이다.

사료 [8]의 경우 궐자가 많기 때문에 백제란 글자가 보이지 않고 있
지만, 백제가 간여되어있다고 보아야 할 것이다. 이것은 기해년(399)조의
고구려와 왜의 전쟁은 신라의 요청에 의한 것이었고, 왜가 백제와 고구
려와의 전쟁에 참가한 계기가 397년의 백제와 왜의 화통에 의한 것이었
기 때문이다. 또한 왜의 한반도 남부지역으로의 출병은 가야나 백제의
도움이 없이는 어려울 뿐만 아니라, 왜가 단독으로 신라를 침공할 이유
도 찾기가 쉽지 않기 때문으로 생각된다. 따라서 이 시기의 전쟁에 있어
서도 백제가 개입하였다고 보아도 좋을 것이다.[23] 결국, 이 10년 조의
전쟁은 당시 한·일 지역세계의 諸國이 참가한 국제적인 전쟁이었지만,
신라와 백제의 요청에 의한 고구려와 왜의 대리전적인 성격의 전쟁이란
형태로 전개되었다고 할 수 있다.[24]

사료 [9]의 영락 14년(404) 갑진 조도 훼손된 글자가 많이 있어 정확
한 판독에는 어려움이 있으나 그 대강의 내용은 帶方界(황해도)에 침입
한 왜를 광개토왕이 몸소 군대를 이끌고 나아가 적의 길을 끊고 막아 사
방에서 추격하여 潰敗시키고 수없이 참살하였다는 내용을 담고 있는 것
이다. 이 시기의 고구려·왜의 전쟁에 있어서도 백제의 문자가 보이지
않지만 경자년(400)의 전쟁에 있어서도 백제와 왜가 연합을 하고 있고,
전쟁의 장소가 한반도 서북부인 대방계였던 점으로 볼 때, 백제의 도움
이 없는 倭 단독의 고구려 전쟁은 지정학적 조건과 전쟁 수행의 능력으

나누어져 있다.

23) 이 점에 대해서는 王健群의 석문(『광개토왕비연구』, 역민사, 1985, 268〜307
쪽)과 鈴木靖民의 見取圖(「好太王碑の倭の記事と倭の實體」『好太王
碑と集安の壁畵古墳』, 木耳社, 1998, 18쪽)에서 일부 글자를 '殘倭'로 판
독한 점이 참고가 된다.

24) 졸고, 앞의 논문, 175쪽.

로 보아서도 상정하기 어렵다고 생각 된다.[25]

　이상에서 백제와 고구려의 전쟁에 있어 왜의 해상세력이 가담하고 있는 사실을 <광개토왕릉비문>을 통해 살펴보았다. 문제는 왜 倭가 5세기 초를 전후한 시기에 국경을 접하지도 않고 바다를 사이에 두고 있음에도 불구하고 더구나 고구려를 '신민'으로 삼을 정치적 목적이 없었음에도 불구하고 백제의 대고구려 전쟁에 참여하였는가 하는 점일 것이다. 백제와 고구려 양국 전쟁의 원인과 목적은 영토 확장과 전략적 요충지의 확보 등 상호 국가적 利害관계에서 빚어진 충돌이라는 측면에서 찾을 수 있고, 백제가 열세에 있는 군사력을 보완하기 위해서 왜를 고구려와의 전쟁에 끌어들였다는 것은 당시의 정세로 보아 이해할 수 있다. 그런데, 倭가 어떤 이유로 백제와 고구려의 전쟁에 개입하였던 것일까 하는 점 즉, 倭가 추구한 國益으로 표현되는 지배층의 이해관계는 무엇이었던 하는 점에 대한 검토가 필요할 것이다. 이 점은 왜군의 고구려와의 전쟁 참가 지역이 낙동강 유역과 황해도 대방계 지역에서 전개된 점으로 보아 왜의 고구려·백제와의 전쟁 개입은 중국의 선진문물을 용이하게 수입할 수 있는 해상로의 확보에 주된 목적이 있었던 것으로 추측된다. 이는 3세기 초 공손씨에 의해 대방군이 설치된 이래 만들어진 주요한 역사 지리적 교역망의 하나가 낙랑·대방군과 남해안 연안지역, 대한해협의 도서, 九州 북부 연안지역을 이어주는 해상로였기 때문이다. 고구려가 3세기 초 낙랑과 대방군을 멸망시키기 전까지 이들 한군현은 한반도 중서북부에 위치하여 해상을 통해 당시의 한·일지역세계의 각 정치집단에 대한 해상 교역을 통제하고 정치적 영향력을 미치는 근거지로서 활용되었던 점에서도 추정 가능할 것이다.

---

25) 특히 대방계의 지역은 고구려와 백제의 국가적 이해가 충돌하는 접점이기 때문에 백제의 요청이 있어야 왜가 고구려와의 전쟁에 참여할 수 있다.

4. 磐井의 전쟁과 한·일 지역세계

6세기 한·일지역세계의 역사적 전개의 특징은 한반도 지역에서의 신라의 약진과 일본열도 지역에서의 九州정권의 대두라고 할 수 있다.[26] 이 지역세계의 역사는 한·중지역세계의 정세 변화와 연동하여 상호 관련성을 가지면서 전개되었던 것이다. 즉, 당시 중국 대륙은 남·북조가 분열되어 항쟁이 격화되었다. 중국의 정치적 분열적 상황은 고구려가 남하정책을 추진할 수 있는 요소로 작용한 결과 백제와의 만성적 군사 긴장상태가 지속되었다고 할 수 있다. 이에 백제는 군사적 위기상황을 극복하기 위해 대신라·대왜 외교를 강화하는 방향[27]으로 나아갔던 것이다. 이러한 동아시아세계의 군사적 긴장상태는 백제, 가야, 신라, 왜 등을 포함하는 한·일 지역 국가와 이와 연동된 한반도 남해 연안지역과 규슈 북부 연안지역의 유동화를 초래하였다고 할 수 있다. 이 지역의 유동화는 가야의 영토와 백성을 병합하려는 의도에서 신라와 백제의 양국이 자웅을 겨루는 형태로 전개되었던 것이다.

이 시기 신라의 대두는 가야지역에 대한 군사적 압력 강화로 시작되었다. 즉, 522년의 大加耶와의 혼인동맹, 524년의 南境 拓地, 525년의 沙伐州[28] 설치, 529년 南加羅[29]와 卓淳[30] 지역에 대한 군사적 압박, 532년 金官伽倻의 병합의 순으로 한반도 남해 연안지역에 세력을 확장

---

26) 졸고,「筑紫 磐井의 전쟁과 신라」『일어일문학』20집, 2003, 304쪽.
27) 이러한 시기에 있어서도 한·일세계의 각국은 자국의 이해관계에 의해 대외정책을 유지해 나갔다고 보아진다. 특히 신라의 경우, 대고구려 외교에 있어서는 백제와 이해관계가 일치하여 동맹관계를 유지하였으나, 가야지역을 둘러싼 대외정책에 있어서는 이해관계를 달리 하였다.
28) 지금의 尙州.
29) 지금의 金海.
30) 지금의 昌原.

하여 나갔다. 이에 대해 백제도 가야지역에 대해 공세를 강화한 사실은
『日本書紀』繼體紀의 6년부터 10년 사이의 기사와 23년조의 기사에
서 그 양상을 살필 수가 있다. 즉, 6년의 任那 4현 할양 기사와 己汶·
帶沙 할양 등의 기사를 참조해 볼 때, 백제는 고구려의 공세에 의해 熊
津으로 천도한 이후부터 가야지역에 대한 관심을 가지고 공세를 강화하
였다는 사실을 알 수 있다. 양국의 이러한 공세에 대해 가야가 어떻게 대
처했는가에 대해서는 관련 문헌의 부족으로 잘 알 수 없지만, 5세기 후
반에 있어서 대가야왕에 의한 가야 통일의 움직임은 인정되고 있다. 그
러나 그 당시 가야의 주요 세력을 형성하였던 大加耶, 安羅, 南加羅
등의 독자성은 상대적으로 강하였고 각 정치집단의 이해관계의 불일치
로 인해 통일로의 움직임은 성과를 얻지 못하였다고 생각 된다.[31]

  그런데, 한반도 지역과 일본 열도 지역과의 정치·문화·경제적 교류
관계는 『日本書紀』 등의 문헌을 참고할 때 5세기 중엽부터는 증명이
가능하지만, 고고학적 유물을 통해 살펴보면 그 연원과 지속성은 상당부
분 거슬러 올려 볼 수 있을 것이다. 특히 가야지역과 九州 북·중부 지
역과의 교류는 해양이라는 지정학적 조건에 의해 일정부분 영향을 받았
다고 생각하지만, 항해술과 조선술이 상대적으로 미비하였던 고대라 하
더라도 선박을 통한 양안 지역의 왕래는 상당히 활발하였을 것으로 추정
된다. 양 지역 간의 정치, 문화, 경제적 교류의 다양성은 일본 열도에 남
아 있는 가야인들의 흔적[32]을 통해 짐작할 수 있다. 그러나 인적·물적
교류라는 것은 쌍방적인 속성을 가지고 있기 때문에 가야인들의 일본 열
도 진출과 더불어 九州 북부 연안을 중심으로 서일본 지역의 왜인들이

---

31) 가야는 신라와 백제의 대외 팽창정책의 대상이었던 관계로 동서 양쪽 방면으로
  부터 군사적 압력에 노출되어 있었기 때문에 통일 세력을 규합하기 어렵게 하는
  한 원인으로 작용하였을 것이다.
32) 이 부분에 대해서는 졸고,「日本の中の加耶文化」『日本學報』51, 2002을
  참고할 것.

낙동강 하구 주변의 가야지역에 거주하면서 철자원을 비롯한 선진문물과 재화 등 왜인 사회가 필요로 하는 귀중품을 수입하는 등의 경제 활동을 하였을 개연성은 충분하다[33]고 할 수 있다. 이러한 양 지역 간의 인적·물적 교류는 가야지역의 정치적 불안정과 일본 열도의 정치적, 문화적인 필요성이란 사회적 공감대가 있었기 때문에 가능하였던 것으로 추정된다. 한반도 남해안의 가야지역과 일본 열도 그 중에서도 규슈 북부 연안 지역과의 역사적·전통적 교류관계는 6세기 중반 가야가 신라에 의해 멸망하는 시기까지 지속되었다고 할 수 있다.

한편, 九州 북부 지역의 한반도 지역 국가들과의 교류가 진행됨에 따라 6세기 대에 이르면 일본열도 지역에서 규슈정권이 역사의 무대에 모습을 나타내게 된다. 일반적으로 '磐井의 亂'으로 알려진 磐井(이와이)정권의 등장인 것이다. 『日本書紀』 <繼體紀>에 의하면 '磐井(이와이)의 전쟁'은 21년(527)에 시작되었다고 한다. 관련 사료를 제시하여 보면 다음과 같다.

> [10] 21년 여름 6월 壬辰 朔 甲午에, 近江毛野臣가 무리 6만을 거느리고 任那에 가서 新羅에 의해 상실된 南加羅와 喙己呑을 부흥하여 任那에 합하려고 하였다. 이에, 筑紫國造인 磐井이 叛逆을 음모하고 猶預하며해를 보내었다. 일이 성사되기 어려움을 두려워하여 항상 間隙을 엿보았다. 新羅가 이것을 알고 비밀리에 磐井가 있는 곳에 가서 뇌물을 주고 毛野臣軍을 막도록 권하였다. 이에 磐井가 火·豊의 2國에 숨어 거하며 직무를 받들지 않았다. 밖으로는 海路를 막아 高麗와 百濟, 新羅, 任那 등의 나라가 年貢을 바치는 배를 誘致하고, 안으로는 任那에 보내는 毛野臣軍을 막고, 어지러운 말로 호령하며 말하기를, "지금은 使者이자만 옛날에는 나의 짝으로 어깨를 비비고 팔꿈치를 닿으며 같은 솥에 밥을 먹었다. 어

---

33) 하지만, 이러한 왜인의 가야지역의 집단 거주를 '任那日本府'문제와 직결시켜 정치적으로 해석을 한다든지, 왜인의 거주 자체를 부정하는 시도는 지양되어야 한다.

찌 갑자기 사자가 되어 나를 너 앞에 自伏시키려 하는가"하고, 드
디어 싸우고 받들지 않았다. 교만하고 스스로 긍지를 가졌다. 이
에 毛野臣는 막혀서 도중에서 滯在하였다. 天皇이 大伴大連金村
와 物部大連麤鹿火, 許勢大臣男人 등에게 말하기를 "筑紫 磐井가
반역하여 西戎의 땅을 영유하였다. 지금 누가 將軍이 되어야 할
것인가"라고 하였다. 大伴大連 등이 모두 말하기를 "正直하고 인
자하며 용맹하고 兵事에 능통한 자는 지금 麤鹿火右를 두고는 없
습니다."라고 하였다. 天皇이 말하기를 "좋다"고 하였다.34)

[11] 秋 8월 辛卯 朔에 詔書를 내리기를 "아! 大連이여 이 磐井가 따르
지 않는다. 너가 가서 征伐하여라"라고 하였다. 物部麤鹿火大連이
다시 절하며 말하기를 "아! 磐井는 西戎의 姦猾한 자이다. 강이
험함을 믿고 조정에 따르지 않고 산의 험함을 믿고 亂을 일으켰
습니다. 德을 깨뜨리고 道를 뒤엎었습니다. 업신여기고 깔보며 스
스로 현명하다고 하고 있습니다. 옛날 道臣으로부터 지금의 室屋
에 이르기까지 帝를 도와 벌하였습니다. 民을 塗炭에서 구하는 것
은 彼此 하나입니다. 오직 하늘의 도움을 받는 것은 臣 이 항상 중
히 여기는 것입니다. 능히 공손하지 않음을 칠 것입니다."라고 하
였다. 고하여 가로대 "좋은 將帥의 軍이라는 것은 은혜를 베풀고
은혜를 받들어 자기를 생각하는 것과 같이 사람을 다스린다. 공격
은 물이 터지는 것 같이 하고 싸우는 것은 바람을 일으키는 것 같
이 하라"고 하였다. 또 알려 가로대 "大將은 民의 생명을 맡으며
社稷의 存亡은 여기에 있다. 힘쓸 것이라. 삼가 天罰을 행하라"라
고 하였다. 天皇이 친히 親操斧鉞, 大連에 주며 가로대 "長門의 以
東은 朕이 억제하고 筑紫의 以西는 너가 억제하라. 전적으로 賞罰

---

34) 二十一年夏六月壬辰朔甲午, 近江毛野臣, 卒衆六萬, 欲往任那, 爲復
興建新羅所南加羅·喙己呑, 而合任那. 於是, 筑紫國造磐井, 陰謨叛
逆, 猶預經年. 恐事難成, 恆伺間隙. 新羅知是, 密行貨賂于磐井所, 而
勸防遏毛野臣軍. 於是, 磐井掩據火豊二國, 勿使修職. 外邀海路, 誘致
高麗·百濟·新羅·任那等國年貢職船, 內遮遣任那毛野臣軍, 亂語
揚言曰, 今爲使者, 昔爲吾伴, 摩肩觸肘, 共器同食. 安得率爾爲使, 俾
余自伏儞前, 遂戰而不受. 驕而自矜. 是以, 毛野臣, 乃見防遏, 中途淹
滯. 天皇詔大伴大連金村·物部大連麤鹿火·許勢大臣男人等曰, 筑
紫磐井反掩, 有西戎之地. 今誰可將者. 大伴大連等僉曰, 正直仁勇通
於兵事, 今無出於麤鹿火右. 天皇曰, 可.

을 행하고 頻繁하게 알리지 말라."라고 하였다.[35]

[12] 22년 冬 11월 甲寅 朔 甲子에 大將軍 物部大連麤鹿火가 친히 적의
우두머리인 磐井와 더불어 筑紫의 御井郡에서 交戰하였다. 깃발
과 북이 서로 바라보고 티끌과 흙먼지가 서로 엇갈렸다. 戰機를
兩陣의 사이에서 정하고자 하여 萬死의 땅을 피하지 않았다. 드디
어 磐井를 베고 疆場을 정하였다. 12월에 筑紫君 葛子가 아버지의
죄로 주살될 것을 두려워하여 糟屋屯倉을 바치고 死罪를 면제해
주기를 요청하였다.[36]

관련 사료는 장문에다 수식하는 말이 많고 번잡하기 때문에 이들 내용
을 요약하여 제시해 보면 다음과 같다.

가) 21년 6월 近江毛野臣에게 군사 6만을 주어 任那에 가게 하였다.
나) 그 목적은 신라에 병합된 南加羅와 㖨己呑을 부흥시키는데 있었다.
다) 이 무렵 筑紫國造인 磐井가 반역할 마음이 있어 틈을 엿보고 있었다.
라) 신라가 이것을 알고 뇌물을 주어 毛野臣의 병사를 막게 하였다.
마) 이에 磐井가 火·豊 2국의 병사를 움직여 毛野臣의 병사를 막고
   거부하였다.
바) 8월에 천황이 조서를 내려 金村과 麤鹿火 등을 보내어 磐井를 치
   게 하였다.
사) 22년 11월에 麤鹿火가 磐井와 筑紫의 御井郡에서 싸워 이겨 磐井
   를 죽였다.
아) 12월 磐井의 아들 葛子가 아버지의 죄로 인해 죽을 것을 두려워하

---

35) 秋八月辛卯朔, 詔曰, 咨, 大連, 惟玆磐井弗率. 汝徂征. 物部麤鹿火大
連再拜言, 嗟, 夫磐井西戎之姦猾. 負川阻而不庭. 憑山峻而稱亂. 敗德
反道. 侮嫚自賢. 在昔道臣, 爰及室屋, 助帝而罰. 拯民塗炭, 彼此一時.
唯天所贊, 臣恆所重. 能不恭伐. 詔曰, 良將之軍也, 施恩推惠, 怒己治
人. 攻如可決. 戰如風發. 重詔曰, 大將民之司命. 社稷存亡, 於是乎在.
勗哉. 恭行天罰. 天皇親操斧鉞, 授大連曰, 長門以東朕制之. 筑紫以西
汝制之. 專行賞罰. 勿煩頻奏.

36) 二十二年冬十一月甲寅朔甲子, 大將軍物部大連麤鹿火, 親與賊帥磐
井, 交戰於筑紫御井郡. 旗鼓相望, 埃塵相接. 決機兩陣之間, 不避萬死
之地. 遂斬磐井, 果定疆場.

여 粕屋屯倉을 바쳤다.

이 '이와이의 전쟁'문제와 이 사건과 연관되어 서술하고 있는 近江毛
野臣의 파견 문제에 대해서는 '任那日本府'와의 관련성 여부 등 검토
되어야 할 점이 많이 있지만, 여기서 검토하고자 하는 관점에서 본다면,
가장 큰 문제점은 이 전쟁을 일본 국내적 사건으로 볼 것[37]인지 아니면
당시 동아시아 정세 속에서 복원하여 해석[38]할 것인지에 있다고 할 것이
다. 종래 이 사건은 大和(야마토)정권에 의한 筑紫(쓰쿠시)정권의 제압
이란 일본 국내의 사건으로 이해하는 경향이 많았으나, 근년에는 고대
한반도 정세와 연관하여 살펴보려는 경향을 보이고 있다. 이러한 문제가
제기될 수 있는 것은 첫째, 사료 [10]에 보이는 近江毛野臣의 출병 사
실은 23년 춘 3월조에 다시 재차 보이고 있다[39]는 점이고, 둘째, 21년
(527)의 近江毛野臣 파병 목적이 南加羅 등이 신라에 병합된 결과 이
를 부흥시키는데 있기 때문이다. 이와 같은 同事重出의 문제와 시기적
모순[40]에 대해 종래 일본학계에서는 부정확한 국내 자료의 修飾에 의한
것[41]으로 해석하여 극복하려 하였다. 『日本書紀』편찬 시에 활용된 관
련 원사료로는 <백제본기> 등과 같은 백제계통의 사료와 가야계통 사

---

37) 林屋辰三郎, 「繼體・欽明朝內亂の史的分析」『立命館文學』88, 1952,
   津田左右吉, 『日本古典の硏究』, 岩波書店, 1963. 坂本太郎, 『日本古
   代史の基礎的硏究』上, 東京大學出版會, 1964. 三品彰英, 『日本書紀
   硏究』2, 塙書房, 1966. 小田富士雄, 『古代の日本』3・九州, 1970. 吉
   田晶, 「古代國家の形成」『岩波講座 日本歷史』2, 岩波書店, 1975.
38) 鬼頭淸明, 「日本民族の形成と國際的契機」『大系日本國家史』1・古
   代, 1975. 山尾幸久, 『日本國家の形成』, 岩波新書, 1977. 졸고, 「6세기 동
   아시아 정세와 '磐井의 난'」『한국일어일문학회』43집, 2002.
39) 是月, 遣近江毛野臣, 使于安羅. 勅勸新羅, 更建南加羅・喙己呑.
40) 『三國史記』등에 따르면 南加羅인 金官伽倻의 멸망은 532년에 일어난 사
   건인 것이다.
41) 日本古典文學大系, 『日本書紀』, 岩波書店, 35쪽 頭註 14.

료 이외에 전설화된 日本所傳 이나 유래담 등과 같은 자료가 있었을 것으로 추측[42]하고 있다. 따라서 近江毛野臣의 파견을 21년으로 서술하고 있는 사료 [10]의 출병은 일련의 조작문[43]으로 보아야 할 것이다.

　그러나 이처럼 近江毛野臣의 출병을 23년(529)이라 추정하더라도 그 출병의 목적이 남가라 등의 부흥에 있었다고 한다면 여전히 문제성을 가지고 있다. 즉, 신라 上臣 伊叱夫禮智干岐(異斯夫)에 의한 金官 등의 4촌을 抄掠[44]의 결과 초래된 가야 멸망[45]과의 역사적 관련성을 가지려면 그 출병은 적어도 529년 이후에 발생한 것으로 보아야 할 것이다. 하지만 이런 경우에도 금관가야의 멸망의 연대가 532년이기 때문에 3년의 차이가 생긴다. 선행연구[46]에서도 지적된 바와 같이 이 시간적 차이는 계체 붕년의 본문 사료와 주로 병기된 或本의 사료에서 보이는 3년간의 차이[47]와 연관이 있다 보는 것이 타당하다고 생각한다.

　한편, 527년의 近江毛野臣의 출병이 조작문이라 한다면, 이와 연동하여 기술하고 있는 '이와이의 전쟁' 일련의 관련 기사의 검토가 필요할 것이다. 이 문제에 대한 종래의 연구는 양자를 상호 관련성이 없는 역사

---

42) 이에 대해서는 三品彰英, 「繼體紀の諸問題－特に近江毛野臣の所傳を 中心として－」『日本書紀研究』第二册, 塙書房, 1967. 高寬敏, 「繼體 紀の近江毛野臣朝鮮派遣記事」『古代朝鮮諸國と倭國』, 雄山閣出版, 1997. 山尾幸久, 「戰爭と政變と南加羅滅亡－その年次の問題－」『筑 紫君磐井の戰爭』, 新日本出版, 1999 등을 참고할 것.

43) 高寬敏, 앞의 논문, 17쪽. 그러나 씨의 경우 近江毛野臣의 파견을 23년 4월 조로 보고 있기 때문에 23년 3월조도 조작문이라 주장하였다.

44) 上臣抄掠四村[金官·背伐·安多·委陀 是爲四村 一本云 多多羅· 須那羅·和多·費智爲四村也 盡將人物 入其本國]. 盡將人物入其本 國. 或曰, 多多羅等四村之所掠者, 毛野臣之過也. (繼體紀 23年 4月條)

45) 『三國史記』에는 法興王 9년(532)의 사건으로 기록되어 있다.

46) 三品彰英, 앞의 논문. 前之園亮一, 「繼體王朝說批判」『古代王朝交替 說批判』, 吉川弘文館, 1986. 山尾幸久, 앞의 책.

47) 繼體의 사망에 대해 본문에서는 25년으로 기록하고 있으나 주로 첨부된 或本 의 경우 28년이라고 하고 있다.

적 사건으로 보는 설[48]과 近江毛野臣의 출병과 '이와이의 전쟁'과는 상호 연관성이 있으며, 남가야의 멸망과 계체의 사망한 시기까지도 일련의 관련성이 있다고 보는 설[49]로 나뉘어져 있다. 전자의 설을 취할 경우, '이와이의 전쟁'을 일본 국내 정치세력 간의 충돌로 해석되는 것이고, 후자의 설에 따르면 '이와이의 전쟁'은 한·일지역세계와 관련성이 있는 사건으로 볼 수 있는 여지가 생기는 것이다. 近江毛野臣의 출병이 가야의 멸망과 관련이 없이 행하여졌다면 출병 이유에 대한 설명이 뒤따라야 할 것이다. 또한 가야제국과 왜국과의 해상교류를 통한 역사적 친연관계, 6세기 한·일지역세계의 유동화 등을 고려할 때, 이들 사건은 상호 연관성을 가지며 繼體 붕년의 연차 차이와도 문제와도 깊은 관련성이 있다[50]고 추정할 수 있다.

상기 검토를 바탕으로 '이와이의 전쟁'의 경과 과정과 6세기 초반의 한·일지역세계의 정세를 복원하여 보면, 529년(수정 연대)에 이르러 신라의 가야에 대한 군사적 공세가 강해져 南加羅와 卓淳 등을 압박하기 시작하였다. 이에 대가라왕이 왜왕에게 원군을 요청하였다. 왜왕은 九州의 군사를 징병하여 파병하려 하였다(530년 ; 수정 연대). 이 소식을 들은 신라의 異斯夫는 磐井에게 사신을 파견하여 毛野臣軍을 저지하도록 하였다. 磐井를 중심으로 한 九州의 호족은 大和조정의 군대와 전쟁을 하였으나 결국 패배하고 磐井는 죽게 된다(수정 연대 531년). 이 시기에 야마토 정권에서는 繼體가 죽고 欽明이 즉위하였다. 신라는 가야에 대한 공세를 강화하여 金官·背伐·安多·委陀 등의 4촌을 공

---

48) 三品彰英, 앞의 논문, 29쪽. 연민수, 「고대한일외교사―삼국과 왜를 중심으로―」『한국고대사연구』27, 2002, 217쪽.

49) 山尾幸久, 「文獻から見た磐井の亂」『日本古代の國家形成』, 大和書房, 1986, 149쪽. 졸고, 앞의 논문, 2002, 351쪽. 졸고, 앞의 논문, 2003, 300쪽.

50) 이런 측면에서 본다면 '磐井의 전쟁'은 毛野臣의 출병과 관련성이 있으며 近江毛野臣의 출병 시점도 529년 이후의 사실로 보아야 할 것이다.

략하여 금관가야를 멸망시켰다(수정 연대 532년).[51]

　이러한 역사적 복원이 가능하다면, '이와이의 전쟁'은 일본 국내의 전쟁이 아니라 일본열도의 大和세력과 규슈 북부 연안의 筑紫세력 그리고 가야와 신라가 직접 연관된 역사적 사건이었다고 생각한다. 뿐만 아니라 중국정세의 혼란, 고구려의 남하, 백제와 신라의 가야지역에의 세력 확장이라는 한반도 제국의 정치, 군사적 측면과 맞물려 있다고 한다면 이 전쟁의 역사적 의미는 6세기 한・일지역세계 나아가 동아시아세계의 정세 속에서 재해석할 수 있을 것이라고 생각한다.

5. 백강 전투와 동아시아 전쟁

　7세기 동아시아 역사의 특징적인 현상은 중국대륙과 한반도, 일본열도에서의 전쟁과 그에 수반되는 군사적 긴장 상태를 이용하여 각 지역의 통일국가 형성에 있었다고 할 수 있을 것이다. 중국대륙에서의 수・당제국의 성립, 한반도에서의 통일신라의 성립, 일본열도에서의 율령국가의 성립이 그것이다. 그 가운데서도 7세기 초두에 출현한 唐국가는 帝國主義적 국가 의지와 羈縻정책을 통해 동아시아 각국에 영향력을 유지하려 하였던 데에서 동아시아 질서의 동요는 시작[52]되었다고 할 수 있다. 주변국을 자국의 직접 영향권 하에 두려는 당의 제국주의적 국가의지는 주변 강대국이었던 고구려를 압박하기 시작하였기 때문에 양국의 군사적 충돌은 불가피하게 되었다. 이러한 한반도 북부지역의 정세는 백제와 신라에게도 영향을 미쳤으며, 이후 동아시아의 정세를 고구려와 백

---

51) 졸고, 앞의 논문, 2002, 351~352쪽.
52) 졸고, 「일본 율령국가와 통일신라의 형성에 관한 일고찰」『신라문화』 25집, 2005, 25쪽.

제, 당과 신라를 각각 군사적 동맹관계로 제휴하게 하는 방향으로 나아
가게 만들었던 것이다. 양자택일적인 국면에 놓인 왜국도 656년에 이르
러 고구려와 백제의 군사동맹노선에 가입하였다고 생각한다.53) 『日本
書紀』齊明天皇條에 일련의 기사가 남아있다.

> [13] 원년 是歲, 高麗·百濟·新羅가 나란히 사신을 보내어 進調하였
> 다.〈百濟大使 西部達率 余宜受과 副使 東部恩率 調 信秋仁 무릇
> 일백여 명이다.〉
> [14] 2년 추8월 癸巳朔庚子, 高麗가 達沙 등을 보내어 進調하였다.〈大
> 使 達使甲, 副使 伊利之의 총 81인이었다.〉
> [15] 9월 大使 膳臣葉積과 副使 坂合部連磐鍬, 大判官 犬上君白麻呂,
> 中判官 河內書首〈이름이 빠짐〉, 小判官 大藏衣縫造麻呂을 高麗
> 에 보내었다.

사료 [14]에서 알 수 있는 바와 같이 齊明 2년(656) 8월 고구려가 왜
에 達沙 등 81명의 사절단을 파견하였고, 이에 왜는 다음 달인 9월에
大使인 膳臣葉積 등의 사신들을 보내어 화답함으로서 고구려와 백제
의 군사동맹에 가입하게 되었던 것이다(사료 [15]). 고구려와 왜의 통교
에는 백제의 역할이 있었다고 생각한다. 이 점은 齊明 원년(655)의 大
使 余宜受 등 100여 명의 백제 사절단이 왜에 파견된 기록(사료 [13])
에서 추측할 수 있다. 이 시기에 형성된 고구려·백제·왜의 군사동맹
세력과 신라·당의 군사동맹 세력은 660년, 당의 대고구려정책의 일환
으로 신라와 연합하여 백제를 공격함으로서 충돌하게 되었다. 신라와 당
의 연합군에 의한 백제멸망의 과정을 요약하여 기술하면 다음과 같다.

> 3월 唐 高宗이 蘇定方을 大摠管으로 삼아 水陸 13만의 군으로 百濟 征
> 伐을 명하였다.

---

53) 졸저, 『고대 한일 정치교섭사 연구』, 학원문화사, 1995, 148~150쪽.

5월 16일 新羅 武烈王이 金庾信 등과 함께 慶州에서 출발하였다.

6월 18일 무열왕 등이 南川停에 도착하였다.

6월 21일 무열왕이 太子 法敏을 보내어 德物島에서 소정방을 맞이하였다.

7월 9일 新羅 金庾信이 황산벌에서 百濟 階伯과 싸웠고 소정방은 伎伐浦에 이르렀다.

7월 12일 신라와 당의 연합군이 백제의 泗沘城을 포위하였다.

7월 13일 이날 밤, 백제 義慈王이 太子와 좌우대신을 거느리고 熊津城으로 달아났다.

7월 14일 사비성에 있던 왕자 隆과 大佐平 天福 등이 항복하였다.

7월 18일 의자왕이 태자와 함께 웅진성에서 항복하였다.

상기 기술에서 알 수 있는 바와 같이 660년 7월 9일의 황산벌과 기벌포에서의 전투를 시작으로 전개된 신라와 당연합군의 백제 정토 전쟁은 불과 10여 일만에 의자왕의 항복으로 끝났다. 이처럼 짧은 시일에 백제가 멸망하게 된 원인에 대해서는 내정의 부패와 의자왕의 전제 정치에 강화에 따른 귀족층의 결속 약화 등의 국내적 요인도 있겠지만, 동아시아 정세 파악과 대외 정책의 판단 부족이란 국외적 요소도 작용하였다고 보아진다. 그러나 武王의 조카인 福信을 비롯한 백제 유민에 의한 백제 부흥운동이 백제 고토 전역에서 전개됨으로서 동아시아의 정세는 다시 유동화 하였다. 이후 3년간의 부흥운동이 전개되고 왜가 군대를 파견함으로서 당, 고구려, 신라, 백제부흥군, 왜 등의 동아시아 諸國이 참가하는 백강전투가 전개되었던 것이다. 이 과정에 있어서 관련 사료가 많이 남아있지만 사료상의 불일치하는 부분도 있어 이를 비교, 검토한 결과를 정리하여 제시하여 보기로 한다.

660년 7월 백제 멸망

9월 백제 멸망과 福信의 거병 소식이 왜에 전해짐

10월 복신이 왜에 豊章의 귀국과 군사 파병을 요청함

12월 齊明천황이 백제 구원을 위해 병기 수리, 선박 준비, 군량을

저축함

661년 4월 복신이 재차 풍장의 귀국을 왜에 요청함

7월 齊明천황이 筑紫의 朝倉행궁에서 사망함

8월 天智천황의 주도 하에 대백제 파견군 편성을 공포함

9월 풍장을 호송함

10월 天智천황이 齊明천황의 喪을 거행하기 위해 飛鳥로 향함

11월 齊明천황을 빈소에 안치함

662년 정월 天智천황이 복신에게 군수품과 식량을 제공함

3월 풍장에게 布 3백단을 하사함

5월 풍장을 백제왕으로 책봉함

12월 백제부흥군이 장기전을 위하여 거점을 州柔城에서 避城으로 옮김

같은 해 왜가 신라정벌을 위해 駿河國에 造船을 명령함

663년 2월 백제부흥군이 신라의 공격에 의해 거점을 재차 피성에서 주유성으로 옮김

3월 왜가 대신라정벌군을 파견함

5월 왜의 사신 犬上君이 대신라 군사 파병을 고구려에 알리고 돌아옴

6월 풍장이 복신을 살해함

풍장이 왜와 고구려에 구원병을 요청함

왜의 대신라정벌군이 신라의 2성을 획득함

8월 왜는 대신라정벌군을 재편성하여 白江으로 파견함

왜의 백제구원군이 백강에서 당과 싸워 패함

9월 주유성이 함락함

왜군과 백제의 유민이 왜국으로 퇴각함

663년 8월의 백강전투는 당시의 동아시아제국이 참가한 국제전적인 성격을 가지고 있다고 할 수 있다. 이 전쟁 과정과 전쟁에 있어서 검토되어야 할 많은 의문점이 있지만 가장 큰 의문점은 왜 倭가 영토획득 등의 국가적의 이해가 직접 수반되지 않는 이 전쟁에 참가하였는가 하는 문제일 것이다. 이에 대해서는 종래 다양한 견해가 제시되어 있다. 이들 제설을 살펴보면 첫째, 왜의 백제종주국 위치 획득 설,[54] 둘째, 왜국 위기

설,55) 셋째, 왜왕권의 백제와 책립설,56) 넷째, '任那의 調'와 같은 공납 관계를 회복설,57) 다섯째, 선진문물 독점체재 유지설,58) 여섯째, 전쟁의 긴장 상태를 이용한 국가권력 집중설59) 등으로 나눌 수 있을 것이다.60) 이들 선행연구가 일본학자들에 의해 연구되었던 점 때문인지 제설 가운데 '왜국 위기설'과 '국가권력 집중설'을 제외하고는 왜 우위적 입장에서 해석하고 있는 특징을 보이고 있다. 주지하다시피 백강전투는 당, 고구려, 백제, 신라, 왜가 모두 참가한 국제적 전쟁61)이기에 그 성격 파악도 동아시아적 정세상에서 살펴져야만 할 것이다. 그런데, 동아시아적 시점에서의 관점이라 하더라도 '왜국 위기설'의 경우, 왜의 국가적 위기감은 백강전투의 참패의 결과로 형성된 인식이라 보아야 할 것이기 때문에 수긍하기 어렵다. 우선 『日本書紀』天智條에 보이는 백강 관련 사료를 제시하면 다음과 같다.

---

54) 石母田正, 『日本の古代國家』, 岩波書店, 1971.

55) 井上光貞, 「大化改新と東アジア」『新岩波講座 日本歷史』 2, 岩波書店, 1975.

56) 八木充, 『日本古代政治組織の硏究』, 塙書房, 1986.

57) 田村圓澄, 「百濟救援考」『文學部論叢』 5, 1981. 그러나 鬼頭淸明(「白村江の戰いと律令制の成立」『日本古代國家の形成と東アジア』, 校倉書房, 1976)의 경우, 백제와의 종래의 공납관계 확보와 더불어 왜국 모순 극복과 권력 집중의 두 가지 목적이 있었다고 보았다.

58) 鈴木英夫, 「百濟救援の役について」『日本古代の政治と制度』, 續群書類從完成會, 1985.

59) 山尾幸久, 『古代の日朝關係』, 塙書房, 1989.

60) 이들 견해의 요약과 설명에 대해서는 졸저, 앞의 책, 185~190쪽과 연민수, 「7世紀 東아시아 정세와 倭國의 對韓政策」『신라문화』24집, 2004, 18~20쪽을 참조할 것.

61) 이 전쟁에 있어 고구려가 직접 참가하였는가에 대해서는 사료상 보이고 있지 않지만, 655년대의 군사동맹국이었던 점과 백강전쟁 패배 이후 풍장이 고구려로 도망갔다는 점 등을 볼 때 고구려도 참가하고 있었다고 보아도 좋을 것이다.

2년 秋 8월 壬午 朔 甲午(13일)에 新羅가 百濟王이 자신의 良將을 베었기 때문에 직접 (백제)국으로 들어가 먼저 州柔를 빼앗으려 謀議하였다. 이에 百濟가 적이 계획한 바를 알고 諸將에게 일러 말하기를 "지금 大日本國의 救將인 盧原君臣가 健兒 만 여 명을 이끌고 바로 바다를 건너 이를 것이다. 원컨대 諸將軍 들은 응당 미리 圖謀하여야 할 것이다. 나는 스스로 白村에 가서 맞이하고 대접할 것이다."라고 하였다.[62]

戊戌(17일)에 賊將이 州柔에 이르러 그 王城을 포위하였다. 大唐의 軍將이 戰船 170척을 거느리고 白村江에서 陣烈하였다.[63]

戊申(27일)에 日本의 船師로 처음 이른 자와 大唐의 船師가 合戰하였다. 日本이 不利하여 물러났다. 大唐은 陣을 견고히 하고 지켰다.[64]

己酉(28일)에 日本의 諸將과 百濟王이 氣象을 관찰하지 않고 서로 말하기를 "우리들이 먼저 싸우면 저들은 스스로 물러갈 것이다."라고 하였다. 다시 日本의 隊伍가 어지러운 中軍의 무리들을 이끌고 나아가 大唐의 견고한 陣의 軍을 쳤다. 大唐은 즉시 左右로부터 (일본)배를 사이에 끼우고 둘러싸고 싸웠다. 잠깐 사이에 官軍이 敗績하였다. 물에 빠져 죽은 자가 많았다. 뱃머리를 돌리지 못하였다. 朴市田來津이 하늘을 우러러 盟誓하고 이를 깨물고 분노하여 수 10인을 죽이고 戰死하였다. 이때 百濟王 豊璋은 몇 사람과 배를 타고 高麗로 달아났다.[65]

한편, 이 전쟁이 이른바 백제부흥만을 목적으로 한 파병이었다고 한다면 왜 3년이란 긴 기간이 필요하였을까 하는 점도 검토의 대상이 되어야

---

62) 秋八月壬午朔甲午, 新羅以百濟王斬己良將, 謀直入國先取州柔. 於是, 百濟知賊所計, 謂諸將曰, 今聞, 大日本國之救將盧原君臣率健兒萬餘, 正當越海而至. 願諸將軍等應預圖之. 我欲自往待饗白村.

63) 戊戌, 賊將至於州柔繞其王城. 大唐軍將率戰船一百七十艘, 陣烈於白村江.

64) 戊申, 日本船師初至者, 與大唐船師合戰. 日本不利而退. 大唐堅陣而守.

65) 己酉, 日本諸將與百濟王不觀氣象, 而相謂之曰, 我等爭先彼應自退. 更率日本亂伍, 中軍之卒, 進打大唐堅陣之軍. 大唐便自左右夾船繞戰. 須臾之際, 官軍敗績. 赴水溺死者衆. 艫舳不得廻旋. 朴市田來津仰天而誓, 切齒而嗔殺數十人, 於焉戰死. 是時, 百濟王豊璋, 與數人乘船, 逃去高麗.

할 것이다. 이 점에 대해서는 일본학계의 종래의 해석에 따르면 齊明천
황 시기에 있어서 北海道의 蝦夷정벌과 연관시키는 주장도 있으나 이
들 전승은 고구려 멸망 이후의 일본 東北지방의 혼란과 연관[66]시켜 보
는 것이 타당하다고 생각한다. 따라서 이것은 당시 왜국 지배층의 혼란
즉, 齊明천황의 사망과 같은 내부적 요인뿐만이 아니라, 당과 신라의 대
고구려전에의 전력 집중에 따른 백제부흥군의 일시적 융성으로 인한 백
제 구원을 목적으로 한 파병 목적의 상실과 같은 당시 동아시아적 정세
속에서 이해하여야 할 것이다. 또한 왜의 파병이 일시에 이루어진 것이
아니라 661년 9월과 663년 8월 백강전쟁에 앞서 6월의 2차에 걸쳐 이루
어졌다는 점도 고려되어야 할 것이며, 662년 5월 豊璋의 백제왕에의 책
봉[67] 등과 같은 이데올로기적인 측면도 함께 이해되어야 할 것이다.

그러므로 이 전쟁의 목적과 결과를 단순화하여 설명하기에는 어려운
부분이 있다고 생각한다. 침략을 목적으로 하는 전쟁의 경우에는 침략하
는 국가의 정치적 의지와 준비만으로 가능하다고 본다. 그러나 구원이란
목적의 전쟁에의 참가는 시간적 긴급성과 구원을 요청하는 국가나 집단
의 필요성, 군사력의 절대적 차이 등의 요소가 전제되어야 하는 것이다.
이러한 제반 측면을 염두에 두고 이 전쟁의 전말을 살펴보기로 한다.

660년 7월의 백제멸망과 福信의 거병 소식[68]이 9월경에는 왜에 전해

---

66) 이에 대해서는 若月義小,「律令國家形成期의 東北経營」『日本史研究』
   276, 1985와 山尾幸久,「孝德期의 東北國司詔의 基礎的考察」『立命館
   文學』503, 1987 등을 참고할 것.
67) 이 시기의 왜의 백제왕 풍장의 책봉은 신라가 안승을 고구려왕으로 책봉한 점과
   같은 의미로 이해할 수 있을 것이다.
68) 九月己亥朔癸卯, 百濟遣達率<闕名>. 沙彌覺從等, 來奏曰<或本云,
   逃來告難.>. 今年七月, 新羅恃力作勢不親於隣.引搆唐人, 傾覆百濟.
   君臣總俘, 略無噍類<或本云, 今年七月十日, 大唐蘇定方, 率船師軍于
   尾資之津. 新羅王春秋智率兵馬, 軍于怒受利之山. 夾擊百濟, 相戰三
   日. 陷我王城. 同月十三日, 始破王城. 怒受利山, 百濟之東境也>. 於

지고 10월에는 백제부흥군 측에서 왜에 체류하고 있던 왕자 豊章과 구원군 파병을 요청[69]함에 따라 왜의 齊明천황은 12월에 백제 구원을 위한 지원 준비를 지시[70]한다. 661년 4월에는 백제부흥군 측에서 재차 풍장의 귀국을 요청[71]하였다. 7월 백제 구원병 파견을 준비하던 齊明천황이 갑자기 筑紫의 행궁에서 사망하였으나 태자였던 天智의 주도하에 8월에는 對백제 파견군 편성을 공포[72]하고 9월에는 풍장을 군사 오천 여명과 함께 백제에 호송[73]한 후인 10월에 天智는 飛鳥로 돌아가 齊明의 喪을 거행[74]하고 다시 筑紫로 돌아왔다. 662년 정월과 3월에는 天智가 복신에게 군수품과 식량, 布 3백단을 하사[75]하였다. 5월에는 풍장

是, 西部恩率鬼室福信, 赫然發憤據任射岐山 <或本云, 北任叙利山>. (齊明天皇 6年條)

69) 冬十月, 百濟佐平鬼室福信, 遣佐平貴智等, 來獻唐俘一百餘人 …… 又乞師請救, 幷乞王子余豊璋曰 <或本云, 佐平貴智, 達率正珎也> …… (齊明天皇 6年條)

70) 是歲, 爲救百濟修繕兵甲, 備具船舶, 儲設軍粮 (天智天皇 元年條). 齊明 6年 是歲條와 天智 원년 是歲條(주 77의 사료)는 연도가 바뀌어 기록되었다고 보아야 한다. 이 점에 대해서는 졸저, 앞의 책, 196∼197쪽을 참조할 것.

71) 夏四月, 百濟福信, 遣使上表, 乞迎其王子糺解 <釋道顯日本世記曰, 百濟福信獻書, 祈其君糺解於東朝. 或本云, 四月, 天皇遷居于朝倉宮>. (齊明天皇 7年條)

72) 是月, 蘇將軍與突厥王子契苾加力等, 水陸二路至于高麗城下. 皇太子遷居於長津宮, 稍聽水表之軍政. 八月, 遣前將軍大華下阿曇比邏夫連·小華下河邊百枝臣等, 後將軍大華下阿倍引田比邏夫臣·大山上物部連熊, 大山上守君大石等, 救於百濟, 仍送兵杖五穀. (天智天皇 卽位前紀 齊明天皇 七年 7月條)

73) 九月, 皇太子御長津宮. 以織冠, 授於百濟王子豊璋. 復以多臣蔣敷之妹妻之焉. 乃遣大山下狹井連檳榔, 小山下秦造田來津, 率軍五千餘, 衛送於本鄕. 於是, 豊璋入國之時, 福信迎來, 稽首奉國朝政, 皆悉委焉. (天智天皇 卽位前紀 齊明天皇 七年條)

74) 十一月壬辰朔戊戌, 以天皇喪殯于飛鳥川原. 自此發哀至于九日. (齊明天皇 7年條)

75) 春正月辛卯朔丁巳, 賜百濟佐平鬼室福信失十萬隻, 絲五百斤·綿一千

을 백제왕으로 책봉76)함으로서 명목적이고 일방적이기는 하지만 왜는
백제왕을 책봉한 책봉국이라는 인식을 가지게 된다. 한편, 그 해 12월 백
제부흥군은 신라와의 장기전을 도모하기 위해 거점을 州柔城에서 避
城으로 옮기게 된다.77) 이 시기에 왜는 신라정벌을 위해 駿河國에 造
船을 명령하였다.78) 하지만 663년 2월 백제부흥군은 신라공격에 의해
거점을 다시 피성에서 주유성으로 옮겼고,79) 3월에는 왜가 신라를 정벌
하기 위해 2만 7천명의 군사를 파견하였다.80) 5월에는 신라를 공격하는
왜군 파견의 사실은 고구려에게 전하여졌다.81) 6월에 왜의 신라정벌군은
신라의 2성을 공격하지만, 백제부흥군에서 복신이 풍장을 죽이는 내분이
발생하여 부흥군의 약화를 초래82)하게 되자 풍장은 왜에 구원군 파병을
요청하게 된다. 이에 왜는 신라정벌군을 재정비하여 白江으로 만 여 명

斤·布一千端·韋一千張·稻種三千斛.　三月庚寅朔癸巳,　賜百濟王
布三百端. (天智天皇 元年條)

76) 夏五月, 大將軍大錦中阿曇比邏夫連等, 率船師一百七十艘,送豊璋等於
百濟國. 宣勅, 以豊璋等使繼其位. (天智天皇 元年條)

77) 冬十二月丙戌朔, 百濟王豊璋, 其臣佐平福信等, 與狹井連<闕名>. 朴
市田來津議曰, 此州柔者, 遠隔田畝土地磽埆, 非農桑之地, 是拒戰之
場, 此焉久處, 民可飢饉, 今可遷於避城. …… 遂不聽諫而都避城. (天
智天皇 元年條)

78) 是歲, 欲爲百濟將伐新羅, 乃勅駿河國, 造船 (齊明天皇 6年條). 주 69를
참조할 것.

79) 二年春二月乙酉朔丙戌, 百濟遣達率金受等進調. 新羅人燒燔百濟南畔
四州. 并取安德等要地. 於是, 避城去賊近. 故勢不能居. 乃還居於州柔.
如田來津之所計. (天智天皇 元年條)

80) 三月, 遣前將軍上毛野君稚子·間人連大盖, 中將軍巨勢神前臣譯語·
三輪君根麻呂,　後將軍阿倍引田臣比邏夫·大宅臣鎌柄, 率二萬七千
人打新羅. (天智天皇 2年條)

81) 夏五月癸丑朔, 犬上君<闕名>馳, 告兵事於高麗而還. (天智天皇 2年條)

82) 六月, 前將軍上毛野君稚子等, 取新羅沙鼻岐奴江二城. 百濟王豊璋, 嫌
福信有謀反心, 以革穿掌而縛. …… 王勒健兒, 斬而醢首. (天智天皇 2
年條)

의 군대를 파견[83])하여 당의 수군과 접전을 벌렸으나 참패를 하게 되고 백제 유민과 함께 왜국으로 퇴각하게 되었던 것이다.

이와 같이 백강전투를 복원해 보면, 이 전쟁의 시말은 동아세아 정세와 밀접하게 관련을 가지며 전개되었다는 것을 알 수 있다. 7세기 중국 대륙에서의 唐帝國의 출현이란 역사적 사건은 한반도 諸國의 군사적 균형의 깨뜨리고 동아시아와 한·일지역세계의 정세를 유동화 시켰다. 그 결과 신라는 당의 군사력을 이용하여 백제와 고구려를 멸망시키고 통일국가를 지향할 수 있었다. 당 역시 신라의 군사력을 이용하여 고구려를 멸망시킴으로서 자국의 제국주의를 실현할 수 있게 되었던 것이다. 이처럼 타국의 군사력과 군사적 대치 정세를 이용하여 주변 지역에 자국의 정치적 국가의지를 강제하려는 7세기 동아시아적 권력 집중의 현상은 왜에게도 영향을 미쳐, 야마토왕권도 백제 멸망과 백강전투의 전쟁을 계기로 軍權을 집중하고 규슈 도서 연안지역 및 대마도를 중심으로 하는 해양지역까지 영역적 지배를 강화[84])할 수 있게 되었다고 생각한다.

6. 결 론

이상에서 3세기부터 7세기에 이르는 대한해협을 사이에 둔 한반도 남

---

83) 秋八月壬午朔甲午, 新羅以百濟王斬己良將, 謀直入國先取州柔. 於是, 百濟知賊所計, 謂諸將曰, 今聞, 大日本國之救將廬原君臣率健兒萬餘, 正當越海而至. 願諸將軍等應預圖之, 我欲自往待饗白村. (天智天皇 2年條)

84) 대마도가 왜의 직접 영향권에 두어지게 된 시기는 天智 6년(667)에 金田城을 축조할 때부터라고 보아야 할 것이다. 이점에 대해서는 졸고, 「고대 한반도 문화의 일본전파와 대마도」 『동아시아의 영토와 민족문제』, 한일관계사학회 국제학술대회 발표논문집, 2006, 78쪽을 참조할 것.

해연안지역과 규슈 북부 해안지역에서 전개된 전쟁 즉, 포상팔국 전쟁, 고구려와 왜의 전쟁, 이와이 전쟁, 백강전쟁 등에 대해 살펴보았다. 포상팔국 전쟁의 경우는 3세기 초 공손씨의 대방군 설치로 인한 낙랑군과 구야국을 연결하는 해상루트의 혼란이 초래한 결과 한반도 남해안 연안의 세력과 가야세력의 해상교역권 질서 재편을 둘러싼 것이었다고 할 수 있다. 광개토왕비문에 보이는 백제를 매개로 한 고구려와 왜의 전쟁은 중국대륙의 불안한 정세에 연동된 4세기 초 고구려의 낙랑·대방군 지역의 군사적 병합에 따른 한·일해역세계의 새로운 질서 재편에 따른 결과였다고 볼 수 있다. 6세기 이와이의 전쟁은 일본열도의 야마토 세력과 규슈북부 연안의 쓰쿠시 세력의 다툼이었지만, 이들 전쟁에는 가야와 신라 나아가 고구려 남하에 따른 백제와 신라의 가야지역에의 세력 확장이란 한반도의 정치, 군사적 상황과 밀접한 관계가 있는 것이었다. 7세기 전개된 백강전투는 당시 동아시아의 諸國 즉, 신라·당의 정치세력과 백제부흥군·왜·고구려 정치세력이 참가한 국제적 전쟁이었다. 이 전쟁의 배경에는 중국대륙에서의 당제국의 출현과 각 지역 정치세력의 권력집중을 통한 통일국가의 정치적 의지가 있었다고 할 수 있다.

이와 같이 이들 각 전쟁은 한반도 남해 해안도서와 일본 규슈 북부 연안도서를 포함하는 양 지역이 공유하는 해양이란 지리적 공간을 무대로 전개되었지만, 한·일 지역 세계에만 국한된 것이 아니라 동아시아세계의 정치, 외교정세와 밀접한 관계를 가지며 역사를 영위하였다는 특징을 가지고 있다고 할 수 있다. 또한 이들 전쟁은 발생 시기와 각 지역의 고대국가의 성장과 발전, 사회·경제적 변화에 따라 관여한 정치세력의 변화는 있어 왔지만, 대마도를 중간 기착지로 하며 생활을 하여온 한반도 남해안과 규슈 북부 연안도서 즉, 고대 한·일해역세계의 도서지역의 해상민들이 직접 관여되어 있었다는 점이다. 이러한 점에서 볼 때, 고대 한·일 해역 세계는 바다라는 자연적, 지리적 장벽에 의해 단절되어 있었던 것이 아니라 오히려 해양을 매개로 하여 도서라는 네트워크를 통해 고대 한·일 지역세계 나아가 고대 동아시아세계와 역사적, 전통적으로 연결되어 있었다고 생각한다.

參 考 文 獻

1. 저 서

三品彰英, 『日本書紀朝鮮關係記事考證』 上卷, 1962.

津田左右吉, 『日本古典の硏究』, 岩波書店, 1963.

坂本太郎, 『日本古代史の基礎的硏究』 上, 東京大學出版會, 1964.

三品彰英, 『日本書紀硏究』 2, 塙書房, 1966.

小田富士雄, 『古代の日本』 3·九州, 1970.

石母田正, 『日本の古代國家』, 岩波書店, 1971.

김정학, 『任那と日本』, 小學館, 1977.

山尾幸久, 『日本國家の形成』, 岩波新書, 1977.

이종욱, 『신라국가형성사연구』, 일조각, 1982.

王健群, 『광개토왕비연구』, 역민사, 1985.

八木充, 『日本古代政治組織の硏究』, 塙書房, 1986.

山尾幸久, 『古代の日朝關係』, 塙書房, 1989.

천관우, 『가야사연구』, 일조각, 1991.

정효운, 『고대 한일 정치교섭사 연구』, 학원문화사, 1995.

남재우, 『안라국사』, 혜안, 2003.

2. 논 문

林屋辰三郎, 「繼體·欽明朝內亂の史的分析」 『立命館文學』 88, 1952.

三品彰英, 「繼體紀の諸問題－特に近江毛野臣の所傳を中心として－」 『日

本書紀硏究』第二册, 塙書房, 1967.

井上光貞,「大化改新と東アジア」『新岩波講座 日本歷史』 2, 岩波書店, 1975.

鬼頭淸明,「日本民族の形成と國際的契機」『大系日本國家史』 1・古代, 1975.

吉田晶,「古代國家の形成」『岩波講座 日本歷史』 2, 岩波書店, 1975.

鬼頭淸明,「白村江の戰いと律令制の成立」『日本古代國家の形成と東アジア』, 校倉書房, 1976.

田村圓澄,「百濟救援考」『文學部論叢』 5, 1981.

鈴木英夫,「百濟救援の役について」『日本古代の政治と制度』, 續群書類從完成會, 1985.

若月義小,「律令國家形成期の東北経營」『日本史硏究』 276, 1985.

백승충,「1~3세기 가야세력의 성격과 추이－수로집단의 등장과 포상팔국의 난을 중심으로－」『부대사학』 13, 1986.

前之園亮一,「繼體王朝說批判」『古代王朝交替說批判』, 吉川弘文館, 1986.

山尾幸久,「文獻から見た磐井の亂」『日本古代の國家形成』, 大和書房, 1986.

이현혜,「4세기 가야사회의 교역체계의 변천」『한국고대사연구』 1, 1987.

山尾幸久,「孝德期の東北國司詔の基礎的考察」『立命館文學』 503, 1987.

권주현,「아라가야의 성립과 발전」『계명사학』 4, 1993.

김태식,「함안 안라국의 성장과 변천」『한국사연구』 86, 1994.

선석열,『삼국사기 신라본기 초기기록 문제와 신라국가의 성립』, 부산대학교 박사학위논문, 1996.

백승옥,「고성 고자국의 형성과 변천」『한국 고대사회의 지방지배』, 신서원, 1997.

高寬敏,「繼體紀の近江毛野臣朝鮮派遣記事」『古代朝鮮諸國と倭國』, 雄山閣出版, 1997.

鈴木靖民,「好太王碑の倭の記事と倭の實體」『好太王碑と集安の壁畵古墳』, 木耳社, 1998.

山尾幸久, 「戰爭と政變と南加羅滅亡－その年次の問題－」『筑紫君磐井の
　　　戰爭』, 新日本出版, 1999.

연민수, 「고대한일외교사－삼국과 왜를 중심으로－」『한국고대사연구』
　　　27, 2002.

정효운, 「6세기 동아시아 정세와 '磐井의 난'」『한국일어일문학회』43
　　　집, 2002.

_____, 「日本の中の加耶文化」『日本學報』51, 2002.

_____, 「筑紫 磐井의 전쟁과 신라」『일어일문학』20집, 2003.

_____, 「일본 율령국가와 통일신라의 형성에 관한 일고찰」『신라문화』
　　　25집, 2005,

_____, 「고구려·왜의 전쟁과 외교」『고구려연구』24집, 2006.

_____, 「고대 한반도 문화의 일본전파와 대마도」『동아시아의 영토와
　　　민족문제』, 한일관계사학회 국제학술대회 발표논문집, 2006.

일본고전문학을 통해 본 규슈의 해안도서

-북규슈의 對馬(쓰시마), 壹岐(이키),
筑紫(츠쿠시)를 중심으로 하여-

윤 혜 숙*

1. 서 론

일본의 고대 문학의 무대는 거의가 수도를 중심으로 표현된 것이 많다. 전승의 기록이 여의치 않았던 점도 있었지만 문학으로 전술 되어 오는 과정에서 역시 지방의 것은 세월이 흐르며 소실되거나 보관, 보존의 허술함도 한 몫을 했으리라 본다. 교통이 불편했던 고대에 있어 규슈는 수도에서 멀리 떨어진 그것도 물길을 건너야 하는 변방지역이었다. 일본 전도를 보면 규슈(九州)는 우리나라와 몹시 가까이 위치해 있는 지역이고 또한 이러한 지리적 특징이 있는 규슈는 그 위치상 북규슈, 나아가 일본과 우리나라와의 교역에 몹시 중요한 지역이었다.

쓰시마와 이키는 나가사키(長崎)현에 소속되어 있는 섬들인데 부산에서 불과 53km 떨어진 곳에 쓰시마가 있고, 그로부터 후쿠오카(福岡)

---

* 배화여자대학교 일본어통번역과 부교수, 일본고전문학 전공

현쪽으로 50km정도 떨어진 곳에 이키가 있다. 지형은 쓰시마가 남북으로 길게 누워있고 약 89퍼센트가 삼림으로 최고봉이 600미터 이상이고 엎어진 거북이 모양을 한 이키는 완만한 구릉이 이어지는데 최고봉이 213미터밖에 안 된다. 면적은 이키가 138평방km이고 쓰시마는 이키의 5배정도이다. 그러나 1평방km당의 인구밀도를 보면 이키가 262명, 대마도가 63명으로 이키의 4분의 1이 되고 있다.[1] 이것은 인간이 살 수 있는 곳이 이키가 65퍼센트나 있는데 비해 쓰시마는 12퍼센트밖에 안되기 때문이다. 또한 츠쿠시는 고대 율령제[2]일 때 규슈 및 이키 2섬을 관할하며 외국의 침략으로부터 보호하는 등 외교를 담당했던 북규슈의 중심지였다. 아즈마구니(東國)이라고 불렸던 관동과 그 이북지방에 비해 상대적으로 중요히 대접받았던 규슈지방 특히 지난여름에 직접 답사를 통하여 그 자취를 느끼게 된 對馬(쓰시마), 壹岐(이키), 筑紫(츠쿠시)의 고대사회의 문화적 자취는 어떠했으며 특히 고대문학으로서의 입지는 어떠한가?

당시의 지리적 역할과 위상을 규명해 보고 그것이 고대문학에 어떻게 표현되고 있는가를 보기로 한다.

---

1) 中上史行, 『壹岐の風土と歷史』 昭和堂 平成14년, 111쪽.
2) 율령제라함은 율은 형법, 령은 행정법등으로 이루어진 중앙집권국가통치를 위한 기본법이다. 율령국가는 중국으로부터 시작한 고대국가의 한 형태인데 일본은 7세기경에 형성되어 大化改新(고대정치상의 대개혁)이후 나라(奈良)시대를 거쳐 헤이안(平安) 초기까지 계속되었다.

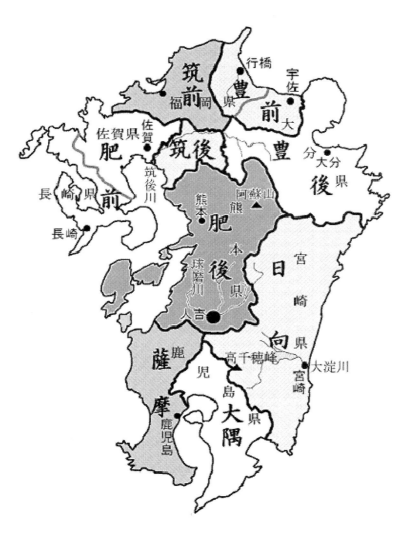

〈九州旧國名〉

2. 역사적으로 본 북규슈의 해양 도서

1) 쓰시마, 이키의 탄생과 역할

현존하는 일본 최고의 역사서인『고지키(古事記)』의 서두 부분에 이자나기노미코토(いざなぎのみこと), 이자나미노미코토(いざなみのみこと)의 두 남녀신이 아이를 낳는 형식으로 섬을 낳는다는 표현이 있다.[3] 이때 태어난 8개의 큰 섬은 오오야시마(大八島)[4]라고 하며 이것은 국(國)의 생성으로 연결되는데 이때 벌써 츠쿠시와 더불어 이키와 쓰시마의 이름이 거론되는 것으로 보아 고대 일본에서 이들의 확실하고도 당당한 입지와 위상을 추측할 수가 있다.

　… 다음에 오키섬이 태어났다. 그 이름은 아메노오시고로와케라 했다. 다음에는 츠쿠시섬을 낳는 다. 이 섬도 몸 하나에 얼굴은 4개로 츠쿠시는 시라와케. 토요구니는 토요와케, 히노구니는 타케히무카히토요쿠지히노와케. 구마소노구니는 타케히와케로 했다. 다음에 이키섬이 태어났다. 그 이름은 아메히토츠바시라라고했다. 그 다음은 쓰시마가 태어났는데 그 이름은 아메노사도요리히메라고 했고 다음에 태어 난 것이 사도노시마이다. 다음에 오오야마토요아키즈시마를 낳았다. 그 이름은 아메노미소라토요아키즈네와케라고 했다. 이 여덟 개의 섬이 우선 태어났는데 이것을 오오야시마노 쿠니라고 했다.
　… 次に隱岐之三子島を生みき. 亦の名は天之忍許呂別(あめのおしころわけ)次に筑紫島を生みき. 此の島も 亦, 身一つにして面4つ有り. 故筑紫

---

3) 武谷久雄,「校註古事記」笠間書院, 1981, 12쪽.
4) ドナルド・キン,『일본문학의 역사 (1) 고대 중세 편』, 중앙공론사, 1994, 71쪽 淡路.
　四國, 隱岐, 九州, 壹岐, 對馬, 佐渡, 本州인데 이것을 오오야시마(大八島)라고 한다.

國は白日別(しらひわけ)と謂ひ, 豊國は豊日別(とよひわけ)と謂ひ, 肥國
は建日向日豊久士此泥別(たけひむかひとよくじひねわけ)と謂ひ, 熊曾國
は建日別(たけひわけ)と謂ひ, 次に, 伊岐島を生みき. 亦の名は天比登都
柱(あめひとつはしら)と謂ふ. 次に津島を生みき. 亦の名は天之狹 手依比
賣(あめのさでよりひめ)と謂ふ. 次に佐渡島を生みき. 次は大倭豊秋津嶋
を生みき. 亦の名を天の御虚 空豊秋津根別(あめのみそらとよあきづねわ
け)と謂ふ. 故, この八島を先に生めるに因りて, 大八島國と謂ふ.5)

 이키와 쓰시마(현 규슈)는 대륙과의 교류거점지역으로써 각각 긴 역사
를 가지고 있다. 그러나 두 섬은 지리적 위치에서 크게 차이가 난다. 이
키는 규슈본토에 가까운데 반해 쓰시마는 규슈본토보다 오히려 한국에
더 가까운 섬이고 역사적으로 보아도 쓰시마는 한국과의 외교 무역의 창
구로써 번성해 왔다. 그러나 이키는 한국의 영향을 받으면서도 규슈본토
의 사건이나 전란에 휩쓸려 든 경우가 많았다. 이렇게 이키와 쓰시마는
한국과 일본의 중간 해역에 위치하며 알게 모르게 두 나라의 역사와 교
류에 크고 작은 영향을 미치고 또 받고 있는 섬들이다.
 야마토(大和)정권이 중앙정권으로서 국가를 통일한 것은 4세기후반이
다. 그때까지는 나라 등 긴키(近畿)지방을 중심으로 서일본까지 통일하
고 5세기가 되어 동일본을 정복, 7세기 중반이 되어서야 대화개신(大化
改新)6)에 의해서 율령국가로 옮겨가게 된다. 율령제하에서는 당연하게
쓰시마, 이키는 국가에 준하는 취급을 했기 때문에 쓰시마국, 이키국이
라고 불리고 있었다. 이키는 쓰시마와 후쿠오카현의 사이에 위치해 있고
크기도 작아 상대적으로 한국인에게 쓰시마보다 덜 알려져 있다. 그러나
대륙에의 진출을 틈틈이 노리고 있는 야마토(大和)정권으로서는 더 할
수 없는 교두보의 역할을 할 수 있는 지역이었다. 그래서 쓰시마와 더불

---

 5) 上揭書, 「校註古事記」, 13쪽.
 6) 대화원년(大化元年, 645) 中大兄皇子(天智天皇)를 중심으로 단행한 고대 정
   치사상의 대 개혁.

어 이키는 예로부터 많은 수난의 역사를 겪은 곳이기도 하다.

이때 조선은 고구려의 탄생으로 한민족으로 3국이 형성되고 특히 신라는 한창 힘을 기르며 웅대한 꿈을 기르고 있을 때였다. 일본은 663년 백제와의 우호관계를 바탕으로 신라, 당에 대항했으나 일본, 백제연합군은 백촌강(白村江, 지금의 금강)에서 신라, 당의 연합군에 크게 패하고 말았다. 그로써 백제는 망하고 일본은 조선반도에서 손을 떼게 되었다. 그러나 그것으로 끝난 것이 아니었다. 야마토정권은 당, 신라 연합군이 언제 일본으로 침공하여 올지 모른다는 불안감에 휩싸이게 되었던 것이다. 그래서 이것에 대비하기 위하여 북규슈를 중심으로 한 방위강화가 절실해 지고 이에 대비한 방비와 여러 가지의 조치를 취하게 되었다. 자연히 국방의 최전방인 쓰시마와 이키, 츠쿠시 등에 성을 쌓고 사키모리(防人, 이후 병사)를 두어 지키게 했고 봉화를 활용했다. 이때 임무를 맡게 된 병사는 관동지방에서 징집되어온 농민들이었다. 즉 이 지역은 그 위치상 필연적인 그리고 운명적인 전쟁과 분쟁의 산실이 되는 역할을 맡게 된 것이다.

2) 츠쿠시의 위상

당시 북규슈의 중요 도시 츠쿠시에는 외교와 방위 때문에 다자이후(大宰府)가 설치되어 있었다. 당시 쓰시마와 이키는 국이기는 했지만 규슈와 함께 츠쿠시의 다자이후의 관할에 속해 있었다. 다자이후는 고대 규슈를 총괄하는 내정 기능에 외교, 군사의 기능까지 가지는 독특한 관청이었다.

우리군은 일본과 4번 싸워 다 이겼다. 그리고 일본의 선박 400척을 불태웠다. 연기는 하늘에 충천 했고 바닷물은 빨갛게 피로 물들었다.

　わが軍(唐)は倭(日本)と四たび戰って, いずれも勝った. そして倭の船
四百艘を燒いた. 煙は天にみなぎり, 海水は赤く血出そまった.

이것은 당 신라연합군이 백제 일본 연합군을 백촌강(白村江)에서 무
찌른 후 중국의 역사서 『旧唐書』에 남긴 기록이다.[7] 이와 같이 이긴
쪽은 기세등등 여유가 있었지만 일본 쪽은 그야말로 큰일이 아닐 수 없
었다. 이에 국가 방비에 관한한 특단적인 대책을 마련하지 않으면 안 되
었다. 고심 끝에 하카다만(博多灣)으로의 침공을 피하기 위해 물을 축적
한 뚝방을 기초로 664년 전장 1키로 높이 약 10미터의 水城(みずき)을
쌓았다. 또한 하카다만(博多灣)에서 아리아케가이(有明海)[8]까지 쭉 바
라다 보이는 쪽 후쿠오카에 오노죠(大野城)를 쌓는 등 침공에 대비한
방비를 든든히 했다.

　그리고 높은 곳에 봉화를 설치해 밤에는 불빛에 의해서, 낮에는 연기
에 의해서 위험을 알리게 했다. 또 중앙정부와의 연락을 위해 30里
(16km)마다 에키바(驛馬)[9]와 덴마(伝馬)[10]제도가 생기게 되었다.

　한편 당시의 관급제도는 장관(かみ), 차관(すけ), 판관(じょう), 주전
(さかん)의 4종류로 구분되었다. 이것을 4등관제(四等官制)라고 한다.
각각의 명칭은 관청에 따라 조금씩 틀렸는데 행정조직상 다자이후의 경
우 장관은 시(師) 그 아래로 차관은 다이니(大貳), 쇼니(小貳), 판관은
다이간(大監), 쇼간(小監)으로 이루어졌다.[11]

---

7)　前揭書, 『壹岐の風土と歷史』, 111쪽.

8)　나가사키(長崎) 사가(佐賀) 후쿠오카(福岡) 구마모토(熊本) 네 현에 둘러싸인
바다.

9)　율령제에서 역에 준비해두어 관용으로 쓰게 한 말. 山陽道의 각역에 20필, 東
海道, 東山道에 10필 그 외의 역에 5필을 준비해 두었다.

10)　율령제일 때 에키바와는 별도로 각 군에 5필씩 키워 공용여행의 관리에게 쓰게
하였는데 에도시대에는 민간의 수송에도 쓰였다.

　조정에서는 동쪽에 비해 서쪽 즉 규슈 쪽이 예로부터 외교와 방위 때
문에 중요시되어 왔고 그래서 교토를 벗어난 곳으로서는 비중 있는 지역
의 관청으로 츠쿠시의 다자이후가 설치된 것이었다. 쓰시마, 이키는 전
쟁의 땅이자 경계의 땅, 그리고 병사에게는 원통의 땅이었고 늘 한국과
중국의 침범의 위협에 시달림을 받아왔다. 이 모든 것을 다스린 곳이 츠
쿠시의 다자이후였다.

　　　이것은 강제로 고향과 처자식을 남기고 300리길의 츠쿠시에 보내진 관
　　동지방출신 병사의 노래입니다. 남겨진 이, 떠나는 이들의 이별, 비감한
　　마음은 100년을 지나서도 우리들의 눈물을 자아냅니다. 소박한 마음과 순
　　박한 표현 그러나 사람의 마음을 움직이는 것은 타비비토나(赤人)나 오
　　쿠라(憶良)에 결코 뒤지지 않습니다. 「마음의 詩歌」라서 이겠지요.
　　　これは強制的に郷土や妻子とはなされて、　三百里の筑紫へやられる東
　　國防人の歌です. 殘るもの, 往く者の哀 別, 悲慕の苦しみは千年をへだて
　　ている私たちの淚をそそります. 素朴な心情, かざりなき表現, しかも人
　　を動か すことは赤人や憶良にもおとりません. 「心の詩歌」というべきで
　　ありましょう.[12]

　『作者類別年代順万葉集』에 나타나고 있는 이 문장은 실제로는 이
키와 대마도로 보내졌던 관할청이 츠쿠시이기 때문에 거론된 것으로 보
인다. 당시 눈물의 땅, 원망의 땅으로 비쳐지는 쓰시마, 이키와 함께 츠
쿠시의 위상을 잘 나타내고 있다 하겠다.
　병사라는 것은 문자 그대로 국방의 최전방의 주둔병을 의미하며 이 제
도는 텐지텐노(天智天皇) 3年(664年)에 생긴 일본 본토방위를 위한 군
사 조직이다.
　즉, (2)의 1항에서 언급한 조선반도에서 일어난 백제와 신라의 싸움에

---

11) 玉上琢弥, 『源氏物語評釋』 第五卷, 角川書店, 1988, 38쪽.
12) 澤瀉 久孝, 『作者類別年代順万葉集』, 新潮社, 1984, 재인용. 中上史行,
　　『壹岐の風土と歷史』, 昭和堂, 平成14, 119쪽.

서 백제를 도와 싸우다가 백제가 패하자 신라의 침공을 우려하여 변방이던 츠쿠시, 이키, 쓰시마 등의 기타규슈의 방위에 차출된 병사들을 일컫는 말이다.

주로 관동지방의 농민들이 징용되었는데 그 이유는 관동지방은 야마토정권에 의해서 새로 정복된 지역이었고 당시 용맹한 군사는 그 지역의 농민들이었던 점으로 보아 충성심과 용맹심에서 신뢰감이 있었던 것 같다.[13] 정원은 3,000명이었는데 各郡에서 모은 2,000명의 병사를 츠쿠시, 이키, 쓰시마에 배치했다. 임기는 3年으로 매년 2月に 병사의 3분의 1이 교대하는 식이었으나 실제는 잘 지켜지지 않았다고 한다. 병사를 國司가 인솔해서 나니와(難波, 지금의 오사카)에 모여 검열을 거쳐 세토나이카이(瀬戸內海)의 항로로 임지에 배치되었다. 730년에 일단 병사제도는 중지시키지만 이키, 쓰시마는 그 중요성으로 보아 폐지하지 않는다. 그리고 737년 관동지방이 아닌 쓰쿠시 사람들로 하여금 이키, 쓰시마를 지키게 한다. 이는 관동지방으로부터 병사를 징집함으로써 동부지역의 산업이 피폐하고 또 당시 만연하고 있었던 천연두가 관동출신의 병사들을 동요시켰기 때문이다. 이후 교대의 시기가 되어도 돌아가지 않는 관동지역의 병사들과 규슈인들로 징집대상이 바뀌며 9세기에 이르러 병사의 파견도 폐지하게 된다.[14]

이러한 모든 결정은 츠쿠시의 다자이후가 관여하고 계획하고 훈련시켜 방비에 나서게 한 것으로 츠쿠시는 명실공히 아스카(飛鳥), 나라(奈良) 등과 대비되는 또 하나의 조정이었던 것이다.

---

13) 前掲書,『壹岐の風土と歴史』, 114쪽.
14) 前掲書,『壹岐の風土と歴史』, 122쪽.

3. 고전문학에 나타나고 있는 북규슈의 像

1) 『만요슈(万葉集)』의 「병사의 노래」를 중심으로

『만요슈』는 7세기후반부터 8세기후반 경까지 만들어진 와카(和歌)를 집대성한 현존하는 일본 최고의 歌集이다. 전 20권으로 구성되어 있으며 멀리 고분[15]·아스카(飛鳥)시대부터 나라(奈良)조까지의 노래가 정리되어 있다.

여기 실린 작품들의 작가의 분포는 위로는 천황부터 아래로는 일반 서민에 이르기까지 각계 층에 걸쳐 이루어진다. 歌風은 자연과 더불어 살아가는 그 시대의 인간들의 마음을 반영해서 용감하고도 소박하여 「마스라오부리(ますらおぶり)」[16]라는 문학이념으로 일컬어진다. 풍부한 인간본성을 통하여 감동을 솔직하게 표현한 격조 높은 노래가 많은데 그 노래의 수는 4,500수 이상이나 되는 대분량으로 따라서 편자도 불분명하다. 만요의 구성을 보면 처음에는 궁정주변에서 일어난 와카가 점점 황족, 귀족을 거쳐 중 하급관리에까지 전개되고 있는 것을 알 수가 있다.

즉 궁정 주변으로부터 기나이(畿內),[17] 관동지방 이런 식으로 작자 지역의 범위와 함께 시대와 더불어 노래를 짓는 사람의 계층도 확대되어 온 것을 알 수 있다.

여기서 주목하고 싶은 것은 병사의 노래(防人歌)이다. 이 병사의 노

---

15) 일본 역사상 야요이(弥生)시대 말기에서 나라(奈良)시대 초기에 걸쳐 대규모의 고분이 많이 축조 되었던 시대.
16) 에도(江戸) 중기의 국학자 가모노마부치(賀茂眞淵)가 주창한 대범하고 소박하면서도 격조 있는 『만요슈』의 노래의 기본 이념.
17) 역대의 황궁이 있던 지역과 가까운 곳의 특별행정구역.

래를 채록한 것이 만요시대의 최후의 작가 오토모노야카모치(大伴家持)로 그 자신과 그 주변 인물들의 작품이 17권～20권에 집중되어 있는 것으로 보아 『만요슈』의 편자로서 야카모치가 어떤 역할을 하지 않았나 추정되고 있다.[18]

729年부터 20년간 계속된 天平시대는 율령국가의 번영 하에 당 문화의 영향을 강하게 받은 귀족문화가 꽃을 피웠다. 야카모치의 부친인 오토모노타비토(大伴旅人)는 727년부터 730년 10월에 다이나곤(大納言)으로 승진해서 타자이후[19]를 떠날 때까지 다자이시(大宰帥, 大宰府의 長官)로 근무한 적이 있었다. 그때는 마침 야마노우에노오쿠라(山上憶良)가 치쿠젠모리(筑前守, 치쿠젠지사)에 취임해 있을 때였다.

야마노우에노오쿠라는 제7차 견당사(遣唐使)의 일원으로 大宝 2年(702) 唐나라로 가서 長安에 2년가량 머무르다 귀국하여 관직에 다시 임명되는 등 당시 제1급의 지식인이었다. 神亀 3年(726)에 치쿠젠모리로써 규슈에 오게 되고 다자이후의 장관으로 부임해 온 타비토와 만나게 된다. 수도와 멀리 떨어진 츠쿠시에서 두 사람은 의기투합했고 서로의 歌人으로써의 재능을 인정하고 자극하며 지냈을 터였다. 작풍도 성격도 전혀 다르지만 이 두 사람은 『만요슈』의 한 시대를 같이 장식했고 이때는 츠쿠시지방에 만요의 문화가 화려하게 꽃을 피웠던 시기이다.

두 사람이 쌍벽을 이루며 작품 활동을 한 타자이후의 歌人구룹은 나중에 츠쿠시가단(筑紫歌壇)으로 불리며 많은 활동을 했고 또한 다수의 노래가 『만요슈』에 실려 있다. 그러나 소위 그들은 중앙관료이고 멀리 부임한 임지에서 일종의 감상에 젖어 있었던 것도 사실일 것이다. 그들이 임무를 끝내고 돌아가면 츠쿠시가단은 소멸되고 츠쿠시에 특별한 가

---

18) 市瀨雅行, 「家持の編纂意識」, 國文學, 學燈社, 2004.7, 89쪽.
19) 다자이후(大宰府)는 율령제하의 츠쿠시에 설치되었던 관청이고 타자이후는 다자이후가 설치되었던 지역 명이다.

단의 뿌리가 있었던 것도 아니었다.

오토모노야카모치는 타비토의 장남이었다. 따라서 문학과 감성에 있어 부친인 타비토의 영향을 많이 받았으리라는 것을 짐작하기는 어렵지 않다. 이때 체재한 타자이후에서의 생활, 특히 츠쿠시문단을 옆에서 엿보게 된 것이 야카모치의 作歌활동에 많은 도움을 주게 된다. 이때가 야카모치의 12~3세경이었다. 야카모치가 14세 때 타비토는 타계한다. 그러나 그 이후 야카모치는 순조롭게 공직생활로 들어가 天平勝宝 6年(754) 가을에 병부성차관(兵部少輔)에 임명된다. 이 직책에 의해 다음해 2월에 교체하는 병사들을 검역하는 업무를 맡아 나니와(難波, 현 오사카)에 부임하게 된다. 각국의 인솔자를 따라 나니와에 모인병사들에게 노래를 좋아했던 야카모치는 노래를 지어 제출케 하는데 이때 제출된 노래가 전부해서 166首, 그 중에서 수준이 안 되는 노래는 걸러내고 84首를 골라 『만요슈』 제20권에 실었다. 그 중에 아내에게 보내는 노래가 27수, 부모에게 보내는 노래가 23수, 그리고 아내가 만든 노래가 6수, 그리고 병사의 아버지가 만든 노래가 1수 포함된다. 대부분이 차마 발길이 떨어지지 않는 마음, 집을 떠나 3년간 가족과 헤어져 지내야 하는 쓰라린 심정 등을 도회에 사는 사람들이 거의 잊어가고 있던 순박함과 소박함으로 읊고 있다.

『만요슈』에 실려 있는 병사의 노래는 총 98首인데 다음과 같다.

제14권 a 병사의 노래	5首
제20권 b 천평승보7세 을미2월에 교대해서 츠쿠시에	
파견되는 제국의 병사들	84首
c 작년 병사의 노래	8首
d 작년에 교대한 병사의노래	1首
卷十四 a 防人歌	5首
卷二十 b 天平勝宝七歳乙未の二月に,	

相替りて筑紫に遣わさるる諸國の防人らが歌 84首
　　c　昔年の防人歌　　　　　　　　　　　　　　8首
　　d　昔年に相替りし防人歌　　　　　　　　　　1首

　그 중 20권의 천평승보7세(天平勝宝七歳)「제국의 병사들의 노래」
라고 제목이 붙은 84首 등이 중심이 되는데 제국이라고는 하나 거의가
관동지방에서 징집된 사람들과 그 가족들의 노래로 출발할 때의 이별의
슬픔과 여행 중 고향을 그리는 노래가 대부분이다.

　병사의 여행은 긴 여행이었다. 고향에서 國府(현 현청소재지)에 모여
나니와까지 인솔되어와 거기서 검문을 받은 후에 배로 츠쿠시로 향하도
록 되어 있었다. 이키 쓰시마가 주된 임지였으므로 관동지방에서 서쪽
끝까지의 긴 여정이었다. 당시의 관동지방 출신의 병사는 약 1,000명으
로 세금과 노역은 면제되었다. 그 대신 무기와 전쟁 장비를 자비로 장만
해야했고[20] 중간 집결지인 나니와(오사카)까지의 여비와 식량은 자신이
준비해야 했으므로 병사로 선발되면 그 부담도 상당한 것이었다.

　　일반적으로 병사가 되면 식량을 각자 준비하고 집결지에 닿아야 비로
소 양식이 배급된다.
　　凡そ防人防に向はむ，各 私の糧もて．隨ひて公糧給へ．[21]

　징집대상은 20세 이상, 60세 이하의 남성이었다. 처음에는 전국에서
소집했지만 거의가 관동지역 사람만으로 하다가 너무나 부담과 희생이
되어 규슈인으로 바꿨다. 부부나 부모의 애정과 인연이 강제적인 병역
종사로 인해 어쩔 수 없이 갈라져야만 하는 이별의 슬픔과 안타까움이
기조를 이루고 있다. 그 중에는 처와 부모의 노래를 기억하고 또 그것을

---

20) 前揭書,『壹岐の風土と歷史』, 114쪽.
21) 居駒永幸,「國文學解釋と鑑賞」『万葉集』の防人歌と旅, 至文堂, 2006.3,
　　38쪽.

제공한 사람도 있었다.

그리고 분류대상으로 보면 애인이나 부인, 자녀, 부모, 고향의 그리움 등으로 나타난다. 중심적 소재는 처나 연인 그리고 부모 등과의 이별에 대한 슬픔 외에 약간은 고향의 국토 산천을 그리는 노래, 나니와의 풍물에 관한 노래도 있지만 전체적으로 볼 때 극히 미미한 정도이다.

읊은 시점은 징집명령을 받고 고향을 떠날 때, 또는 근무지로 이동 중에, 그리고 중간 집결지에서 목적지로 떠날 때 등에 지어진 것으로 보인다. 자연히 그들의 노래 중에는 주제, 발상, 시구 등 많은 면에 유사점이 보인다. 이 노래는 병사 자신들만의 노래가 아니라 그 가족들의 노래도 포함해서 그렇게 분류되고 있다.

다음의 3首를 보기로 하자.

> 잊으려고 생각하며 들을 지나 산을 넘어왔건만 부모님을 잊을 수가 없네.
> 忘らむと 野行き山行き我來れどわが父母は忘れせのかも
>
> (卷二十, 四三四四)[22]
>
> 어머니가 소매로 쓰다듬으며 나 때문에 우시던 모습을 잊을 수가 없다.
> 我が母の袖もち撫でて我が故に泣きし心を忘らえぬかも
>
> (卷二十, 四三五六)
>
> 부모가 내 머리를 쓰다듬으며 무사하도록 기원해 준 말을 잊을 수가 없다.
> 父母が頭かき撫で幸くあれて言いし言葉ぜ忘れかねつる
>
> (四三四六)

3수 모두 한결같이 고향에 두고 온 부모님을 회고하고 어머니를 그리는 노래이다.

첫 번째 것은 고향에서 멀리 떨어진 곳에 보내져 내심 씩씩하게 남자

---

22) 만요슈의 텍스트로는 小島憲之 外 2人 校注, 『万葉集』, 日本古典文學全集 4, 小學館, 1980를 사용하며 페이지도 이에 따른다.

된 도리를 하리라, 국가의 충성을 하리라 다짐하며 부모님을 잊으려 애써 보지만 역시 인간 본연의 그리움과 외로움으로 부모님의 모습을 떠올리게 되는 안타까움이 배어있다. 특히 이어 언급한 2수는 젊은 병사의 노래로 보인다. 다 크긴 했지만 다가가 한 번 더 쓰다듬어 주고 싶을 정도로 애잔한 부모 마음이요, 그 마음을 느끼며 또한 마음이 약해지고 슬퍼지는 자식의 마음이다. 『만요슈』에는 부모에의 특히 어머니를 그리는 노래가 많다. 미혼의 젊은이도 많았다는 것이다. 쓰다듬는다는 것은 일종의 기원의 몸가짐이다. 머리를 쓰다듬고 등을 쓰다듬으며 마음의 불안을 숨기고 여행의 안전을 기원하는 주술적인[23] 행위이다.

이것들은 이동 중인 여행길의 노래로 보이는데 떠나올 때 쓰다듬어 준 어머니의 따스한 손길은 어린 아들에게 은연중의 힘이 되고 위안이 되며 위험으로부터 지켜줄 것 같은 믿음을 주고 있다는 것을 알 수 있다.

한편 아내나 연인과의 이별의 장면을 회상하며 소중히 지니고 있는 정표인 글이나 그림을 통해 위안을 얻는 노래도 있다.

> 내 아내를 그림으로 그려서 여행 중에 그 그림을 보며 그리워한다.
> わが妻も繪に描き取らむ暇もが旅行く我は見つつ偲のはむ
>
> (卷二十, 四三二七)
> 갈대울타리의 그늘에 서서 사랑하는 아내가 소매가 폭 젖도록 울던 것이 생각난다.
> 葦垣の隈處に立ちて我妹子が袖もしほほに泣きしそ思はゆ
>
> (卷二十, 四三五七)

이러한 상황에서는 그림이나 글이나 그것을 접하는 사람에게는 같은 효과를 준다. 기원하는 글이나 사랑하는 이의 그림을 통해 서로의 안전을 확인하고 사랑을 확인하고 또 상대방에 대한 신뢰와 믿음을 가짐으로

---

23) 上揭書, 『万葉集』, 38쪽.

써 외로움을 달래고 자신을 지켜줄 것 같은 확신을 갖게 되는 것이다. 그
래서 삶의 의욕을 되찾고 어찌해서라도 살아남아야겠다는 의욕을 불태
우게 되고 자신을 사랑하게 되는 것이다. 그래서 글을 읽으며 혹시 그림
을 보며 그 모습을 상상하고 회상하고 그리워하고 추억에 젖는 것이다.
채록한 야카모치는 감동한 나머지 틈틈이 병사의 슬픈 이별의 정을 대변
하여 장가 3수[24]를 포함한 노래를 읊고 있다.

『만요슈』에는 이와 같이 상류귀족의 노래 외에 관동지역으로부터 소
집되어 와 국토방위에 임했던 병사의 노래도 많이 포함되어 있다. 타비
토의 상경이후 츠쿠시가단은 그다지 큰 활동이 없었으나 이것도 넓은 의
미로 보면 츠쿠시가단으로 볼 수가 있을 것이다.

그러나 이들 노래들이 단순히 대상을 향한 그리움과 사랑 등의 낭만과
서정성여부로만 이루어 진 것은 아니다. 그 중에는 사회의 책임과 국가
에 대한 남성의 올곧은 충성과 의지를 읊은 것도 있다.

> 오늘부터는 뒤돌아보지 않고 임금을 지키는 병졸로써 가는 거다. 나는
> 今日よりは顧みなくて大君の醜の御楯と出で立つ我は
>
> (卷二十, 四三七三)

이 노래는 작자가 병사라는 사명감을 가지고 그 관념을 노래한 것이라
하겠다.

그러나 역시 책임과 사명감 가운데서도 개인적 사정이 개입되어 있을

---

24) ① 병사의 슬퍼하는 이별의 마음을 짐작해서 읊은 노래에 단가1수
　　防人が悲別の心を追ひて痛み作る歌 (卷二十, 四三三二)
　　② 병사의 심정으로 그 마음을 읊은 노래에 단가1수
　　防人が情のために思ひを陳べて作る歌 (卷二十, 四三九八)
　　③ 병사의 이별을 슬퍼하는 마음을 읊은 노래에 단가1수
　　防人が悲別の情を陳ぶる歌 (卷二十, 四四〇八)의 주제로 장가를 지
　　어 같이 채록했다.

때에는 국가의 시책에 대한 불만도 나타나고 있다.

> 임금님의 명령이 무서워 나올 때 내게 매달려 슬프다고 한 그녀여
> 大君の命恐み出で來れば我取り付きて言ひし兒なはも
>
> (卷二十, 四三五八)
>
> 거부할 수없는 명령이어서 사랑하는 아내의 팔베개를 떠나니 무척 슬
> 프다
> さへなへぬ命にあれば悲し妹が手枕離れあやに悲しも
>
> (卷二十, 四四三二)
>
> 후타의 大守[25]는 나쁜 사람이다. 내가 복통으로 괴로워하는데 병사로
> 지명했으니~
> 布多富我美惡しけ人なりあたゆまひ我がする時に防人に指す
>
> (卷二十, 四三八二)

위 2수는 거부할 수없는 명령에 직접적으로 슬픔을 표시한 것들이다. 명령이라 거절할 수 없어 시행은 하지만 이러한 백성의 사정을 알려 이 체제의 무자비하고 비인간적인 조치를 고발하고 있는 것이다.

그러나 세 번째 노래에는 노골적으로 병사로 지목된데 대한 불만이 있다. 후타호가미는 병사를 지명하는 시모츠케(下野)國의 장관이다. 급한 복통의 의미인데 다시 말하면 병사를 지명하는 사람은 정말 심성이 나쁜 사람이다. 복통을 앓고 있는데 병사로 지명하다니라는 느낌이 든다.

백성의 입장에서 정치 비판까지는 못한다 하더라도 정책에 대한 실망과 원망이 가득 실려 있는 노래이다. 따라서 앞서의 '임금을 지키는 병졸로써 가는 거다'와 같은 굳은 의지의 병사가 있는가 하면 '후타의 大守는 나쁜 사람이다'라고 전면적으로 비판하는 등 노래 전반을 흐르는 정신도 다양하다 하겠다.

---

25) 후타호가미(ふたほがみ)는 시모츠케(下野, 현 토치기현, 栃木縣)의 國府후타 (布多)의 장관.

그러나 역시 대세를 이루는 것은 인간의 심금을 울리는 소박하고도 절절한 감정이 공감을 일으키며 살아있는 노래이다.

> 병사를 가는 사람은 누군가? 라고 묻는 사람을 보니 무척 부럽다
> 防人に行くは誰が背と問ふ人を見るがともしきもの思ひもせず
> (卷二十、四四二五)
> 옷자락에 매달려 우는 어린 자식을, 어미가 없는 이 아이를 두고 어쩔 도리 없이 떠나야만 하니~
> 韓衣裾に取り付き泣く子らを置きてぞ來ぬや母なしにして
> (卷二十、四四〇一)

전자는 소집된 남자들을 바라보며 태평스레 누구냐고 묻는 여자가 있지만 남편의 소집을 안 부인은 미쳐 버릴 것만 같다. 일가의 가장이자 이 험한 세상을 의지하며 살아온 둘도 없는 남편이 눈앞에서 떠나려 한다. 다시 만난다는 보장도 없다. 제 정신일 리가 없고 신경은 예민해지고 주변의 언동 하나에도 신경이 곤두선다. 마침이때 "병사를 가는 사람은 누군가"라고 옆자리의 아낙이 묻는다. 그 태평한 사람의 말투 한마디에 병사의 부인은 더욱 더 가슴이 찢어지는 듯하니 진정 시대의 아픔이자 전쟁의 아픔이다.

후자는 어미 없는 아이를 두고 가며 장차 아이의 걱정을 하는 아버지의 비통한 심정이 그려져 있다. 병사들은 자식이나 부모 처와의 가슴 아픈 이별을 절절한 심정으로 노래하고 있다. 이들은 국가에 대한 애국심, 천황에 대한 충성심보다는 눈앞에 아른거리는 어린 자식, 또는 자신의 사랑하는 이와의 이별만이 슬플 뿐이다. 그것이 보다 진실한 인간의 상정이 아니겠는가? 야카모치는 바로 그 점을 간과하지 않은 듯하다, 이 작품들은 당시의 관동지방의 방언이나 풍습이 나타나 있어 역사적 자료로서 귀중하게 평가받고 있다. 이 제도는 병사의 보충이 어려워 몇 번인가

를 정지와 부활을 되풀이 하다가 795년에 폐지, 규슈의 병사로 대체되었다. 그리고 드디어는 天長 826년에 다자이후관내의 병사를 폐지, 선사(選士)[26] 등으로 이행하여 율령제의 병사제는 붕괴되었다. 그리하여 외국과의 경계에서 늘 위협을 받아가며 또 관동지방의 백성들과 병사들의 한을 품고 있던 기타규슈지방의 쓰시마, 이키의 역사는 달라지게 되었다.

2) 『겐지모노가타리(源氏物語)』에 나타나고 있는 츠쿠시

작가가 경험하거나 구상한 사건 속에서 진리와 인생의 미를 찾아가는 예술이 소설, 그리고 平安시대로 말하면 모노가타리이다.

『겐지모노가타리』(源氏物語)[27]는 平安왕조의 여성 궁내작가에 의해 쓰인 세계적 고전이다. 『겐지모노가타리』가 쓰인 평안 시대는 헤이안쿄(平安京, 현 교토)라는 도시에 생활의 근거를 둔 궁정 귀족을 중심으로 정치와 문화가 영위되고 있었다. 『겐지모노가타리』 역시 무대는 교토라는 수도(都)였다. 그러나 역시 이 작품에도 교토외의 무대가 등장하고 있기는 한다. 그렇다고는 해도 츠쿠시는 이 작품에 등장하는 지역 중에서 가장 먼 곳이다. 작품은 주인공 겐지가 여러 형태의 여성과의 애정관계를 가짐으로써 결과적으로 영화와 왕권을 달성하는 소설이다.[28] 당시의 시대상과 사회를 엿볼 수 있는 것 또한 모노가타리 연구의 의의라 한다면 당시 최고의 문학 작품인 『겐지모노가타리』에 나타나 있는 츠쿠시에 대한 표현을 통하여 그 위상을 가늠해 보는 것도 가능하리라 본다.

츠쿠시를 포함한 표현은 『겐지모노가타리』에 6例가 나와 있다.[29] 그

---

26) 평안시대에 군단 병사에 대신해 다자이후에 속해서 변경 경비에 임했던 병사.
27) 平安中期, 일본의 대표적 고전소설. 작자는 무라사키시키부(紫式部) 1008年 ~ 1010年?
28) 金鍾德,「光源氏の榮華と宿世」『日本研究』 제11호, 日本研究所, 1997.

중 비중 있는 지명으로서의 츠쿠시 자체에 대한 묘사는 전부 유가오(夕
顔)[30]의 딸 타마카츠라(玉鬘)와 관련해 3例가 묘사되고 있다.

> 아기씨의 유모의 남편이 太宰府의 차장으로 부임하여 내려가게 된다.
> 아기씨 4살 되던 때인데 츠쿠시라는 곳이다.
> その御乳母の男, 少貳になりて, 行きければ, 下りにけり. かの若君の四
> つになる年ぞ, 筑紫へは行きける.[31]
>
> >   (『源氏物語』③玉鬘 p.82)
>
> 이분(타마카츠라)은 기품이 있고 훌륭해서 이쪽이 기가 죽는다. 츠쿠
> 시를 고상한 지역으로 생각해 보지만 그것도 주위 아는 사람이 모두
> 촌스러워서 납득이 가지 않는다.
> これは氣高く, もてなしなど恥づかしげに, よしめきたまへり. 筑紫を
> 心にくく思ひなすに, みな見し人は里びにたる に, 心得がたくなむ.
>
> >   (『源氏物語』③玉鬘 p.111)
>
> 츠쿠시에서는 그저 그런 하녀도 교토에서 내려온 사람을 불러 모으는
> 데 조금이라도 나은 사람을 찾게 된다. 그것도 급히 서둘러 구하는 통
> 에 모두 남겨진 사람들뿐으로 별 사람도 없다.
> 筑紫にては, 口惜しからぬ人々も, 京より散りぼひ來たるなどを, たよ
> りにつけて呼び集めなどしてさぶらはせしも, に はかにまどひ出でた
> まひし騒ぎに, みな後らしてければ, また人もなし.
>
> >   (『源氏物語』③玉鬘 p.121)

타마카츠라는 유가오와 토추조(頭中將)와의 사이에서 태어난 여아의
이름이다.

타마가츠라는 유가오의 행방을 찾아 헤매며 보살펴주던 乳母[32] 등의

---

29) 上田英代 외 4人, 『源氏物語語彙用例總索引, 自立語編』 四, 勉誠社,
    1994, 3222쪽.
30) 타마카츠라의 생모로 허름한 오두막집에서 겐지와 같이 지내던 중 원령(物の
    怪)의 습격을 받아 죽는다. 겐지는 늘 그것을 마음 아파했다.
31) 『겐지모노가타리』의 텍스트로는 阿部秋成·秋山 虔·今井源衛, 『源氏物
    語』 3 (日本古典文學全集 14), 小學館, 1976를 사용하며 페이지도 이에 따
    른다.

극진한 보살핌을 받으며 양육되던 중 유모의 남편이 츠쿠시의 다자이후의 다자이쇼니(大宰少貳)로 임명된다. 타마카츠라卷은 유모가 타마카츠라를 데리고 츠쿠시로 향하는 것으로부터 시작되며 이후 타마카츠라는 그곳에서 생활하게 된다. 위의 문장을 분석해 보면 츠쿠시의 이미지는 비록 다자이후 같은 특별한 관청이 있었다고는 하나 역시 변방에 위치한 지방 소도시에 지나지 않았던 듯하다. 그래서 교토에서 근무하다 오는 사람들은 선망의 대상이 되고 그들의 행보는 은연중에 영향을 끼치게 되는 것이다. 즉 교토의 영향을 많이 받고 의지하게 되는 지방 소도시의 이미지인 것이다.

이윽고 쇼니의 임기는 마치지만 미처 귀경하지 않은 사이에 쇼니는 츠쿠시에서 죽고 만다. 유모는 남편이 죽자 가족을 이끌고 히젠국(肥前國, 현佐賀縣)으로 옮겨와 살게 된다. 그러는 중에 타마카츠라는 20세가 되고 그 미모가 소문이 나서 혼기가 되자 지방 귀족들의 혼인제의를 강력하게 받게 된다.

여기서 가장 주목을 해야 할 것은 타마카츠라(玉鬘)卷의 다유노켄(大夫監)일 것이다. 여기 등장하는 다유노켄은 다자이다이간(大宰大監, 차관)으로 그는 히고국(肥後國, 현熊本縣일대)에 일족이 많고 권세와 세력을 갖춘 무사로 묘사되어 있다.

> 다유노켄이라서 히고국에 일족이 많고 그 지역에서는 명성도 있고 세력도 있는 무사가 있었다.
> 大夫監とて, 肥後國に族ひろくて, かしこにつけてはおぼえあり, 勢い かめしき兵ありけり.

---

32) 타마카츠라는 西の京의 유가오의 유모 밑에서 자라고 유가오가 頭中將의 본처의 압력을 피해 五條의 집에 숨어 있을 때에는 함께 살지 않아 어머니가 죽은 후 행방을 알 길이 없었다. 또한 우곤은 겐지로부터 유가오에 대한 함구를 명령받고 있어 알릴 수도 없었다.

(『源氏物語』 ③玉鬘 p.87)

무서운 근성중에 약간의 호색도 있어 용모가 아름다운 여성을 모아서
는 돌봐주기도 하는 것이다. 이 아가씨의 소문을 듣고는 "혹시 굉장히
심한 불구라 하더라도 나는 그것을 참고 버리지 않겠다"고 집요하게
접근하는 것을 유모가 기분이 나빠 "어떻게 그런 일을 … 세상일에 귀
를 안 기울이고 여승이 될 예정"이라고 하인에게 알리게 하니 켄은 더
욱 더 애가 달아 강제로 경계를[33) 넘어왔다.

むくつけき心の中に, いささか好きたる心まじりて, 容貌ある女を集め
て見むと思ひける. この姫君を聞きつけて, 監「いみじきかたはありと
も, 我は見隱して持たらむ」といとねむごろに言ひかかるを, いとむく
つけく思ひて, 「いかで. かかることを聞かで, 尼になりなむとす」と言
はせたりければ, いよいよ危がりて, おしてこの國に越え來ぬ.

(『源氏物語』 ③玉鬘 p.88)

그러한 다유노켄이 타마카츠라에게 보낸 연서문의 종이는 「당의 색종
이(唐の色紙)」「좋은향(こうばしき香)」라는 등의 당시 중국이나 조
선에서 들여오는 수입품(舶載品)인 당나라제품(唐物(からもの))이 사
용되고 있다.

자신은 세상의 신망을 얻고 있다고 생각하여 연서를 보낸다. 필적 등은
두서없이 쓰고 당나라의 색지에 좋은 향을 많이 뿌려 훌륭히 만든 것
이다. 그러나 그 언어는 무척 심한 사투리이다.

我はいとおぼえ高き身と思ひて, 文など書きておこす. 手などきたなげ
なう書きて, 唐の色紙かうばしき香に入れし めつつ, をかしく書きた
りと思ひたる, 言葉ぞいとたみたりける.

(『源氏物語』 ③玉鬘 p.89)

결국 유모는 타마카츠라를 향한 다유노켄의 집착을 피해 타마카츠라
와 가족 몇 명을 데리고 야반도주를 하기로 한다. 瀬戸内海의 물길을
칠흑 같은 밤에 목숨을 걸고 도망을 치는 것이다. 해적이 나올지도, 다유

---

33) 히고국(肥後國)에서 히젠국(肥前國)으로.

노켄이 쫓아올지도 모르는 긴박한 순간을 넘기고 일행은 무사히 귀경하게 된다.

『겐지모노가타리』에서는 츠쿠시 외에는 다 교토의 인근지역이 작품의 무대로 거론되고 있는데 츠쿠시 외에 기타야마(北山), 수마(須磨), 아카시(明石),[34] 우지(宇治), 오노(小野) 등이 작품의 무대로 표현되고 있다.

『겐지모노가타리』의 주 무대는 일단 궁정과 수도인 平安京(현 교토)이다. 그리고 모노가타리의 전개에 따라 수도의 주변도 거론이 되고 있다.

겐지가 18세 때 학질로 요양을 간 곳은 교토 북쪽에 위치한 기타야마(北山)이다.

그리고 거기에서 평생의 연인인와카무라사키(若紫, 나중의 紫の上)를 만나게 된다. 모노가타리의 전개상 매우 중요한 의미를 띄고 있는 지역이라 하겠다. 작품의 무대로써 수도의 근교의 범위를 좀 넓혀보면 우지(宇治)와 오노(小野)를 들 수가 있다. 우지는『겐지모노가타리』54권 중 최후의 10권인 우지십권(宇治十帖)의 주요무대이다. 이곳은 교토의 남쪽에 위치하며 당시 귀족들의 별장이 있던 지역으로 따라서 비일상적인 지역이었다. 한편 오노는 교토의 동북부에 위치하며 천황가의 별장지였다. 두 지역 모두 겐지의 사후 아들 가오루(薫)가 등장하는 무대이기 때문에 모노가타리는 새로운 국면을 맞게 되며 동시에 수도로부터 벗어난다는 암시를 주고 있다. 다음은 수도의 외곽으로 가보자. 작품에 등장하는 지역 중에 가장 유명한 것은 역시 수마와 아카시일 것이다. 이곳들은 주인공 겐지와 직접적인 연관을 가지고 모노가타리를 이끌어 나가는 홍미진진한 배경이 되고 있다. 겐지의 수마행은 자발적이라고는 하지만 반대편 정적의 정치적 압박을 받고 있던 차에 오보로츠키요(朧月夜)[35]와의 밀회가 발각되어 스스로 퇴거키로 결정한 것이다. 중앙권부에서 떨

---

34) 수마 : 지금의 고베시의 남서부 해안. 아카시 : 효고(兵庫)현 남부의 시.
35) 당시의 정적인 우대신(右大臣)의 딸이자 수자쿠테(朱雀帝)의 후궁이다.

어져 수마에서 지내다가 아카시로 옮기게 됨으로써 겐지는 조정의 지배 권역에서 벗어나게 되어 완전히 새로운 출발을 기대하게 한다. 결국 아 카시에서 아카시노기미(明石の君)하고 맺어지며 나중에 아카시노히메 기미(明石の姫君)란 여아를 얻게 되는 역사적인 장소로 기록이 된다.

　반면 츠쿠시는 묘사된 지역 중 가장 도회지로부터 멀리 떨어진 곳이고 겐지와 직접적인 관련은 없는 곳이다. 그리고 토지 그 자체의 묘사는 나 타나 있지 않지만 타마카츠라에 구혼하는 다유노켄을 등장시켜 간접적 으로 츠쿠시에 대한 이미지와 특성을 드러내고 있다.

> 켄 "재미난 말을 하는군. 나를 시골사람이라고들 출세 못한 백성들이 그러겠지. 도시사람이라고 특별한 뭐가 있겠는가. 난 뭐든지 잘 알아. 바보로 보면 안 되지"하며 다시 한 번 노래를 읊으려 했지만 여의치 않 자 그냥 가 버렸다.
>
> 監 「をかしき御口つきかな. なにがしら田舎びたりといふ名こそはべ れ, 口惜しき民にははべらず, 都の人とても何ば かりかあらむ. みな知 りてはべり. な思し侮りそ」とて, また詠まむと思へれども, たへずやあ りけむ, 往ぬめり.
>
> (『源氏物語』③玉鬘 p.92)

　그의 말로부터는 中央權門과도 통하는 지방호족의 자부마저 느낄 수 가 있다.

　그렇다면 이러한 중앙권문과 깊은 관계가 있고 지역에 권세를 가진 그 리고 대외교역도 관여하여 당의 물건을 구할 수도 있는 입장으로서의 그 의 풍모는 당시 다자이후에 존재하고 있던 지역의 유력자로서의 면모를 아낌없이 보이고 있는 것이다.

　그러나 이러한 자화자찬의 말로 지역에 있어서는 유지급 인사이지만 교양과 와카(和歌)의 능력의 한계 등을 드러냄으로써 도회의 귀족의 혈 통인 타마카츠라와는 어울리지 않는 토지라는 것을 암암리에 나타내고 있는 것이다.

> 이 아기씨는 성인으로 훌륭하게 성장함에 따라 어머니보다도 예쁘고
> 특히 아버지의 피까지 받은 탓인지 기품이 있고 아름다웠다. 마음 씀씀
> 이도 폭넓고 사리가 분명하였다. 이러한 것이 소문이 나서 인근의 바람
> 기 있는 젊은이들이 많이 모여 들었고 마음을 얻으려는 편지가 줄을
> 이었다.
> この君, ねびととのひたまふままに, 母君よりもまさりてきよらに, 父
> 大臣の筋さへ加はればにや, 品高くうつくしげなり. 心ばせおほどかに
> あらまほしうものしたまふ. 聞きついつつ, 好いたる田舎人ども, 心か
> け消息がる, いと多かり.
>
> (『源氏物語』③玉鬘 p.86)

　이러한 모든 유혹을 뿌리치고 주위의 도움으로 츠쿠시를 탈출하여 중
앙으로 올라온 타마카츠라는 하세데라(長谷寺)의 참배를 준비하던 중
겐지를 섬기고 있던 우곤(右近)을 우연히 만나게 된다.

> "우곤 … 여자 아이로 몹시 귀엽습니다." 源氏 "그래 어디 있는가? 사
> 람들에게 알리지 말고 내 곁으로 데려오게. 그러면 어이없는 죽음에 슬
> 플 때마다 죽은 사람을 그리는 추억으로써 무척 기쁠 텐데."
> 右近 … 女にていとらうたげになむ」と語る. 源氏「さていづこにぞ. 人
> にさとは知らせで, 我に得させよ. あとはかなくいみじと思ふ御形見に,
> いと嬉しかるべくなん」)
>
> (『源氏物語』①夕顔 p.260)

　우곤은 전에 유가오를 모시던 시녀인데 유가오가 죽고 난 후 겐지는
우곤을 곁에 두고 유가오를 회상하며 유가오의 딸에 대한 애착을 보인다.
　우곤은 타마카츠라의 소식을 겐지에게 알리고 겐지는 타마카츠라를
자신의 양녀로 삼아 자신의 저택 六條院으로 맞아들인다.
　비록 어린애 같고 순진한 여성(ただひたぶるに兒めきて柔かな

らむ人を) 그녀(유가오)는 비명에 갔지만 겐지는 그녀의 딸인 타마카츠라를 양녀로 삼아 끝까지 보살핌으로써 유가오와의 못 다 이룬 사랑을 완성시키고 있다. 그리고 그 타마카츠라는 바로 츠쿠시에서 크고 성장하였던 것이다.

츠쿠시는 정치적으로 다자이후(大宰府)가 설치되어 있는 등 당시 서일본의 제일가는 권력 중심가였지만 『겐지모노가타리』에는 단지 교토에서 떨어진 지방의 이미지로 별로 화려하게 묘사되지는 않는다. 오히려 그 방대한 분량의 작품에서 초라할 정도의 무대가 되고 있다. 그러나 츠쿠시는 『겐지모노가타리』에서 다자이후를 비롯해 적지 않은 언급으로 중앙무대를 받쳐주는 역할을 한다. 그리고 이곳은 타마카츠라를 맞아주고 성장시키고 화려하게 교토로 내 보낸 준비의 땅이었다.

4. 결 론

북규슈의 해안도서는 예로부터 우리나라와의 접촉이 많았었다. 특히 일찍이 365년 백제와의 통행을 약속하고 367년 백제로부터 사신을 받아들이는 등 특히 백제와 우호적인 교분을 나누고 있었다. 그 통로로써 쓰시마, 이키, 츠쿠시와는 더욱더 밀접한 관계를 가질 수밖에 없었는데 이들의 지리적 역할과 위상은 어떠했으며 그것이 고대문학에 어떻게 표현되고 있는가를 살펴보았다.

한국과 쓰시마, 이키 및 규슈와는 매우 밀접하며 오래된 교류의 역사를 가지고 있다. 고대한국은 농사, 베짜기, 금속기 등 여러 방면에서 일본을 능가하는 기술을 가지고 있었다. 또한 통일국가의 건설을 향하여 낙랑군을 고구려가 공략함으로써 백제 신라와 더불어 3국의 시대를 이루며 안정되어가고 있었다. 이것이 4세기의 일로 규슈의 북방 한국에 면해 있는 쓰시마와 이키 두섬은 예로부터 국(國)의 대우를 받고 있을 때였다. 國郡의 제도가 되었을 때 이키, 쓰시마 등과 같은 작은 섬이 하나의 國으로 자리매김하고 있었다는 것은 규슈가 야마토정권에 있어서 특별한 존재였다는 것을 알려준다. 당시의 권력층은 서쪽으로 쭉 펼쳐진 규슈 지리를 畿內와 동일한 수준으로 관동지방과는 비교할 수 없을 정도로 관심 깊게 파악하고 알고 있었던 것이다.

일본은 663년 백제와의 우호관계를 바탕으로 신라, 당에 대항했으나 일본, 백제연합군은 백촌강(현 금강)에서 신라, 당의 연합군에 크게 패하고 말았다. 그리하여 야마토정권은 당, 신라 연합군의 일본침공에 대비하기 위하여 기타규슈를 중심으로 한 방위강화가 절실해 지고 이에 대비한 방비와 여러 가지의 조치가 취해졌다. 이러한 대비와 조치로써 택해진 곳이 쓰시마와 이키로써 그 위치상 필연적인 그리고 운명적인 전쟁과 분쟁의 산실이 되었다.

츠쿠시는 당시 규슈를 지칭하고 있었는데 규슈를 총괄 지휘하던 다자이후가 설치되어 있던 곳이다. 다자이후는 율령제하에 츠쿠시國 츠쿠시郡에 설치됐던 관청의 이름이다. 현재의 후쿠오카현 타자이후시(太宰府市)[36]에 유적이 있는데 규슈와 이키, 쓰시마 두 섬을 관활하고 외침에 대비하여 외교업무도 맡고 있었다.

문학적으로 보면 『만요슈』에는 이키, 쓰시마 등 북규슈에 멀리 동부로부터 국토방위를 위해 징집돼 온 병사의 노래가 후반부에 많이 실려 있다. 그러나 그 대부분은 그들이 관동지방을 떠날 때 읊은 것으로 이 지방에서 읊은 것은 거의 보이지 않는다. 따라서 이 작품들은 당시의 관동지역의 방언이나 풍습이 나타나 있어 역사적 자료로서 귀중하게 평가받고 있다. 내용은 병사들의 가족과 헤어져 있는 쓸쓸함과 남겨진 가족에

---

36) 타자이후시(太宰府市)는 다자이후(大宰府)가 설치되어 있었던 곳이다.

대한 무사를 기원하는 마음 등을 읊은 것이 대부분이다. 채록자인 야카모치는 가족과 떨어져 지내는 그들에게 동정을 금할 수 없어서 충성을 맹세하는 노래보다 오히려 가족을 그리워하고 이별하는 아픔을 높이 산 듯하다. 그의 감명의 커다란 중심은 이별의 슬픔이었으며 그리고 이러한 무대가 되었던 배경에 쓰시마, 이키라는 지역이 있었다. 츠쿠시를 중심으로 본 『겐지모노가타리』는 일본 왕조문화의 최번성기 평안시대의 대표작품이며 최고 걸작이다. 주인공 겐지는 어릴 적부터 빼어난 용모와 자질을 갖추고 천황의 아들이라는 최상의 운명을 타고 태어났다. 츠쿠시는 그의 짧고도 안타까운 인연을 맺은 연인 유가오의 딸 타마카츠라가 성장한 곳이다. 그는 타마카츠라를 진심으로 맞이하여 보살핀다. 『겐지모노가타리』에서는 다자이후가 있던 츠쿠시의 위상을 잘 받쳐 줌으로써 어두웠던 힘없는 백성의 원망의 땅, 수난의 땅에서 희망의 땅 성장의 땅으로 승화시키고 있다. 그리고 그 곳에서 예쁘게 성장하여 당시의 왕조의 중심세계로 신분 향상되는 타마카츠라를 통해 츠쿠시는 성장지로서의 포용력을 보여주고 있다.

이로써 한국과 인접한 북규슈의 대마도, 이키, 츠쿠시는 예로부터 많은 외침과 방비지역으로 수난을 받아왔으나 또한 그것을 이겨내고 고난과 수난의 땅에서 성장과 희망의 땅으로 거듭나고 있는 것을 살펴보았으며 계속 이에 대한 연구를 이어가고자 한다.

參 考 文 獻

小島憲之 外 2人 校注, 『万葉集』 『日本古典文學全集』 4, 小學館, 1980.
金鍾德, 「光源氏の榮華と宿世」 『日本研究』 11, 日本研究所, 1997.
上田英代 外 4人, 『源氏物語語彙用例總索引, 自立語編』 4, 勉誠社,

1994.

中上史行,『壹岐の風土と歷史』, 昭和堂, 2002.

ドナルド・キン,『일본문학의 역사 (1)-고대 중세 편』, 중앙공론사, 1994.

秋山 慶 外 1人,「源氏物語図典」, 小學館, 1997.

大曾根章介 外 5人,『物語文學』「硏究資料日本古典文學」1, 明治書院, 1983.

大曾根章介 外 5人,『和歌』「硏究資料日本古典文學」6, 明治書院, 1983.

玉上琢弥,『源氏物語』「鑑賞日本古典文學」9, 角川書店, 1985.

三谷榮一,『体系物語文學史』3, 有精堂, 1991.

麻生磯次 外 2人,『日本文學槪論』, 秀英出版, 1984.

久松潛一,『日本文學史』「中古」, 至文堂, 1981.

秋山慶 外 1人,『中古の文學』, 有斐閣, 1976.

三谷邦明,『源氏物語躾糸』, 有精堂, 1991.

中井和子,『源氏物語と仏敎』, 東方出版, 1998.

若城希伊子,『源氏物語の女』, 日本放送出版協會, 1979.

瀬戸内寂聽,『源氏物語の脇役たち』, 岩波書店, 2000.

河添房江,『性と文化の源氏物語』, 筑摩書房, 1998.

ドナルド・キン,『古典を樂しむ』, 朝日新聞社, 1990.

池田龜鑑,『平安朝の生活と文學』, 角川書店, 1978.

司馬遼太郞,『壹岐・對馬の道』, 朝日文庫, 2005.

玉上琢弥,『源氏物語評釋』5, 角川書店, 1988.

阿部秋成 外 2人,『源氏物語』1-3,「日本古典文學全集」12～14, 小學館, 1976.

玉上琢弥,『源氏物語』「鑑賞日本古典文學」9, 角川書店, 1985.

市瀬雅行,「家持の編纂意識」, 國文學, 學燈社, 2004.7.

鈴木一雄 外 16人,『平安朝物語』3「日本文學硏究資料刊行會」, 有精堂, 1979.

규슈(九州) 해안도서와 전쟁문학*
─ 야카모치 장가작품의 존재 의미 ─

박 상 현**

1. 머리말

서기 663년에 금강하구 혹은 동진강으로 추정되는 백강(白江)에서 나·당연합군과 백제의 원군인 왜군이 전투를 벌였다. 이것을 일본에서는 백촌강(白村江) 전투라고 부른다. 한국전쟁[1]이 현대의 동북아시아에서 벌어진 대규모 전쟁이었다고 한다면, 백촌강 전투는 고대의 동북아시아에서 발발한 대규모 전쟁이었다고 평가할 수 있겠다.

역사상 한반도에서 일어난 전쟁의 여파는 지대했다. 1953년에 끝난 한국전쟁으로 세계의 냉전체제는 더욱 심화되었고, 한반도는 분단이 고착화되었으며 일본은 재무장을 시작하게 되었다. 한편 백제 부흥군과 왜

* "이 연구는 2006년도 경희사이버대학교 연구비지원에 의한 결과임."
  (KHCU-2006-4)
** 경희사이버대학교 일본학과 전임강사, 일본문화학(万葉集) 전공
1) 최근에 '한국전쟁'을 다룬 책 중에서 주목할 만한 것으로는 박태균의『한국전쟁』, 서울, 책과함께, 2006년 1월, 1판 4쇄 등이 있다.

군의 패배로 끝난 전쟁으로 인해, 신라는 한반도를 통일하게 되었으며, 일본의 야마토(大和) 정권은 한반도 정세에 대처하기 위해 천황제 율령 국가체제 수립에 박차를 가하게 된다.

그런데 백촌강 전투에서 패한 왜는 나·당연합군이 일본 열도까지 침 입해 올지도 모른다는 불안에 휩싸이게 되고, 그 대비책으로써 일본의 규슈(九州), 특히 기타큐슈(北九州)의 방위를 강화한다.[2] 그리고 그 임 무를 맡게 된 것이 지금의 일본 관동(關東)지방에 해당하는 아즈마노쿠 니(東國)[3] 출신의 농민군 병사(防人)였다.

병사는 징집되어 정든 고향을 떠날 때에 노래를 불렀다. 또한 근무지 로의 이동 도중에도 노래를 지었고 그리고 지금의 오사카시(大阪市)와 그 부근에 해당하는 나니와(難波)에서 잠시 쉬며 최종 목적지로 향할 때 에도 각각 노래를 만들었다.[4] 그리고 이들 병사의 노래(防人歌)는 당시 의 유력한 귀족이자 무인인 오토모노 야카모치(大伴家持 : 717년?〜 785년)에 의해 최종적으로 편찬되었다고 추정되는 일본 최고(最古)의 시 가집인 『만엽집(万葉集)』 권20에 84수나 실리게 된다. 755년(천평승보 7년) 때의 일이다.

필자는 최근에 「사카모리노래(防人歌)의 서정세계」(『일어일문학연구 』, 한국일어일문학회, 2004년 5월)를 필두로 「천황에 충성을 다짐하는 병사(防人)의 노래−그 전통의 창출과 폐기, 그리고 재창출의 가능성− 」(『일본학보』, 한국일본학회, 2004년 6월), 「사키모리노래(防人歌)의

---

2) 이 밖에도 이키(壹岐)와 쓰시마(對馬)의 해안도 방어했다.

3) 여기서 아즈마노쿠니란 지금의 시즈오카현(靜岡縣) 서부, 가나가와현(神奈川 縣), 시즈오카현(靜岡縣) 중부, 지바현(千葉縣) 중부, 이바라기현(茨城縣), 도 치기현(枥木縣), 지바현 북부와 이바라기현 일부, 나가노현(長野縣), 군마현(群 馬縣), 도쿄도(東京都)와 사이타마현(埼玉縣)을 가리킨다.

4) 이에 대해서는 미사키 히사시(身崎壽)의 다음 논문을 참조하기 바란다.
   身崎壽, 「防人歌試論」 『万葉』 第82号, 日本, 万葉學會, 1973, 21〜24쪽.

성격 논의와 그 배경에 관한 일고찰」(『동아시아고대학』, 동아시아고대학회, 2004년 6월), 「이토 하쿠의 '병사의 노래관'」(『동아시아고대학』, 동아시아고대학회, 2006년 6월), 「병사의 노래의 '해석'을 실마리로 하여」(『국문학해석과 교재의 연구』, 학등사, 2006년 8월)[5]를 통해, 병사의 노래라는 '노래의 세계'와 주로 전시기(戰時期) 및 전후(戰後)[6]에 발표된 병사의 노래라는 노래의 '해석의 세계'를 살펴보았다.

특히 병사의 노래라는 노래의 '해석의 세계'를 고찰한 선행 연구에서 필자는, 지난 전쟁 시기에 병사의 노래가 프로퍼갠더(propaganda)로써 이용되었다는 것을 지적했다. 이와 같은 연구 성과를 토대로 하여 본고에서는 전쟁 기간에 병사의 노래가 '전쟁문학'으로써 활용됐다는 점, 곧 예술의 정치화를 다루고자 한다. 좀더 구체적으로 말하면 병사의 노래가 정치화되는 과정에 어떤 작동 원리가 작용하고 있었나를 규명하고자 한다.

2. 규슈(九州) 해안도서와 병사의 노래

머리말에서도 잠시 언급했지만 병사의 노래는 병사가 징집되어 정든 고향을 떠날 때, 근무지로의 이동 도중에, 그리고 지금의 오사카시와 그 부근에서 최종 목적지인 기타큐슈를 떠날 때에 각각 지어졌다고 추정된다. 그런 의미에서 엄밀하게 말하면 병사의 노래는 규슈(九州) 지역에서 생산된 작품은 아니다. 하지만 병사의 노래는 병사가 그들의 근무지인 규슈를 염두에 두었기에 비로소 만들어진 작품이라는 점에서 규슈라는

---

5) 「防人歌の『解釋』を糸口として」『國文學解釋と敎材の硏究』, 日本, 學燈社, 2006.

6) 여기서 '전시기'는 1931년 7월에 발발한 만주사변부터 1945년 8월 일본의 패전까지의 기간을 가리킨다. 한편 '전후'는 1945년 8월 15일 이후를 지칭하는 용어이다.

지역과 밀접히 관련되어 있는 작품이라고 볼 수 있다.

　그렇다면 병사의 노래에는 어떤 서정세계가 펼쳐져 있을까?

　병사의 노래 연구에 있어서 기념비적인 업적을 남긴 요시노 유타카(吉野裕)는 병사의 노래의 기본적인 성격을 당시의 중앙정부인 야마토 정권에 대한 병사의 복종 표명[7]이라고 지적한다. 병사의 노래 84수 중에서 그가 그 근거로 삼은 노래는 다음과 같은 불과 8수의 작품이다.

　　　거절하기 어려운 칙명을 받들고 내일부터는 참억새와 잔단 말인가 사랑하는 이도 없이　　　　　　　　　　　　　　　　　　　(권20·4321)
　　　천황의 명대로 물가를 따라 바다를 건넌다 부모님을 남겨두고
　　　　　　　　　　　　　　　　　　　　　　　　　　　(권20·4328)
　　　천황의 명을 받들고 집을 나섰을 때 나의 손목을 붙잡고 울던 사랑하는 이여　　　　　　　　　　　　　　　　　　　(권20·4358)
　　　오늘부터는 뒤돌아보지 않고 천황의 변변치 못한 보호자로서 출정하는 것이다 나는　　　　　　　　　　　　　　　(권20·4373)
　　　천황의 명이기에 부모님을 이하히헤[8]와 함께 두고 출정한다
　　　　　　　　　　　　　　　　　　　　　　　　　　　(권20·4393)
　　　천황의 명대로 활을 껴안고 날을 밝힌단 말인가 이 긴 밤을
　　　　　　　　　　　　　　　　　　　　　　　　　　　(권20·4394)
　　　천황의 명을 받들고 파란 구름이 떠다니는 높은 산을 넘어 왔다
　　　　　　　　　　　　　　　　　　　　　　　　　　　(권20·4403)
　　　천황의 명대로 사랑스런 처를 떠나간다　　　　　(권20·4414)
　　　恐きや 命被り 明日ゆりや 草がむた寝む 妹なしにして　　　(⑳4321)
　　　大君の 命恐み 磯に触り 海原渡る 父母を置きて　　　　　(⑳4328)
　　　大君の 命恐み 出で來れば 我取り付きて 言ひし兒なはも　　(⑳4358)
　　　今日よりは 顧みなくて 大君の 醜のみ楯と 出で立つ我は　(⑳4373)
　　　大君の 命にされば 父母を 齋瓮と置きて 參ゐで來にしを　(⑳4393)
　　　大君の 命恐み 弓のみた さ寝か渡らむ 長けこの夜を　　　(⑳4394)

　　　7) 吉野裕, 『防人歌の基礎構造』, 東京, 筑摩叢書, 초판 1943(단, 인용은 1984년 1월에 출판된 것에 의함), 127~136쪽.
　　　8) '이하히헤(齋瓮)'는 신에게 기원할 때 쓰는 토기이다.

大君の 命恐み 靑雲の とのびく山を 越よて來ぬかむ   (⑳4403)
大君の 命恐み 愛しけ 眞子が手離り 島伝ひ行く   (⑳4414)[9]

그러나 요시노 유타카와는 달리 미사키 히사시와 이토 하쿠(伊藤博)는 이와 같은 노래도 결국에는 가족과 헤어지는 이별의 슬픔을 읊은 작품이라고 해석하고, 병사의 노래의 기본적인 성격을, 가족과의 헤어짐을 슬퍼하는 노래로 규정짓는다.

예를 들어 미사키 히사시는 앞에서 예시한 천황에 대한 충정을 다짐하는 병사의 노래 8수를 면밀히 검토한 후 다음과 같이 지적한다.

> '천황의 명대로 혹은 천황의 명을 받들고(大君の命畏み)'와 같은 발상을 가지고 있는 노래라고 해도 한 수 전체가 언명(言立て)적인 말(言辭)로 시종일관하고 있는 것이 아니고 항상 그것과는 대치하듯이 '사랑하는 이도 없이'라든지 '부모님을 남겨두고'라는 이별을 슬퍼하는 말(悲別的言辭)이 놓여 있는 것을 무시할 수는 없습니다. (「大君の命畏み」的發想を有する歌にしても, 一首全体が言立て的言辭に終始しているわけではなく, つねにそれとは對置するように, 「妹なしにして」とか「父母を置きて」とかいう悲別的言辭がおかれていることを無視するわけにはいきません。)[10]

또한 이토 하쿠도 '천황의 명을 받들고(大君の命畏み)'와 같은 어구를 재검토하여

> '천황의 명을 받들고'와 같은 표현은 자기 자신을 제약하는 것을 대조적으로 명확히 내세우는 만큼, 병사의 통한이 오히려 인식적이고 심각하다고 말할 수 있다. (「大君の命畏み」の類は, みずからを制約するものを對照的に打ち出しているだけ, 防人の痛恨がむしろ認識的で深刻だといえる。)[11]

---

9) 『만엽집』의 본문은 『新編日本古典文學全集万葉集』, 東京, 小學館, 1996에서 차용했다.
10) 身崎壽, 앞의 논문, 22쪽.

고 말한다.

물론 미사키 히사시의 지적대로 천황에 충성을 맹세한다는 노래에는 가족과의 이별을 슬퍼하는 표현이 있다. 하지만 이런 노래는 병사의 노래의 대다수를 차지하는, 가족과의 이별을 가슴 아파하는 다음과 같은 노래와는 그 표현성이 동일하지 않는다.

일부러 잊어버리려고 들을 넘고 산을 넘고 나는 왔지만 내 부모는 잊혀 지지 않는다   (권20·4344)
부모님이 머리를 쓰다듬으면서 무사해야 한다고 말한 것이 잊혀 지지 않는다   (권20·4346)

忘らむて 野行き山行き 我來れど 我が父母は 忘れせぬかも　(⑳4344)
父母が 頭かき撫で 幸くあれて 言ひし言葉ぜ 忘れかねつる　(⑳4346)

또한 이토 하쿠는 '천황의 명을 받들고'라는 표현에 의해 오히려 병사의 통한이 잘 나타났다고 말한다. 그러나 이것은 거꾸로도 말할 수 있다. 즉, 병사들은 이별의 아픔을 참으면서 공무를 집행하려고 한다고.

따라서 요시노 유타카가 지적한 '천황의 명을 받들고'와 같은 표현을 가지고 있는 8수는 일단 천황에 대한 충성을 노래하는 작품으로 봐야 하지 않을까.

한편 앞으로 검토할 노래를 통해서도 알 수 있듯이 병사의 노래 84수 가운데 대다수는 가족과의 이별을 슬퍼하는 노래이다.

거기에는

집에 남아서 그리워하고 있는 것보다는 니가 허리에 차는 칼이라도 돼서 지켜주고 싶다
(권20·4347, 쿠사카베노오미미나카의 아버지 노래)
家にして 戀ひつつあらずは 汝が佩ける 大刀になりても 齋ひてしかも

---

11) 伊藤博, 「防人歌」『短歌硏究』, 日本, 短歌硏究社, 1978, 35쪽.

(⑳4347, 日下部使主三中が父の歌)

와 같이 가족을 대표하는 아버지가 병사의 안전을 기원하는 노래가
있다.

    또한

> 여러 곳을 돌아다니는 되새·오리·민댕기물떼새와 같이 (내가) 여기
> 저기 돌아다니다 되돌아올 때까지 근신하면서 기다려줘요 (권20·4339)
> 아버님·어머님 근신하면서 기다려줘요 쓰쿠시의 바다 밑바닥에 있다
> 는 진주를 기념선물로 가지고 돌아오는 날까지   (권20·4340)
> 　國巡る あとりかまけり 行き巡り 歸り來までに 齋ひて待たね(⑳4339)
> 　父母え 齋ひて待たね 筑紫なる 水漬く白玉 取りて來までに (⑳4340)

와 같이 병사가 가족에게 자신의 안전을 기원하라고 요청하고 있는 노래
도 있다.

    그리고

> 두려운 신이 계시는 고개에 누사(幣)[12]를 바쳐서 소중히 하는 이 목숨
> 은 어머님과 아버님을 위해서이다   (권20·4402)
> 　ちはやふる 神のみ坂に 幣奉り 齋ふ命は 母父がため   (⑳4402)

와 같이 병사가 자기 자신의 안전과 무사를 기원하지만, 그것이 결과적
으로 '어머님·아버님'을 위한 것이 된다는 노래도 있다.

    마지막으로

> 마당 한가운데 계시는 아수하(阿須波)[13]의 신에게 섶나무 바쳐 나는

---

12) 신도(神道)에서 신에게 기도할 때, 또는 액풀이할 때 쓰는 종이·삼 따위를 오
　려서 드리운 것.
13) 『고사기(古事記)』·노리토(祝詞)에 보이는 신의 이름으로 곡물신인 오토시노

목욕재계하고 무사하기를 빕니다 무사히 돌아올 때까지
(권20·4350, 와카오미베노모로히토)
아시가라의 고개(足柄のみ坂)14)에 계시는 신으로부터 통행 허가를 받
고 뒤도 돌아보지 않고 나는 넘어 간다 용맹한 남자조차 멈춰 서서 주저
하는 후와의 관문(不破の關)15)을 넘어간다 쓰쿠시의 곳에 주둔해 나는
목욕재계하여 신에게 무사를 빌리라 고향에 있는 모든 사람이 건강하기
를 신에게 빕니다 돌아올 때까지는   (권20·4372)

庭中の 阿須波の神に 小柴さし 我は齋はむ 歸り來までに
(⑳4350, 若麻績部諸人)

足柄の み坂賜り 顧みず 我は越え行く 荒し男も 立しやはばかる 不破
の關 越えて我は行く 馬の爪 筑紫の崎に 留まり居て 我は齋はむ 諸は 幸
くと申す 歸り來までに   (⑳4372)

과 같이 병사가 가족의 안녕을 기원하는 노래도 있다.16)

이와 같이 병사의 노래에는 천황에게 충성을 다짐하는 노래와 가족과
의 이별을 슬퍼하는 노래가 있는 것이다. 그런데 병사의 노래에는 다음
과 같은 성격의 노래도 존재한다는 것을 잊어서는 안 된다.

마스다 카쓰미(益田勝實)는

나는 어차피 여행(旅)17)은 여행이라고 체념이라도 하지만 집에서 아
이를 부둥켜안고 수척 해 있을 아내가 가엾어 못 견디겠다   (권20·4343)
병사로 떠나려고 하는 어수선함에 정신을 빼앗겨 아내에게 농사에 관
해 아무 말도 못하고 떠나 왔던가   (권20·4364)

我ろ旅は 旅と思ほど 家にして 子持ち瘦すらむ 我が妻かなしも

카미(大年神)의 아들이다.
14) 가나가와현에서 시즈오카현으로 넘어가는 고개중의 하나.
15) 예전에 기후현에 있던 관문.
16) 이들 노래에 대한 자세한 설명은 졸고, 「사카모리노래(防人歌)의 서정세계」
  『일어일문학연구』, 한국, 한국일어일문학회, 2004를 참조하기 바란다.
17) 원래는 일시적으로 집을 떠나 임시로 숙박하는 것을 가리켰다. 그런데 율령제의
  도입과 함께 관인의 지방부임, 서민의 조용조를 바치기 위한 이동, 천황의 지방
  으로의 이동도 여행(旅)이라 부르게 되었다.

25

(⑳4343)

防人に 發たむ騷きに 家の妹が 業るべきことを 言はず來ぬかも

(⑳4364)

와 같은 노래는, 정부의 "강압적인 징집(强壓的な徵募)"[18]을 고발한 것이라고 말한다. 또한 다음과 같은 노래는 "병사 (징집에 대한) 기피 사상(防人忌避の思想)"[19]을 토로하고 있다고 지적한다.

　　이런 긴 여행이 되리라는 것을 알지 못하고 어머님과 아버님께 제대로 안부도 전하지 못하고 온 것이 지금에 와서는 후회스러워 못 견디겠다

(권20·4376)

　　후타호(布多富)[20] 촌장은 질이 나쁜 사람이다 갑작스레 병을 얻어 내가 고통 받고 있을 때 병사로 지명하다니　　　　　(권20·4382)

　　旅行きに 行くと知らずて 母父に 言申さずて 今ぞ悔しけ　　(⑳4376)

　　布多富我美 惡しけ人なり あたゆまひ 我がする時に 防人に差す

(⑳4382)

계속해서 그는

　　한옷(韓衣)의 옷자락에 매달려 흐느껴 우는 아이들, 그 아이들을 내팽개치고 와 버렸다(그 아이들에게는) 엄마도 없는데　　　(권20·4401)

　　韓衣 裾に取り付き 泣く子らを 置きてそ來ぬや 母なしにして

(⑳4401)

와 같은 노래는, "가족의 실정을 무시하여 징집·소집(徵召)하는 현실(家族の實情を無視して徵召する現實)"[21]을 폭로하고 있다고 말한다.[22]

---

18) 益田勝實,「防人等」『万葉』第6号, 日本, 万葉學會, 1952, 39쪽.
19) 益田勝實, 위의 논문, 39쪽.
20) 미상(未詳).
21) 益田勝實, 앞의 논문, 39쪽.
22) 여기에 대한 자세한 설명도 졸고,「사카모리노래(防人歌)의 서정세계」『일어일

결국 병사의 노래에 나타나 있는 서정 세계에는 크게 나누어서 천황에게 충성을 맹세하는 병사의 노래, 가족과의 헤어짐을 가슴 아파하는 병사의 노래, 강제 징집을 비판하는 병사의 노래가 있었다고 판단된다.

그런데 아시아 태평양 전쟁을 전후로 하여 병사의 노래는 천황에 충성을 다짐하는 노래로써만 유포되기 시작한다.[23] 그럼, 다음 장에서는 병사의 노래가 '전쟁문학'으로 일본사회에 퍼져나가는 과정을 살펴보겠다.

3. '전쟁문학'으로써의 병사의 노래

1939년 7월 7일 노구교(盧溝橋) 사건을 계기로 일본은 전면적인 중국침략을 감행했다. 중일전쟁의 시작이다. 중일전쟁 발발 후, 많은 작가가 신문사와 출판사의 특파원으로서 전장에 나갔다. 또한 적지 않은 작가들은 군의 위촉을 받아 혹은 징병되어서 전장으로 향했다. 그들은 전장에 가서 종군기를 쓰기도 하고 소설 등을 발표하기도 했다. 이처럼 전장의 장면들을 묘사한 작품을 우리들은 '전쟁문학'이라고 부를 수 있을 것이다. 한편 전쟁의 '감동'과 전의를 고양시키는 작품도 또한 전쟁문학의 범주에 들어갈 수 있을 것이다.

문학연구』, 한국일어일문학회, 2004년 5월를 참조하기 바란다.

23) 나가이 미치코(永井路子)는 전쟁 중에 『만엽집』이 유행했을 때 병사의 노래로써 맨 먼저 제시된 것은, "오늘부터는 뒤돌아보지 않고 천황의 변변치 못한 보호자로서 출정하는 것이다 나는(今日よりは 顧みなくて 大君の 醜のみ楯と 出で立つ我は)"(권20·4373)이라는 노래였다고 회고한다. 그리고 병사의 노래라고 하면 모두 이와 같은 노래를 떠올리는 사람도 있을 수 있겠지만 사실 이런 노래는 아주 적고 대부분의 병사의 노래는 가족과의 헤어짐을 가슴 아파하는 노래라고 말한다.
永井路子, 『万葉戀歌』, 東京, 角川文庫, 1979, 125쪽(단, 인용은 1985년 11월 제7판).

그런데 필자는 졸고, 「사키모리노래(防人歌)의 성격 논의와 그 배경에 관한 일고찰」[24]에서는 에도(江戶)시대의 국학자조차 관심을 보이지 않았던 병사의 노래가 쇼와(昭和) 전시체제에 들어서 '전쟁문학'으로 탄생하는 과정을 『만엽집』의 주석서를 통해서 면밀히 고찰해 보았다.

한편 이번에는 당시의 초등학교 교과서 등을 검토해 봄으로써 『만엽집』의 작품, 특히 병사의 노래가 군국일본의 성전으로 찬양되는 모습을 살펴보겠다. 이에 대해서는 시나다 요시카즈(品田悅一)의 일련의 글[25]에 잘 나타나 있는데, 여기서는 「아즈마 노래·병사의 노래(東歌·防人歌論)」[26]의 내용을 중심으로 하여 병사의 노래가 프로퍼갠더로써 일본 사회에 퍼져나가는 모습을 스케치해 보겠다.

시나다 요시카즈는 「아즈마 노래·병사의 노래」에서 제4기 국정교과서인 『초등학교 국어독본 심상과[27] 용(小學國語讀本 尋常科用)』(1933년)의 6학년에 '만엽집'의 단원이 설정되었는데, 이것이 초등학교용 국어교과서에 처음으로 '만엽집'이 등장한 것이라고 지적한다. 그리고 그 단원의 서두에

　　오늘부터는 뒤돌아보지 않고 천황의 변변치 못한 보호자로서 출정하
　는 것이다 나는
　　　　　　　　　　　　　　　　　　　　　　　　　　　　　(권20·4373)

---

24) 졸고, 「사키모리노래(防人歌)의 성격 논의와 그 배경에 관한 일고찰」, 『동아시아고대학』, 한국, 동아시아고대학회, 2004.

25) 品田悅一, 『創造された古典 : かノン形成 國民國家 日本文學』, 東京, 新曜社, 1999.
　　品田悅一, 『万葉集の發明 : 國民國家と文化裝置としての古典』, 東京, 新曜社, 2001.

26) 品田悅一, 「東歌·防人歌論」 『セミナー万葉の歌人と作品』 第十一卷, 日本, 和泉書院, 2005, 20~21쪽.

27) 심상과(尋常科)는 심상초등학교(尋常小學校)를 가리키는 말로써 초등보통교육을 실시했던 곳이다. 1886년에 처음으로 설치되었다. 당초에는 만 6세에 입학해 4년간 배웠으나 1907년에는 6년간 교육받았다.

今日よりは 顧みなくて 大君の 醜のみ楯と 出で立つ我は   (⑳4373)

라는 노래가 인용된 뒤, 다음과 같은 해설이 달렸다고 지적한다.

정말이지 국민의 본분, 군인으로서의 훌륭한 각오를 잘 나타낸 노래이
다. 이러한 병사와 그 가족들의 노래가 만엽집에 많이 보인다(まことによ
く國民の本分, 軍人としてのりっぱな覺悟をあらはした歌である. かうい
う兵士やその家族たちの歌が, 万葉集に多く見えている)[28]

또한 8년 후인 1941년에 발간된 『국민과국어교과서(國民科國語敎
科書)』에도 '만엽집'의 단원이 보인다고 언급한다.

한편 그는 일본이 태평양전쟁을 일으킨 해에 문부성교학국(文部省敎
學局)이 발간하고 배포한 부교재인 『신민의 길(臣民の道)』에는 다음과
같은 내용도 있다고 밝힌다.

우리들 선조는 개국 이래 역대 천황의 마음을 받들어 모시고 밝고 맑
은 성심으로써 천황을 섬겼다. (중략) "천황의 변변치 못한 보호자로서
출정하는 것이다 나는"하며 분발하고 노력하고 힘써 왔다(我等の祖先は,
肇國以來歷代の天皇の大御心を奉じ,   明き淨き誠の心を以って仕へまつ
り, (中略) 「大君の醜の御楯と出で立つ我は」と勇み立ち, 努め勵んで來
た)[29]

계속해서 시나다 요시카즈는 전시체제에 전면적으로 협력한 것으로
일본문학보국회를 거론한다. 그는 일본문학보국회의 단가(短歌)부회가
애국백인일수(愛國百人一首)를 편집할 때, 100수 가운데 『만엽집』의
노래가 총 23수 포함되었다고 말한다. 그리고 그 중에서는 병사의 노래
가 6수 포함되어 있는데, 그것은 앞서 언급한 "오늘부터는 뒤돌아보지

---

28) 品田悅一, 앞의 논문, 「東歌·防人歌論」, 20쪽.
29) 品田悅一, 앞의 논문, 「東歌·防人歌論」, 20쪽.

않고···"(권20·4373) 외에 다음과 같은 노래들이다.[30]

천황의 명을 받들고 해변에서 해변으로 이동하면서 넓고 넓은 바다를
건넌다 부모님을 남겨둔 채   (권20·4328)
　大君の 命恐み 磯に触り 海原渡る 父母を置きて   (⑳4328)
좋은 나무(眞木)[31] 기둥으로 축복하며 세운 궁전과 같이 언제까지나
건강하세요 어머님 용모도 변함없이   (권20·4342)
　眞木柱 ほめて造れる 殿のごと いませ母刀自 面変はりせず (⑳4342)
가시마(鹿島) 신궁[32]에 모신 신에게 기원하면서 천황의 병사(御軍士)
로서 나는 왔는데   (권20·4370)
　霰降り 鹿島の神を 祈りつつ 皇御軍士に 我は來にしを   (⑳4370)
천지신명에게 무사를 기원하며 화살을 넣는 통(靫)을 짊어지고 쓰쿠시
(筑紫)의 섬을 향해 간다 나는   (권20·4374)
　天地の 神を祈りて さつ矢貫き 筑紫の島を さして行く我は (⑳4374)
두려운 신이 계시는 고개에 누사(幣)를 바쳐서 신에게 나의 안녕을 기
원하는 이 목숨은, 어머님과 아버님을 위해서이다   (권20·4402)
　ちはやふる 神のみ坂に 幣奉り 齋ふ命は 母父がため   (⑳4402)

　한편 '충군애국'하면 『만엽집』, '『만엽집』'하면 병사의 노래, '병사의
노래'하면 천황의 변변치 못한 보호자(大君の 醜のみ楯)라는 식의 조
직적인 선전으로 인해 아시아·태평양전쟁 하에 병사의 노래를 다룬 신
문이나 잡지의 글 그리고 저작물이 쏟아져 나온다.[33]
　결국 병사의 노래는 소화(昭和)의 전시기에 전의를 고양시키는 '전쟁
문학'으로써 일본 사회에 널리 퍼지게 된다.
　그렇다면 전쟁문학으로써의 병사의 노래를 일본 사회에 폭넓게 유포
시키기 위해 전쟁협력자들은 어떤 작업을 했을까? 표현을 바꾸면 예술의

---

30) 品田悅一, 앞의 논문, 「東歌·防人歌論」, 21쪽.
31) 노송나무나 삼나무 등을 가리킨다.
32) 이바리기현 가시마시 규츄(宮中)에 있는 신궁.
33) 이에 대한 자세한 기술은 시나다 요시카즈의 다음과 같은 논문을 참조하기 바란다.
　　品田悅一, 앞의 논문, 「東歌·防人歌論」, 21쪽.

정치화를 위해 그들은 어떤 작동 원리를 발휘했을까? 예술의 정치화의
작동 원리 가운데 여기서는 배제의 원리에 주목하고자 한다. 즉, '병사의
노래의 정치화'에는 병사의 노래가 지어졌던 시대의 인식인 당대의 인식
이 배제되었던 것이다. 그 당대의 인식을 잘 보여주신 것이 다름 아닌 서
두에서도 언급했던 『만엽집』의 최종적인 편찬자로서 추정되는 오토모노
야카모치의 장가작품34)이다.

4. 야카모치의 장가작품의 존재 의미

오토모노 야카모치는 754년(천평승보 6년) 4월에 병부소보(兵部少
輔)35)에 임명되고, 다음 해 2월에서부터 3월에 걸쳐 지금의 오사카시와
그 주변 지역에서 병사를 검열한다. 그는 그 임무를 수행하는 한편 병사
들에게 노래(歌, 권20·4321～4424<총 84수>)를 바치도록 한다. 그리
고 병사들의 노래를 기록하는데 만족하지 않고, 그 자신도 병사를 테마
로 한 장가작품을 세 수나 창작하는데, 그것은 다음과 같은 제사(題詞)
를 동반한 노래들이다.36)

　　　　A. '이별을 슬퍼하는 병사의 심정을 짐작해서 부른 노래 1수 덧붙여
　　　　　 단가'　　　　　　　　　　　　　　　　　　　　　(권20·4331～4333)

---

34) 『만엽집』에는 여러 형식의 노래가 있는데, 그 중에서도 대표적인 것이 장가(長
　　歌)와 단가(短歌)이다. 그런데 장가에는 보통 반가(反歌)가 붙어 있다. 따라서
　　필자는 장가와 반가를 아우르는 명칭으로 장가작품이라는 말을 쓰고자 한다.
35) 병부성(兵部省)은 율령제하에서 군정 특히, 무관의 고과, 훈련, 병마, 병기 등에
　　관한 것을 담당했던 부서였다. 또한 소보(少輔)는 종5위의 하(下)에 해당하는
　　관위이다.
36) 가족과의 이별로 인해 병사가 겪게 되는 슬픔을 주제로 한 그의 작품은 이 밖에
　　도 단가인 권20·4334～4336번 노래가 있다.

　　B. '병사의 심정이 되어서(爲防人情) 그 마음을 읊은 노래 1수 덧붙여
　　　　단가'　　　　　　　　　　　　　　　　　　(권20·4398~4400)
　　C. '이별을 아파하는 병사의 심정을 부른 노래 1수 덧붙여 단가'
　　　　　　　　　　　　　　　　　　　　　　　　(권20·4408~4412)

그리고 이들 작품의 본문은 다음과 같다.

　　A. 이별을 슬퍼하는 병사의 심정을 짐작해서 부른 노래 1수 덧붙여 단
　　　　가
　　천황(大君)의 지배하에 있는 먼 관청(朝廷) 중에서도 쓰쿠시(筑紫) 지
방은 적을 감시하는 진호(鎭護)의 요새이다 (천황이) 통치하고 계시는
여러 지방(四方の國)에 사람은 가득하지만 그 중에서도 아즈마 지방의
남자(東男)는 적과 맞설 때 자신의 몸을 돌보지 않는 혈기 왕성한 용맹한
병사(軍士)라고 위로해 주신 (천황의) 명대로 아머니와도 헤어져 아내의
팔베개도 하지 못하고 세월을 세고 나니와 나루터(難波の三津)에서 큰
배에 노(櫂)를 가득 걸치고 아침뜸에 뱃사공을 준비하고 석조(夕潮)에
노(梶)를 힘껏 다루어 소리 맞추어 저어 가는 제군(君)은 파도와 파도 사
이를 헤치고 가서 무사히 빨리 (쓰쿠시에) 도착해 천황의 명대로 굳센 남
자(ますらを)의 마음을 견지해 순찰을 돌고 정해진 임무가 끝나면 건강
히 돌아오라고 이하히헤(齋瓮)를 마루 근처에 놓고 소매를 접고 검은 머
리를 깔고 자며 오랫동안 그리워하며 기다리고 있겠지 고향에 남겨진 사
랑스런 아내들은(妻らは)　　　　　　　　　　　　　(권20·4331)
　　굳센 남자가 화살통(靫)을 메고 나갔을 때 이별을 괴로워하며 슬퍼했
을 그 아내여　　　　　　　　　　　　　　　　　　(권20·4332)
　　아즈마 지방 남자의 아내와의 이별은 추측컨대 슬펐겠지 (서로 헤어져
지내는) 세월이 길기에　　　　　　　　　　　　　　(권20·4333)
　　오른쪽(右) 2월 8일, 병부성(兵部省)의 관리 소보(少輔) 오토모노 야
카모치

　　B. 병사의 심정이 되어서(爲防人情) 그 마음을 읊은 노래 1수 덧붙여
　　　　단가
　　천황의 명대로(大君の 命恐み) 아내와 헤어지는 것은 슬프지만 굳센
남자의 그 마음을 불러일으켜 (떠날) 준비를 하여 집을 나섰을 때 어머니

는 (나를) 쓰다듬고 아내는 매달리며 "우리들은 목욕재개하며 당신의 안녕을 기원할 것입니다(我は齋はむ) 무사히 빨리 돌아와요"하며 양소매로 눈물을 닦고 흐느껴 울면서 말하기에 출발하는 것도 괴롭고 떠나기도 힘들어 뒤돌아보며 점차 멀리 고향을 떠나와 산도 넘어 나니와에 도착해 석조(夕潮)에 배를 띄우고 아침뜸에 배를 저어 가려고 밀물을 기다리고 있을 때 봄 안개가 섬 주위에 일고 학 우는 소리가 슬프게 들려올 때 아득히 고향집(家)을 생각해 내어 등에 멨던 화살이 휴우하고 소리 내듯이 깊은 한숨을 쉬어버렸다   (권20·4398)

넓은 바다에 안개가 길게 끼고 학(鶴)의 우는 소리가 슬프게 들려오는 밤은 고향(國辺)이 생각난다   (권20·4399)

집(家)이 그리워 잠 못 들고 있을 때 깨나른하게 학이 울고 있다 갈대가 우거진 물가도 보이지 않는다 봄 안개 때문에   (권20·4400)

오른쪽(右) 19일, 병부소보 오토모노 야카모치

C. 이별을 아파하는 병사의 심정을 부른 노래 1수 덧붙여 단가

천황의 명령을 받고서 병사로서 우리 집을 나왔을 때 어머님은 상(裳)37)의 옷자락으로 내 머리를 쓰다듬고 아버님은 흰 수염을 따라 눈물을 흘리시면서 비탄해 하시며 말씀하시기를 "사슴새끼38)와 같이 홀홀단신으로 아침 일찍 집을 나서는 사랑스런 내 아들아 오랜 세월39) (서로) 만나지 못한다면 그리워서 못 견디겠지 오늘만큼이라도 정답게 이야기 나누자꾸나"라고 이별을 아쉬워하면서 슬퍼하신다 아내도 아이도 사방에서 달려들어 나를 감싸고 봄새가 시끄럽게 울어대 듯 신음소리를 내며 비탄해 한다 (내) 손에 매달리며 헤어지는 것은 괴롭다며 나를 붙들면서 좇아오지만 천황의 명령(에 거스르는 것)이 너무나 송구스러워 여행길에 오르고 언덕의 돌출부를 돌 때마다 몇 번이고 몇 번이고 뒤돌아보면서 이렇게 멀리 떠나오니 그리워하는 마음도 평원하지 않고 사모하는 마음도 괴로워서 미치겠지만 살아 있는 이 세상 사람이기에 목숨이라는 것도 예측하기 힘들다 하지만 넓은 바다의 험한 길을 섬에서 섬으로 옮겨가며 임

---

37) 허리 아래에 입었던 옷이다. 예를 들면 지금의 미얀마 남자가 입는 치마와 같은 옷을 연상하면 이해하기 쉽다.

38) 사슴은 초여름에 새끼를 한 마리만 낳기에 사슴을 "홀홀단신으로 아침 일찍 집을 나서는 사랑스런 내 아들아(ただひとりして 朝戸出の かなしき我が子)"의 비유로 한 것이다.

39) 병사의 임기는 원칙적으로는 3년이었으나 잘 지켜지지 않았던 것 같다.

무를 마치고 내가 돌아올 때까지 부모님께 아무 일도 없기를 바랍니다 아
무 탈 없이 아내는 기다려주오 라고 스미요시(住吉) 신사40)에 누사(幣)
바쳐 정성스레 기원한다 나니와 나루터에 배를 띄우고 노를 많이 걸쳐놓
고 선원을 정비하여 아침 일찍 나는 배를 저어 나갔다고 집에 전해 주세
요   (권20·4408)

　가족 모두가 (나를 위해) 근신한 덕분일까 아무 일 없이 출항했다고
부모님께 말씀드려 주세요   (권20·4409)

　하늘 나는 구름도 심부름꾼이라고 사람들은 말해도 집에 기념선물을
전달할 방법을 모르겠다   (권20·4410)

　기념선물로 조개를 줍고 있다 바닷가의 파도는 계속해서 계속해서 높
게 밀려오지만   (권20·4411)

　섬의 뒤쪽41)에 배를 정박시켰을 쯤에 그 사실을 전달할 심부름꾼이 없
기에 고향을 그리워하면서 앞으로 여행길을 떠나야만 하는가
                                                                      (권20·4412)

　2월 23일, 병부소보 오토모노 야카모치

　追痛防人悲別之心作歌一首 幷短歌
　大君の 遠の朝廷と しらぬひ 筑紫の國は 敵守る おさへの城そと 聞こ
し食す
　四方の國には 人さはに 滿ちてはあれど 鷄が鳴く 東男は 出で向かひ
顧みせずて 勇みたる 猛き軍士と ねぎたまひ 任けのまにまに たらちね
の 母が目離れて 若草の 妻をもまかず あらたまの 月日數みつつ 葦が散
る 難波の三津に 大船に ま櫂しじ貫き 朝なぎに 水手整へ 夕潮に 梶引き
折り 率ひて 漕ぎ行く君は 波の間を い行きさぐくみ ま幸くも 早く至り
て 大君の 命のまにま ますらをの 心を持ちて あり巡り 事し終はらば 障
まはず 歸り來ませと 齋瓮を 床辺に据ゑて 白たへの 袖折り返し ぬばた
まの 黑髮敷きて 長き日を 待ちかも戀ひむ 愛しき妻らは   (⑳4321)

　ますらをの 靫取り負ひて 出でて行けば 別れを惜しみ 嘆きけむ妻
                                                                        (⑳4322)

　鷄が鳴く 東男の 妻別れ 悲しくありけむ 年の緒長み   (⑳4333)

---

40) 오사카시 스미요시구(住吉區) 스미요시에 있다. 예로부터 해상의 수호신을 모
　신 신사(神社)로서 알려져 있다.
41) 4411번 노래의 “바닷가의 파도”가 밀려오는 섬의 뒤쪽을 가리킨다.

右，二月八日，兵部使少輔大伴宿祢家持

爲防人情陳思作歌一首 幷短歌
　大君の 命恐み 妻別れ 悲しくはあれど ますらをの 心振り起し 取り裝ひ 門出をすれば たらちねの 母かき撫で 若草の 妻取り付き 平けく 我は齋はむ ま幸くて はや歸り來と ま袖もち 涙を拭ひ むせひつつ 言問ひすれば 群鳥の 出で立ちかてに 滯り 顧みしつつ いや遠に 國を來離れ いや高に 山を越え過ぎ 葦が散る 難波に來居て 夕潮に 船を浮け据ゑ 朝なぎに 舳向け漕がむと さもらふと 我が居る時に 春霞 島廻に立ちて 鶴がねの 悲しく鳴けば はろばろに 家を思ひ出 負ひ征箭の そよと鳴るまで 嘆きつるかも　　　　　　　　　　　　　　　　　　　　　　　（⑳4398）
　海原に 霞たなびき 鶴が音の 悲しき夕は 國辺し思ほゆ　　　（⑳4399）
　家思ふと 眠を寝ず居れば 鶴が鳴く 葦辺も見えず 春の霞に　（⑳4400）
　　右，十九日に兵部少輔大伴宿祢家持作る

陳防人悲別之情歌一首 幷短歌
　大君の 任けのまにまに 島守に 我が立ち來れば ははそ葉の 母の命はみ裳の裾 摘み上げかき撫で ちちの實の 父の命は たくづのの 白ひげの上ゆ 涙垂り 嘆きのたばく 鹿子じもの ただひとりして 朝戸出の かなしき我が子 あらたまの 年の緒長く 相見ずは 戀しくあるべし 今日だにも 言問ひせむと 惜しみつつ 悲しびませば 若草の 妻も子どもも をちこちに さはに囲み居 春鳥の 聲の吟ひ 白たへの 袖泣き濡らし 携はり別れかてにと 引き留め 慕ひしものを 大君の 命恐み 玉鉾の 道に出で立ち 岡の岬 い廻むるごとに 万度 顧みしつつ はろはろに 別れし來れば 思ふそら 安くもあらず 戀ふるそら 苦しきものを うつせみの 世の人なれば たまきはる 命も知らず 海原の 恐き道を 島伝ひ い漕ぎ渡りて あり巡り 我が來るまでに 平けく 親はいまさね つつみなく 妻は待たせと 住吉の 我が皇神に 幣奉り 祈り申して 難波津に 船を浮け据ゑ 八十梶貫き 水手整へて 朝開き 我は漕ぎ出ぬと 家に告げこそ　　　　　　　　　（⑳4408）
　家人の 齋へにかあらむ 平けく 船出はしぬと 親に申さね　　（⑳4409）
　み空行く 雲も使ひと 人は言へど 家づと遺らむ たづき知らずも　　　　　　　　　　　　　　　　　　　　　　　　　　　（⑳4410）
　家づとに 貝そ拾へる 浜波は いやしくしくに 高く寄すれど　（⑳4411）
　島陰に 我が船泊てて 告げ遺らむ 使ひをなみや 戀ひつつ行かむ

(㉑4412)

二月二十三日, 兵部少輔大伴宿祢家持

좀 전에 인용한 제사에서도 알 수 있듯이 A・B・C의 세 장가작품은 병사가 겪는 이별의 아픔을 테마로 하고 있다는 점에서 공통된다. 그럼 지금부터 각각의 장가작품의 내용을 좀 더 구체적으로 검토해 보자.

첫 번째 장가작품인 A에서 병사의 이별의 슬픔은 제2반가에서 "아내와의 이별은 추측컨대 슬펐겠지(妻別れ悲しくありけむ)"(권20・4333)라고 추상적이면서 간결하게 나타난다. 이에 대해 두 번째 장가작품인 B에서는 병사의 이별의 슬픔이 "집(家＝가족)"을 그리워하는 형태로 노래된다. 즉 B의 장가 후반부에서는 "아득히 고향집(家)을 생각해 내어 등에 멨던 화살이 휴우하고 소리 내듯이 깊은 한숨을 쉬어버렸다(はろばろに家を思ひ出負ひ征箭のそよと鳴るまで嘆きつるかも)"와 같이 노래된다. 또한 그 반가에서는 "고향(國辺)이 생각난다(國辺し思ほゆ)"(권20・4399)・"집(家)이 그리워 잠들지 못하고 있을 때(家思ふと眠を寝ず居れば)"(권20・4400)와 같이, 병사인 "나(我)"의 이별의 슬픔이 제각기 읊어진다. 또한 C의 장가에서 병사인 "나(我)"의 이별의 아픔은 "그리워하는 마음도 평원하지 않고 사모하는 마음도 괴로워서 미치겠지만(思ふそら安くもあらず戀ふるそら苦しきものを)"과 같이 노래된다. 그리고 고향에 있는 가족의 안부를 걱정하는 "나(我)"는

　　　… 임무를 마치고 내가 돌아올 때까지 부모님께 아무 일도 없기를 바랍니다 아무 탈 없이 아내는 기다려주오 라고(あり巡り 我が來るまでに 平けく 親はいまさね つつみなく 妻は待たせと) …

와 같이 묘사된다.

한편 본 장가작품군에는 병사가 겪는 이별의 아픔과 함께, 병사를 떠

나보내는 가족의 쓰라린 심정도 잘 나타나 있다. 즉, A에서 "아내(妻)"가 제1반가에서 "이별을 괴로워하며 슬퍼했을 그 아내여(別れを惜しみ嘆きけむ妻)"와 같이 추상적이면서도 간결하게 노래된다. 이에 대해 B의 장가에서 "어머니(母)"·"아내(妻)"가

> … 어머니는 (나를) 쓰다듬고 아내는 매달리며 "우리들은 목욕재개하며 당신의 안녕을 기원할 것입니다(我は齋はむ) 무사히 빨리 돌아와요" 하며 양 소매로 눈물을 닦고 흐느껴 울면서 말하기에(たらちねの 母かき撫で 若草の 妻取り付き 平けく 我は齋はむ ま幸くてはや歸り來と ま袖もち 涙を拭ひ むせひつつ 言問ひすれば) …

와 같이 묘사되어 있다. 또한 C의 장가에서 "어머니(母)"·"아내(妻)"를 비롯해, "아버지(父)"·"아이(子ども)"까지 나와, 병사인 "나(我)"와의 이별을 슬퍼하는 모습이

> … 어머님은 상(裳)의 옷자락으로 내 머리를 쓰다듬고 아버님은 흰 수염을 따라 눈물을 흘리시면서 비탄해 하시며 말씀하시기를 "사슴새끼와 같이 홀홀단신으로 아침 일찍 집을 나서는 사랑스런 내 아들아 오랜 세월 (서로) 만나지 못한다면 그리워서 못 견디겠지 오늘만큼이라도 정답게 이야기 나누자꾸나"라고 이별을 아쉬워하면서 슬퍼하신다 아내도 아이도 사방에서 달려들어 나를 감싸고 봄새가 시끄럽게 울어대 듯 신음소리를 내며 비탄해 한다 (내)손에 매달리며 헤어지는 것은 괴롭다며 나를 붙들면서 좇아오지만(ははそ葉の 母の命は み裳の裾 摘み上げかき撫で ちちの實の 父の命は たくづのの 白ひげの上ゆ 涙垂り 嘆きのたばく 鹿子じもの ただひとりして 朝戸出の かなしき我が子 あらたまの 年の緒長く 相見ずは 戀しくあるべし 今日だにも 言問ひせむと 惜しみつつ 悲しびませば 若草の 妻も子どもも をちこちに さはに囲み居 春鳥の 聲の吟ひ 白たへの 袖泣き濡らし 携はり 別れかてにと 引き留め 慕ひしものを) …

과 같이 생생하고 구체적으로 그려져 있다.

결국 위에서 살펴본 A · B · C의 세 장가작품에는 병사가 겪는 이별의 아픔과 그를 떠나보내는 가족의 슬픔이 공통적으로 묘사되어 있는 것이다. 그리고 이들 세 장가작품은 병사를 검열하고 병사의 노래를 모았던 오토모노 야카모치가 천황에 충성을 다짐하는 노래, 가족과의 이별을 가슴 아파하는 노래, 병사 징집에 대해 불만을 토로하고 저항하는 노래 가운데, 병사와 가족이 겪는 이별을 노래하는 작품에 공감(共感)했던 것을 웅변적으로 말해 준다.

5. 맺음말

동북아시아에서 최초로 벌어진 국제전인 백촌강 전투의 여파로 당시 일본인 야마토의 병사들은 규슈의 방위를 명받는다. 그리고 그들은 『만엽집』에 84수나 되는 노래를 남긴다. 병사의 노래가 그것이다. 병사의 노래에는 충군애국을 노래한 노래와 강제 징집을 원망하는 노래가 있다. 하지만 이런 노래는 소수에 지나지 않고, 병사의 노래는 대부분의 노래가 가족과의 이별을 슬퍼하는 노래이다.

그런데 지난 전쟁기에 병사의 노래는 학교교육 등에 의해 천황에 대한 충성을 다짐하는 노래로써 일본 사회에 널리 퍼진다.[42] 그리고 병사의 노래는 전의를 고취시키는 데 이용됨으로써 '전쟁문학'으로 탄생하게 된다. 이와 같이 예술의 정치화를 위해 전쟁협력자들이 취한 것은 다름 아니 '배제의 원리'였다. 즉 병사의 노래가 가지고 있는 노래의 세계 가운데, 천황에 대한 찬미를 읊은 노래만 선택하고 가족과의 이별을 노래한 작품이나 병사 징집에 대한 불만을 토로한 작품을 배제하는 것이었다.[43]

---

42) 이런 모습은 2006년 4월부터 9월까지 방송된 NHK 연속드라마 '순정 키라리(純情キラリ)'에서도 잘 그려져 있다.

그런 작동 원리를 무엇보다도 잘 나타내는 것이 바로 병사의 노래가 만들어졌던 당시 그들의 노래를 편집하면서 그들의 아픔을 읊었던 오토모노 야카모치의 세 장가작품의 존재이다.[44]

參 考 文 獻

伊藤博,「防人歌」『短歌研究』, 短歌研究社, 1978.

犬養孝,『万葉のいぶき』, 新潮文庫, 1983.

小島憲之・木下正俊・東野治之,『新編日本古典文學全集万葉集』, 小學館, 1996.

品田悦一,『創造された古典 : カノン形成 國民國家 日本文學』, 新曜社, 1999.

_____,「東歌・防人歌論」『セミナー万葉の歌人と作品』第十一卷, 和泉書院, 2005.

_____,『万葉集の發明 : 國民國家と文化裝置としての古典』, 新曜社, 2001.

永井路子,『万葉戀歌』, 角川文庫, 1979.

---

43) 이에 대해 이누카이 타카시(犬養孝)도 "쓰쿠바산에 백합과 같이 밤잠자리에서도 예뻐서 죽을 것 같은 아내는 낮에도 예뻐서 죽겠다(筑波嶺の さ百合の花の 夜床にも かなしけ妹そ 晝もかなしけ)"(권20·4369)를 인용한 후, 이 노래는 "전쟁 중에는 일반사람들에게 감추어져 있었다. 왜냐하면 철저히 자기 자신에 관한 느낌이기 때문이다(戰爭中は, 一般に伏せられていたわけです. なぜかといえば, たいへん私に徹する思いだからです)."고 지적한다. 犬養孝,『万葉のいぶき』, 新潮文庫, 1983年 6月, 84쪽.

44) 본고의 오리지널리티는 세 장가작품의 선행 연구와 비교해 보면 더욱 명확히 드러난다. 이들 장가작품에 대한 지금까지의 연구 경향은 크게 둘로 나누어지는데, 첫 번째는 병사의 노래와 오토모노 야카모치 작품과의 영향 관계를 고찰하는 것이고, 두 번째는 오토모노 야카모치의 세 장가작품이 그의 구성의식 하에 제작되었는지의 여부를 묻는 것이다.

益田勝實, 「防人等」『万葉』第6号, 万葉學會, 1952.

身崎壽, 「防人歌試論」『万葉』第82号, 万葉學會, 1973.

吉野裕, 『防人歌の基礎構造』, 筑摩叢書, 1943.

■ 집필자 소개 (집필순)

윤 광 봉	日本 廣島大學校, 민속학
노 성 환	울산대학교, 비교민속학
김 용 각	부산외국어대학교, 일본어방언학
김 화 경	영남대학교, 신화학
정 형 호	중앙대학교, 민속학
이 재 석	동북아역사재단, 일본고대사·고대 동아시아 관계사
이 근 우	부경대학교, 일본고대사
정 효 운	동의대학교, 고대한일관계사
윤 혜 숙	배화여자대학교, 일본고전문학
박 상 현	경희사이버대학교, 일본문화학(万葉集)

구주 해안도서와 동아시아 정가 : 12,000원

2007년 12월 17일 초판 인쇄
2007년 12월 24일 초판 발행

편 자 : 동아시아고대학회
회 장 : 한 상 하
발 행 인 : 한 정 희
발 행 처 : 경인문화사
서울특별시 마포구 마포동 324-3
전화 : 718-4831~2, 팩스 : 703-9711
www.kyunginp.co.kr 한국학서적.kr
E-mail : kyunginp@chol.com
등록번호 : 제10-18호(1973. 11. 8)